한국현대사의 재인식 19

북한현대사 문헌연구

서대숙
이완범
전현수
강광식

2001
백산서당

Rethinking Modern Korean History 19
A Bibliographical Study of North Korean History

Suh Dae-Sook
Director, The Institute for Far Eastern Studies, Kyungnam University
Lee Wan Bom
Assistant Professor, The Academy of Korean Studies
Jeon Hyun Soo
Senior Research Officer, Government Archives & Records Service
Kang Kwang-Shick
Professor, The Academy of Korean Studies

2001
Baiksan-Seodang Publishing

북한현대사 문헌연구

책을 펴내면서

　북한정권이 수립된 지 50여 년이 지났지만 북한의 자료에 대한 본격적인 해제는 아직 없다. 북한자료를 보기 위해서는 하나의 표준적인 분류·조망의 눈이 필요하므로 북한현대사 사료의 해제 및 비평은 절실하다고 할 수 있다. 해제집의 미비와 더불어 북한연구의 기초자료가 아직 한 곳에 모아져 있지 않으므로 연구자들 각자가 중복해서 색인해야 하는 수고를 덜어 주지 못하고 있는 실정이다. 이 책은 이와 같은 상황을 극복하고자 하는 시도이다.
　북한현대사 자료는 시대의 흐름에 따라 개작이 이루어지고 있는데, 이것이 본 연구를 기획하게 된 또 다른 이유들 중의 하나이다. 김일성 연설문·선집류의 출간과정에서 주로 행해지는 개작에 대해서 학계에서는 '역사의 날조'라고 평가하기도 하고 '현재적 관점에 입각한 역사의 재해석'이라는 식으로 다소 긍정적으로 평가하기도 한다. 그런데 만약 개작되기 이전의 원본을 찾을 수 있다면 이러한 대립은 어느 정도 해소될 수 있을 것이라고 판단된다. 이 책은 가능한 한 원본 자료에 다가가 북한현대사 연구의 밀도를 높이는 데 도움을 주기 위한 시도의 하나이다. 이 책은 하나의 기획이기도 하지만 각 장마다 독립된 체제를 갖추고 있다.

　서대숙 교수의 연구에서는 김일성 저작류에 대한 총평이 분석적으로 기술되어 있다. 먼저 『김일성선집』과 외국어로 된 『김일성선집』을 구분하여 편년체와 나라별로 기술한 후 1945년 전에 집필했다고 추정되는 문헌에 대해 사료비판을 했다. 또한 선집 외에 문제별로 출판된 문헌에 대해 분류해 비평을 했다. 마지막으로 『세기와 더불어』 등 회고록에 대해 기술한 후 이상의 문헌들을 분석하는 포인트를 4가지 차원에서 제시했다.

　이완범 교수는 해방 직후 북한현대사 자료에 대한 개괄을 통해 김일성 저작류의 원본 발굴의 지침을 제공했다. 김일성선집류의 개작과정을 추적한 부분에서는 1953년에 처음 발간되기 시작한 『김일성선집』 초판이 여러 해를 거치면서 간행된 다른 종류의 판본과 어떻게 다른 내용으로 출간되었는지를 개괄했다. 마지막으로 『김일성전집』 등을 저본으로 해방 직후에 출간된 개별 문건들의 편집과정을 검토했으며 이를 분석적으로 정리했다.

　전현수 박사의 글은 러시아자료를 연구하는 데 있어서 필수적인 연구현황이 서술되어 있다. 또한 북한관련 러시아자료를 소련공산당 문서, 소련각료회의 문서, 소련외무성 문서, 소련국방성 문서 등으로 나누어서 개괄하고 있다. 마지막으로 사료비판을 통해 러시아자료의 가치를 평가하고 있다.

　강광식 교수의 연구는 주체사상의 대두과정에서 김일성의 저작이 어떻게 변조되었는지를 분석적으로 탐구하고 있다. 먼저 『김일성선집』 1판과 2판을 살펴보고 있으며 『김일성저작선집』과 『김일성저작집』을 분석했다. 이를 토대로 주체사상의 체계화과정에서 김일성 저작물의 변조양상을 경전화(經典化)양상과 규범적 함의의 분석이라는 개념에 입각해 분석했다.

이 책이 의도했던 북한현대사 자료에 대한 기초적인 해제 및 비평을 통해 학계의 연구 분위기 진작과 연구에 입문하는 인사들의 학습에 기여할 수 있기를 기대해 본다.

2000년 12월
저자 일동을 대표하여
이 완 범

차 례

▷ 책을 펴내면서 · 5

총 론— 김일성의 저작문헌 — ························· 서대숙 / 15
  1. 머 리 말 ·· 15
  2. 김일성선집 ··· 20
     (1)『김일성선집』, 1卷, 補卷, 2卷, 1952 · 20 / (2)『김일성선집』, 초판, 4권, 1953~54 · 22 / (3)『김일성선집』, 재판, 6권, 1960~64 · 23 / (4)『김일성저작선집』, 10권, 1967~93 · 26 / (5)『김일성저작집』, 47권, 1979~97 · 30 / (6)『김일성전집』, 28권, 1992~99 · 33
  3. 외국어로 된 김일성선집 ···································· 34
     (1) 일본어로 된 김일성선집 · 35 / (2) 중국어로 된 김일성선집 · 35 / (3) 러시아어로 된 김일성선집(КИМ ИР СЕН: ИЗБРАННЫЕ СТАТЬИ РЕЧИ) · 36 / (4) 영어로 된 김일성선집(Kim Il Sung: Selected Works) · 38
  4. 1945년 전에 집필했다고 하는 문헌 ····················· 42
  5. 문제별로 출판된 문헌 ······································· 46
     (1) 한국전쟁 · 47 / (2) 사회주의 경제관리 · 47 / (3) 주체사상 · 48 / (4) 조선로동당 · 49 / (5) 조선민주주의인민공화국 · 50 / (6) 통일문제 · 52 / (7) 사회문제 · 53

6. 김일성 회고록 ··· 56
　　(1) 『세기와 더불어』, 전6권, 1992~95 · 58 / (2) 『김일성동지 회고록, 세기와 더불어』, 계승본, 7~8권, 1996~98 · 63
7. 김일성 문헌에 대한 고찰 ··· 65
　　(1) 김일성의 글과 다른 사람이 써 준 글 · 66 / (2) 용장문헌과 항목별로 정리한 글 · 69 / (3) 비유와 통계 이용 · 70 / (4) 김일성의 문화어 · 71
8. 맺음말 ··· 72

해방 직후 북한자료 해제 1—북한생산 자료— ············· 이 완 범 / 75
1. 서론: 연구의 목적과 선행연구 ··· 75
　　1) 연구목적 ··· 75
　　2) 선행연구 ··· 84
　　3) 연구의 방법 ··· 86
2. 해방 직후 시기에 관한 북한사료 개괄 ································· 86
　　1) 김일성 저작류 이외의 자료: 김일성 저작류의 원본 발굴을 위한 개괄 ······ 87
　　　(1) 후일 간행된 자료집 · 87 / (2) 미군노획문서 · 89 / (3) 신문 · 92 / (4) 잡지 · 97 / (5) 연감 · 일지 · 98 / (6) 단행본 · 99
　　2) 김일성의 저작류 ··· 104
3. 김일성선집류의 개작과정 ··· 107
　　1) 『김일성선집』 초판(1953~1954): '프롤레타리아국제주의' 원칙에서 ········· 107
　　2) 『김일성선집』 개정판(1960~1964): 소련에 대한 양면적 태도 ··············· 109
　　3) 『김일성저작선집』(1967~1993): 소련의 역할에 대한 부분적 인정 ·········· 110
　　4) 『김일성저작집』(1979~): 소련의 역할 부정과 항일관계 문건의 수록 시작 ··· 111
　　5) 『김일성전집』(1992~): 회고적 자료의 제공 ······························· 114
4. 해방 직후(1945년 9~12월) 개별 문건들의 편집과정 검토 ············ 115
　　1) 해방 직후의 자료: 1970년대 이후 기억 등에 의거해 새로 쓰여진 문헌 ······ 116

    2) 1945년 10월 13일 이후의 자료: 원고는 있으면서 개작한 것과 새로 쓰여진 것의 혼재 ·················· 122
  5. 맺음말 ·················· 141

해방 직후 북한자료 해제 2 —러시아생산 자료— ············· 전현수 / 157
  1. 문제제기 ·················· 157
    1) 북한연구와 러시아자료 ·················· 157
    2) 북한관련 러시아자료 연구현황 ·················· 158
  2. 북한관련 러시아자료의 범주 ·················· 162
    1) 소련공산당 문서 ·················· 162
    2) 소련각료회의 문서 ·················· 171
    3) 소련외무성 문서 ·················· 175
    4) 소련국방성 문서 ·················· 184
  3. 북한관련 러시아자료의 의의 ·················· 195
    1) 역사적 사실의 복원 ·················· 195
    2) 이데올로기적 편향성 ·················· 197

1960~70년대 주체사상의 체계화과정과 북한사료의 변조양상
—김일성 저작물의 담론구조와 그 독법— ·················· 강광식 / 199
  1. 문제의 제기 ·················· 199
  2. 주체사상의 대두와 김일성 저작물의 단계별 변조양상(Ⅰ) : 편찬단계별 첨삭·수정내용의 분석 ·················· 205
    1) 『김일성선집 1판』(1953~54)에서의 주요 변조양상 ·················· 208
      (1) 프롤레타리아 국제주의노선의 강조와 민족자주노선의 도외시·208 / (2) 남로당 유격대활동의 축소·210

2)『김일성선집 2판』(1960~64)에서의 주요 변조양상 ·· 210
      ⑴ 김일성정권의 정당성 확보를 위한 관련문건의 정돈 · 211 / ⑵ 김일성
      항일무장투쟁 활동의 공식적 부각과 '주체' 개념의 등장 · 212 / ⑶ 소련의
      역할에 대한 신중한 평가 · 214
   3)『김일성저작선집』(1967~87)에서의 주요 변조양상 ······································ 215
      ⑴ 자주노선의 체계적 표방 · 216 / ⑵ 김일성유일체계의 지향 · 218
   4)『김일성저작집』(1979~92)에서의 주요 변조양상 ·· 219
      ⑴ 김일성 항일무장투쟁 활동의 역사적 사실화와 혁명전통의 부각 · 220 /
      ⑵ 김일성 유일사상체계의 체제적 확산 · 심화 · 221 / ⑶ '주체적 문풍'의
      확산과 비동맹 · 자주노선에 대한 새로운 평가 · 223
3. 주체사상의 체계화와 김일성 저작물의 변조양상(Ⅱ): 경전화 양상과 규범적
   함의의 분석 ··· 225
   1) 주체사상의 체계적 심화와 김일성 저작물의 경전화 양상 ························· 227
      ⑴ 주체사상의 체계화와 김일성 저작물의 규범화과정 및 양상 · 227 / ⑵
      '유일사상체계'의 심화와 김일성 저작물의 경전화 양상 · 231
   2) 주체사상 및 김일성 저작물의 언어적 상징체계와 그 규범적 기능 ············ 235
      ⑴ '수령의 문풍'과 그 규범적 기능 · 236 / ⑵ 담화내용의 무오류성과 그 규
      범적 기능 · 237 / ⑶ 담화구조의 신화적 상징성과 그 규범적 기능 · 239
   3) 주체사상 및 김일성 저작물의 담론구조와 그 체제규정적 함의 ················· 242
4. 맺음말 ··· 246

북한현대사 문헌연구

총 론
— 김일성의 저작문헌 —

서 대 숙

1. 머리말

　김일성은 근 반세기나 되는 오랜 세월 동안 북한을 다스려 왔다. 그는 완벽한 전제주의 통치이념에 입각하여 나라를 다스려 왔기 때문에 북한의 정치뿐 아니라 경제, 사회, 문화 모든 면에서 절대적인 존재였다. 그는 또한 그의 80 여생을 힘있게 살았으며 많은 업적을 남겼다. 북한을 이해하려 하거나 북한의 자료를 연구하려면 김일성이 쓴 글을 읽지 않고는 연구할 수 없다고 해도 과언이 아니다. 다른 아시아 지도자들에 비해 김일성은 집권도 오래 했지만 연설도 많이 했고 글도 많이 남겼다. 예를 들면 1971년 11월에 개최된 조선노동당 제5차 전당대회에서 김일성은 당중앙위원회의 총화보고를 4시간 동안이나 하였다. 이러한 그의 보고서나 연설문, 그리고 통치이념을 체계화한 글을 모아 출판한 책도 여러 종류가 있다. 김일성선집, 저작선집, 저작집, 전집들은 동양의 어느 지도자보다 그 수가 많고 종류가 다양하다. 김일성은 어떻게 당의 정책을 수립하고 정부를 이끌어 나가야 한다는 방법부터 광산의 노무자나 협동농장의 농민이 어떻게 작업을 해야 한다는 것까지 전부 지시했으며 그의 지시와 격려를 글로 남겼다.

북한에 관해서는 여러 가지 문헌들이 있으나 그 중에서 가장 중요한 것은 김일성의 글이라고 하겠다. 그 이유는 북한사회에서 정치나 사회발전에 대해 생각할 수 있는 사람도 김일성이었고, 그것을 공개적으로 말할 수 있는 사람도 김일성이었기 때문이다. 다른 정치인이나 사회 지도자의 글이 많지 않은 이유도 그 어느 지도자가 특출하게 자기 생각이나 사상을 발표하는 것은 정치적으로 해석하여 개인 영웅주의를 한다고 낙인이 찍히고, 이것은 곧 정치체제에 도전하는 것으로 해석되었기 때문이다. 박헌영이나 김두봉과 같이 숙청당한 북한 지도자들의 글도 있으나, 그것은 극소수에 지나지 않고 김일성 밑에서 권력을 함께 누린 제2인자나 제3인자들, 예를 들면 최용건, 김일, 오진우 등의 글은 찾아볼 수 없다. 김일성에 대한 격상운동의 부조리는 말할 여지도 없지만 북한 문헌을 취급하는 데까지 그 영향을 미쳤다. 예를 들면 1972년에 새로 만든 조선민주주의인민공화국 헌법도 김일성이 쓴 것이라고 그의 저작선집에 포함되어 있다.

김일성이 쓴 글을 정리하는 것은 쉬운 일이 아니다. 우리가 문헌의 종류를 기준으로 구분한다면 대략 6가지 종류로 분류할 수 있다. 즉 첫째로 조선로동당에 관한 문헌들이다. 여기에서 가장 중요한 것은 당중앙위원회의 사업을 총화하여 당 총비서가 당 대회에서 하는 보고이다. 이외에도 당 총비서가 당원들에게 하는 연설이나 당의 정책을 토론하는 문헌들이 중요하다. 둘째로는 국가주석이 정부 시책이나 나라 정책에 대해 언급하는 문헌들이다. 이러한 정부 문헌에서도 가장 중요한 것은 김일성이 국가주석으로 행정일꾼들에게 지시하는 문헌이다. 셋째로 경제계획이나 경제발전에 대한 문헌이다. 여기에는 사회주의 국가 경제계획, 3개년, 5개년, 7개년 계획 등의 공식문헌도 있지만 김일성의 경제관리 정책과 군의 독립채산제, 그리고 사회주의 경제발전에 필요한 농업과 공업의 발전관계 문헌들이 경제발전을 이해하는 데 좋은 자료들이다.

넷째로는 사상과 법에 관한 문헌들인데, 북한에서는 마르크스나 레닌의 사상으로부터 주체사상으로 변천해 가는 과정에서 사상관계 문헌들이 많이 있다. 1955년 12월에 김일성이 처음 주체사상을 천명한 때부터 주체사상이 북한의 국가이념으로 되기까지 주체사상에 대한 문헌은 방대하고도 여러 가지 종류가 있다. 김일성은 북한의 헌법도 자기가 만든 것이라고 하는데, 그가 펴낸 북한 법철학의 기본이론도 있다. 다섯째로 북한의 군사와 안보 그리고 외교에 관한 문헌들인데, 북한의 4대 군사노선, 북한 외교정책의 3대 기본이념 등 북한의 군사와 외교·안보문제를 연구하는 데 중요하고도 다양한 문헌들이 있다. 여섯째는 사회 전반에 관한 문헌들인데, 북한의 문화, 교육, 위생, 그리고 일반 가족생활에까지 미치는 규범 또는 규약에 대해 언급하는 자료들이다. 이외에도 우리가 가장 중요하다고 생각하는 남북관계에 대한 기본문헌들, 즉 1972년 7·4공동성명 때의 통일 3대원칙, 1980년의 고려민주연방공화국 창립에 관한 제안, 그리고 1993년의 전민족대단결 10대강령 등의 중요한 문헌도 있다.

　이러한 문헌들을 종류별로 수집해서 내놓는 방법도 있으나, 이것은 총체적으로 김일성의 저작문헌을 이해하는 데는 바람직하지 않은 일이다. 왜냐하면 김일성이 연설이나 지시를 할 때 이렇게 부문별로 분류해서 글을 쓰거나 말하지 않고, 당중앙위원회에서 하는 보고 같은 것을 보면 당·정부·경제·사회문제를 비롯하여 외교·군사·통일문제까지 총괄적으로 언급을 한다. 정부관료에 대한 지시도 경제발전을 목적으로 하는 것이 많이 있고, 주체사상에 대한 연설에도 외교와 안보문제를 자기들 손으로 어떻게 해결해 나가야 한다는 것이 포함되어 있다. 매년 정초에 하는 간략한 신년사만 하더라도 북한에 대한 일반적인 문제와 새해를 맞아 어떠한 기대와 포부를 가지고 싸워 나가자는 말도 하지만, 외교나 안보문제 혹은 경제건설에서 그 해에 무엇을 해야 한다는 직접적인 지시도 포함되어 있다. 또한 이러한 다목적 문헌들을 셋으로나 넷으로 나눠서 부류별로 정리하면, 같은 문헌을 수없이 언급해야 되고 문헌 전체를 읽고 얻을 수 있는 중요성의 비중도 약화된다고 생각한다.

　이러한 이유로 여기에서 선택한 문헌 정리방법은 문헌 전체를 한 개의 문헌으로 취급하고 이들을 연대별로 소개하려고 한다. 여러 가지 제목이 함께 언급되어 있는 문헌은 그것을 여러 번 소개하는 한이 있더라도 한 문헌을 여러 개로 분열하여 제목별로 분류하지는 않는다. 다만 제목별로 문헌을 소개할 때에는 문헌 전체를 소개하면서 그 제목과 연관성이 있다는 것을 언급하는 방법으로 문헌을 소개하기로 한다.

　북한 문헌을 연대별로 소개하는 데는 몇 가지 문제가 있다.

어떤 북한 문헌의 경우에는 그것을 발표했다는 날짜와 그 문헌이 출판되어 소개된 날에 큰 차이가 있다. 특히 1945년 이전 김일성의 연설문이나 그가 서술했다고 하는 문헌은 그 신빙성에 문제가 있다. 예를 들면 김일성이 1930년 6월 30일 카륜에서 공산주의청년동맹과 반제청년동맹 간부들에게 했다는 연설문은 1976년 7월에 처음 소개되었다. 이러한 문헌은 1976년에 북한에서 조작해서 출판한 문헌이라고 보는 것이 타당하다고 생각한다. 이러한 문헌은 나올 때마다 이 사연을 지적하고 밝혀 두기로 하다. 그 이유는 이러한 조작된 문헌을 추가하는 것은 김일성이 쓴 문헌을 더 복잡하게 만들고 그 진실성을 상실하게 하기 때문이다. 이러한 조작문이 없어도 김일성의 문헌은 다양하고 복잡하다. 또한 어떤 조작 문헌은 그 시대뿐만 아니라 '대를 이어' 김정일시대의 문헌에도 나타나기 때문이다.

일반적으로 김일성의 연설문은 연설이 끝난 후 얼마 되지 않아 곧 발표된다. 북한 문헌도 일반적으로 모든 공산주의 문헌들과 유사하게 발표된 날로부터 가까운 시일 내에 출판되는 것이 상례이다. 북한의 경우는 그들이 중요하다고 생각하는 문헌은 매년 『조선중앙연감』에 발표하는 관례가 있다. 여기에 소개하는 모든 문헌은 발표한 날부터 가장 가까운 시일 내에 출판된 문헌을 원문으로 취급하고, 어떠한 방법을 써서 개작했거나 삭제 또는 가필한 것은 원문을 밝히고 그 원문을 소개하는 방법으로 한다.

이 총론에서는 김일성의 문헌을 선택하여 모은 『김일성선집』, 그가 저작한 것 중에서 선택하여 출판한 『김일성저작선집』, 그의 저작을 모았다는 『김일성저작집』, 또 김일성의 모든 글을 총망라했다는 『김일성전집』 등에 실려 있는 문헌을 연구해 보려고 한다. 이 중에서 『김일성저작선집』은 여러 나라 말로 번역이 되어 있다. 이러한 번역본은 북한에서 만들어 낸 선집을 외국어로 번역한 것이지만 조선어로 출판된 선집이 아니고, 외국에서 자기 나라와 연관성이 있다고 생각하는 문헌을 선출해서 새로 출판한 것들이 있다. 이렇게 출판한 선집, 즉 일본어, 러시아어, 중국어, 영어로 된 김일성선집 문헌도 검토하려고 한다. 제목별로 선택해서 소개한 문헌은 중요하다고 생각하는 것만 소개하려고 한다. 김일성의 회고록도 문헌으로 취급하여 소개하겠으나 김일성의 전기『민족의 태양 김일성 장군』, 다른 빨치산들의 회상기『빨치산 참가자들의 회상기』 등은 여기에서 다루지 않는다. 마지막으로 김일성의 서술방법 또는 그가 쓰는 글의 '스타일'도 생각해 보려고 한다.

2. 김일성선집

(1)『김일성선집』, 1卷, 補卷, 2卷, 1952

제일 처음 출판된『김일성선집』은 북한에서 나오지도 않았고 조선어로 되어 있지도 않다. 첫『김일성선집』은 일본에서 일본어로 출판되었다.[1] 한국전쟁이 끝나지 않은 1952년 도쿄에 있는

---

1) 金日成選集刊行委員會 編,『金日成選集』(東京: 三一書房, 1952), 第1卷, 補卷, 第2卷.

三一書房에서 출판되었는데 이것은 金日成選集刊行委員會 이름으로 『金日成選集, 第一卷』, 『金日成選集, 補卷』, 『金日成選集, 第二卷』의 세 권으로 출판되었다. 제1권은 '8·15해방 후 시기'라 하고 김일성이 해방 후 1946년 3월 1일부터 1947년 12월 25일까지 북조선에서 한 연설문 19편을 모아 놓은 것인데, 여기에는 후에 북한에서 출판된 선집에 수록되지 않은 문헌들이 세 편, 예를 들면 김일성의 1946년 5·1절 연설이 있다. 이 책에는 간략한 김일성의 약력이 소개되어 있는데, 이것은 한국전쟁 당시에 쓴 것이어서 그런지 날짜나 사연에 잘못된 점들이 많이 있다. 제1권을 보충한 補卷에는 1948년 3월부터 1950년 5월, 즉 한국전쟁 전까지 김일성의 연설 13편이 있다. 제2권은 '조국해방전쟁 시기'라는 부제를 달고 김일성의 문헌 26편을 수록했는데, 이것은 주로 한국전쟁에 관한 문헌들이다. 제2권에 수록된 문헌들은 1950년 6월부터 1952년 5월까지 북한 신문에 실린 보도와 통신이지만 한국전쟁을 전부 다루지는 않았다.

　이 선집은 김일성선집 중 제일 먼저 출판된 선집이라는 데 의의가 있으나 내용적으로는 부족한 점이 많이 있다. 수록된 문헌도 전부 58편에 지나지 않고 한국전쟁 문헌에는 그리 중요하다고 생각되지 않은 문헌들도 실려 있다. 전체적으로 보면 이 선집은 한국전쟁 전의 문헌과 한국전쟁에 관한 문헌을 수록하려는 것이었는데, 제1권에 다 수록하지 못하고 補卷을 내서 보충했고, 제2권은 한국전쟁이 끝나기 전에 자료 전체를 고려하지 않고 출판 날짜를 다투면서 펴낸 것이라 하겠다. 이 선집은 또 조선어를 일본어로 번역해서 출판했기 때문에 틀린 점도 많고 중요한 문헌이 누락된 것도 있다.

(2) 『김일성선집』, 초판, 4권, 1953~54

일본어로 나온 선집에 비하면 북한에서 처음 출판된 김일성선집이 훨씬 더 훌륭한 선집이라 하겠다. 이 선집은 전 4권으로 되어 있는데, 1945년 12월부터 1953년 5월까지의 문헌 127편을 수집한 것이고, 조선로동당출판사에서 1953, 54년에 출판한 것이다.[2] 시기로는 1945년 해방 후부터 한국전쟁이 끝난 1953년까지 약 8년 동안의 문헌이다. 이 선집 역시 시기적으로는 대략 두 시기로 분류할 수 있는데, 제1권과 제2권에 수록된 67개 문헌은 해방부터 한국전쟁 전까지의 문헌들이고, 제3권과 제4권에 수록된 60개의 문헌은 한국전쟁에 관한 문헌들이다.

여기에는 여러 가지 중요한 문헌들이 수록되어 있는데, 이 선집에 처음 나오는 문헌은 김일성이 1945년 12월 조선공산당 북조선분국 제3차 확대회의에서 한 보고이다. 이외에도 김일성이 1946년 8월 북조선로동당 창당대회에서 한 연설, 1948년 2월 조선인민군 창군식에서 한 연설, 북조선로동당 제2차 전당대회에서 한 연설, 1948년 9월 조선민주주의인민공화국 제1기 최고인민회의에서 발표한 정치정강 등 북조선 건국 초기의 많은 문헌들이 있다. 이 반면에 제3권과 제4권에 실린 60개의 문헌은 한국전쟁에 관한 것인데, 전쟁 당시에 중요하다고 생각했던 것들을 모아 출판한 것 같다. 여기에는 중요한 문헌도 있으나 많은 부분이 김일성이 각 부대에 지시하는 군사명령이나 군인들을 격려하는 축하문들이다. 예를 들면 명령 제7호, 제82호, 제310호 등, 그리고 공군 장교 김기우에 보내는 축하문 같은 것이 많이

---

[2] 『김일성선집』, 제1~4권(평양: 조선로동당출판사, 1953~54).

있다. 이러한 문헌들은 다음 새로 나오는 선집에서는 대부분이 삭제된다.

초판『김일성선집』에 수록된 문헌들은 여러 번 수정·보완되기 때문에, 북한 학자도 이 초판은 쓰지 않고 인용도 하지 않는다. 그러나 해방 후부터 한국전쟁이 끝날 때까지는 여기에 수록된 문헌들이 원문이다.

(3)『김일성선집』, 재판, 6권, 1960~64

북한에서『김일성선집』초판을 출판한 것은 한국전쟁이 끝난 1953~54년이었는데 이로부터 7년 후 약 3년에 걸쳐서『김일성선집』을 다시 만들어 내기 시작하였다.[3] 북한에서는 한국전쟁 후 10년 동안, 즉 1954년부터 1964년까지 큰 변화가 있었다. 이러한 변화를 여기에 전부 자세히 설명할 수는 없으나 북한 문헌에 관계되는 부분만 설명하여 두려고 한다. 한국전쟁은 북한 정치에 큰 영향을 미쳤다. 특히 한국전쟁에서 소련이 북한을 지원하지 않고 중국이 도와주었기 때문에 북한에서는 반소친중(反蘇親中) 사상이 대두했고, 이 사상을 바탕으로 김일성은 주체사상을 만들어 낸다. 조선 해방의 은인이고 김일성이 한때 조선인민의 대부라고까지 불렀던 스탈린은 사망하고 소련에서는 그에 대한 격하운동마저 벌어지고 있었다. 김일성은 중국 의용군이 북조선에 있는 동안 자기의 정적을 전부 숙청하는 데 성공한다. 박헌영, 이승엽, 이강국 같은 남조선노동당 계열의 국내파는 한국전쟁이 끝난 후 군사재판을 열어 숙청하였다. 소련에서

---

[3]『김일성선집』, 제1~6권(평양: 조선로동당출판사, 1960~64).

나온 사람들 중 허가이는 자살하고 박창옥, 김승화 등은 다시 소련으로 돌아갔다. 하물며 중국에서 나온 김두봉, 최창익 같은 연안파까지도 정권에서 제거하는 데 성공하였다. 다시 말하면 김일성은 1950년대 말까지는 북조선에 절대적인 권력자가 되었고, 자기의 문헌집을 재출판하기 시작한 1960년에는 그에게 도전할 만한 사람이나 조직은 아무 것도 없었다.

　이러한 정치적 변화는 김일성의 문헌과 선집을 재편하여 출판하는 데까지 영향을 미쳤다. 재판『김일성선집』은 1960년부터 1964년까지 6권으로 출판되었는데 이 중 제3권은 공개되지 않았다. 1953~54년에 출판된 초판『김일성선집』에 들어 있던 문헌은 많이 수정되었고, 초판 제1권과 제2권에 수록되었던 문헌 67편 중 47편과 새로 21편의 문헌을 합하여 재판『김일성선집』제1권과 제2권에 수록하였다. 여기에서 우리가 중요하게 지적해야 할 것은 재판에 수록된 논문의 내용이 많이 수정되었고 원문에서 많은 부분이 삭제되었다는 점이다. 특히 해방 후 김일성이 소련을 조선의 해방자라고 사의를 표하는 구절이나 전세계 무산자의 조국인 소련에 대해 존경심을 표하는 문장, 또는 스탈린을 개인 숭배한 말 같은 것은 전부 삭제하고, 마치 김일성이 주체성을 가지고 있던 사람같이 그의 글을 수정하였다. 그런고로 해방 때부터 한국전쟁 시작 때까지 김일성 문헌들은 그 원본이 초판에 수록된 문헌이지 재판에 수정된 문헌들이 아니다. 새로 첨가한 21편의 문헌도 이러한 수정과정을 거쳐서 첨가되었다고 보는 것이 정확하다고 생각한다.

　초판 제3권과 제4권에 수록되었던 한국전쟁에 관한 문헌들은 대략 재판 제3권에 수록되었다고 생각하나, 재판 제3권은 공개되지 않았기 때문에 수정이나 보충 여부는 알 수 없다. 여기에는 한국전쟁에 관한 비밀문서도 있으나, 그런 것보다는 한국전쟁 당시 김일성이 부하들에게 준 교시들이 많이 포함되어 있다. 김일성이 책임 추궁하고 숙청한 사람들이 후에 정부에 중요한 자리를 차지하게 되고, 이 사람들을 비판하는 문헌을 자기 문헌집에 영원히 수록하여 두는 것을 피하기 위해 비공개로 둔 것이 아닌가 추측한다. 특히 중요하게 고려해야 할 문헌들은, 예를 들면 1950년 12월 21일 조선로동당 중앙위원회 제3차 연합회의에서 한 김일성의 보고는 한국전쟁을 재평가하면서 자기의 빨치산 동료인 임춘추, 김일, 최광 같은 지도자들을 비판하였다. 이외에도 무정(武亭)과 김열(金烈)도 비판을 받고 숙청당하지만 빨치산 동료들은 후에 복직되어 김일성의 충실한 일꾼으로 봉사하였다.

전쟁이 끝난 후 1953년 8월부터 1959년까지의 문헌 56편은 재판『김일성선집』, 제4, 제5, 그리고 제6권에 수록되어 있다. 여기에 북한을 이해하는 데 중요한 문헌들이 있다. 예를 들면 김일성이 전후 경제복구에 관해 1953년 8월 당중앙위원회 제6차 회의에서 한 보고, 1955년 12월에 당 선전·선동자들에게 사상사업에서 교조주의와 형식주의를 퇴치하고 주체를 세우라고 한 연설, 1956년 4월 조선로동당 제3차 전당대회에서 한 보고, 1957년 모스크바에서 열린 10월혁명 40주년 기념식에 참가하고 돌아와 당중앙위원회 12월 확대전원회의에서 한 연설, 1958년 3월 제1차 5개년계획 완성에 대한 결론, 1959년 당중앙위원회 12월 확대전원회의에서 한 사회주의 경제건설에 대한 결론 등이 있다. 이 56편의 문헌들은 또다시 수정, 삭제 또는 보완되어 다음 선집에 포함되지만 재판『김일성선집』에 집성된 것이 원문이다.

우리가 북한의 정치·경제·사회발전을 올바로 이해하려면

김일성의 문헌 원문을 참고해야 한다. 이러한 측면에서 본다면 1945년부터 한국전쟁이 끝난 1953년까지의 문헌은 『김일성선집』, 1953~54년에 출판된 초판에 수록된 문헌을 봐야 하고, 1954년부터 1959년까지의 문헌은 1960~64년에 출판된 재판 『김일성선집』에 수록된 문헌을 봐야 한다. 가필하였거나 수정한 문헌은 진정한 문헌의 가치를 그만큼 상실했다고 볼 수 있다.

(4) 『김일성저작선집』, 10권, 1967~93

1960년대는 북한에 큰 변화가 있었던 시기이다. 북한과 소련의 관계는 중소분쟁으로 인해 1960년서부터 1965년까지 관계가 정상적이 아니었고 북한은 소련의 영향권에서 벗어났다. 중소분쟁에서 북한은 중국을 지지하고 소련을 멀리하였으나, 중국 문화대혁명의 여파로 중국과도 관계가 악화되기 시작하여 1967년에는 소련과 중국으로부터 완전히 독립하고 제3세계 비동맹국가와 관계개선을 하기 시작한다. 이와 시기를 같이하여 북한에서는 김일성 격상운동이 시작되었고 김일성을 조선의 수령이라고 부르기 시작하면서 그의 문헌을 재편하기 시작하였다. 이러한 작업은 1967년에 시작되는데 이때로부터 약 25년 동안 북한에서 김일성 문헌을 선택하여 새로운 선집 10권, 즉 『저작선집』을 만들어 냈다.4) 김일성의 문헌을 모아 출판한 중 저작선집이 가장 훌륭한 문헌집이라고 해도 과언이 아닐 정도로 많은 노력을 기울이고 정성을 드려 출판한 문헌 집이다. 이 저작선집은 여러 나라 말로 번역되어 있고 지금 세상에 많이 배포되어 있다.

---

4) 『김일성저작선집』, 제1~10권(평양: 조선로동당출판사, 1967~93).

먼저 저작선집을 구조적으로 보면 『김일성선집』 초판과 재판에 실렸던 문헌들은 또 한번 수정되어 『김일성저작선집』 제1권과 제2권에 수록되었는데, 재판 제1권과 제2권에 수록된 68편의 문헌 중 21편만 수록되고 47편이 폐기되었다. 재판 제4권, 제5권, 그리고 제6권에 수록되었던 56편의 문헌은 26편만 수록되고 30편이 폐기되었다. 저작선집 제1권과 제2권은 1967년에 출판되었고 해방 후부터 1960년까지의 문헌들이다. 그러나 여기에 실린 문헌은 1967년 당시의 북한 정세에 적합하도록 원문을 수정·보완한 것이지 원문은 아니다. 역시 1960년까지의 김일성 문헌의 원문을 참고하려면 초판과 재판 선집을 봐야 한다.

저작선집 제3권과 제4권은 1968년에 출판되었는데 1961년부터 1968년까지의 문헌을 수록하였다. 제5권은 1968년부터 1970년까지 3년 동안에 발표된 문헌들을 수록하여 1972년에 출판하였고, 제6권은 1971년부터 1973년까지 2년 동안에 발표된 문헌을 수록하여 1974년에 출판하였다. 제7권은 1974년부터 1977년까지 3년 동안에 발표된 문헌을 수록하여 1978년에 출판하였고, 제8권도 1978년부터 1981년까지 3년 동안 발표된 문헌을 모아서 1982년에 출판하였다. 대략 3년에 한 번씩 출판하던 저작선집은 1970년대 말에 와서 일단 끝난다. 저작선집 제9권은 먼저 출판된 문헌과 달리 5년 후인 1987년에 출판되는데, 여기에는 1982년부터 1986년 말까지, 즉 5년 동안의 문헌들이 수록되어 있다. 저작선집 제10권은 김일성이 사망하기 전 해, 즉 1993년에 출판되었는데, 이 책에는 1987년부터 1992년 말까지 6년 동안의 김일성 문헌들이 집성되어 있다. 이것이 김일성이 살아 있는 동안 마지막으로 펴낸 저작선집이다. 김일성이 1994년 7월에 사망하였기 때문에 저작선집 제11권이 출판된다고 하면 여기에는 김일성의 1993년 초부터 1994년 중순까지 약 1년 반 동안의 문헌들이 집성될 것이라고 생각한다.

『김일성저작선집』이 1970년대 말기에 와서 일단 중단된 이유는 김정일의 후계자 문제가 거론되었기 때문이다. 1980년 제6차 조선로동당 전당대회에서 김정일이 후계자로 확정되고 공식적으로 인정된다. 김정일은 자기가 정권을 장악할 때까지 자기가 후계자로서 나라와 김일성에게 충성을 맹세한다. 이러한 작업의 일환으로 여러 가지 준비를 한다. 김정일은 자기 아버지의 70세 생일을 경축하는 의미로 그의 혁명운동을 기념하여 개선문도 세우고 주체사상을 찬양하면서 주체탑도 세웠다. 이러한 사업의 하나로 김정일은 김일성의 문헌을 재정리할 것을 지시한다. 김일성 문헌의 재정리사업은 김일성 70세 생일 3년 전인 1979년에 시작된다. 이것이 『김일성저작집』이다. 『저작선집』 제9권과 제10권은 이런 이유로 그 출판이 지연되었고 수록된 문헌도 시기적으로 늦어진 것이다.

이렇게 김일성의 문헌은 정치적인 우여곡절을 많이 겪은 작품이다. 그러나 『김일성선집』 초판과 재판이 1960년까지의 김일성의 원문을 모아 놓은 것이라면, 『김일성저작선집』은 1961년부터 1992년까지 약 31년 동안의 김일성의 원문을 집대성한 것이라고 할 수 있다. 저작선집이 나오기 전이나 후에 출판된 모든 선집이나 전집 혹은 저작집을 망라해도 김일성의 선집 중에서는 『김일성저작선집』이 가장 중요한 선집이라고 할 수 있다. 여기에는 1960년부터 1992년까지 김일성 문헌 원문이 3년마다 질서 정연하게 선정·수록되어 있고 김일성 사망 1년 반 전까지의 문헌을 모아 편성했다.

저작선집에 수록되지 않은 나머지 문헌, 즉 1993년 1월부터 1994년 7월까지 김일성이 연설하거나 저술한 작품은 많지 않다. 그 중 중요한 것을 예를 든다면 1993년에는 1월의 신년사를 비롯하여 2월에 조.선사회주의노동청년동맹 제8차대회에 보낸 서한, 4월에 발표한 "조국통일을 위한 전민족대단결 10대강령," 6월에 "제4차 뿔럭 불가담나라 공보상회의에서 한 연설"이 있다. 이외에도 캄보디아, 짐바브웨, 타이 왕국, 파키스탄 같은 나라들의 국가수반 그리고 왕세자를 환영하는 자리에서 한 연설문이 있다.5)

1994년의 신년사는 그의 마지막 신년사이고 2월에는 전국 농업대회에 농촌문제의 종국적 해결을 위하여 보낸 서신이 있다. 이외에는 김일성이 당 세포와 소년단원들에게 보낸 축하문이 있고 미국, 일본, 쿠바 신문기자들의 질문에 대한 대답 문헌이 있다. 아마 김일성이 사망하기 전 제일 마지막으로 남긴 문헌은 캄보디아 왕 노르돔 시하누크와 그의 부인, 그리고 그와 함께 온 회의 참가자들을 환영하는 연회에서 1994년 5월 28일에 한 연설문일 것이다.6)

이러한 문헌을 모아 한 권의 책으로 수록한다면 『김일성저작선집』 제11권이 된다고 생각하는데 이것은 아직 출판되지 않았다. 1990년대에 들어서면 김일성보다는 김정일이 사상사업이나 국가를 다스리는 데 더 중요한 글을 발표하는 것이 현저하게 나타난다.

---

5) 『조선중앙년감, 1994』(평양: 조선중앙통신사, 1994).

6) 『조선중앙년감, 1995』(평양: 조선중앙통신사, 1995).

(5) 『김일성저작집』, 47권, 1979~97

김정일이 『김일성저작선집』 편집에 어떠한 불만을 품고 있었는지는 알 수 없으나, 1979년 4월에 3년 계획으로 『김일성저작집』의 편집을 명령하였다. 좀더 방대한 규모로 김일성이 쓴 글을 집대성해 보겠다는 의도가 있었던 것은 틀림없으나, 이러한 계획을 성과적으로 완수하려고 문헌을 많이 조작해 냈다. 또한 이 작업은 김일성의 70세 생일(1982년 4월)에 김정일이 아버지에게 새로운 전집을 선물로 증정하려던 것이 목적이었으나 이 작업은 제때에 완성되지 못했고, 80세 생일 때, 즉 1992년까지도 계속되었다.[7]

새로운 전집의 특징은 제1권에 김일성이 항일무장투쟁 때에 했다는 연설문을 수록하고 있는데 이러한 문헌들은 1978년경에 처음 북한에 소개되었다. 김일성이 만주 카륜에서 공산주의청년동맹과 반제국주의청년동맹 간부회의에서 1930년 6월 30일(김일성이 18세)에 했다는 연설 "조선혁명의 진로"부터 시작하여 1943년 9월에 조선 인민혁명군에게 한 "조선혁명가는 조선을 잘 알아야 한다"는 연설문까지 무려 19편의 논문을 조작해서 발표하였다. 또한 김일성이 해방 후 1945년 8월부터 그 해 12월까지 집필했다는 연설문 약 30편을 1970년대에 새로 조작해 내서 저

---

7) 『김일성저작집』, 제1~38권(평양: 조선로동당출판사, 1979~92). 북한에서는 저작집의 문헌수집을 끝내지 않고 또 다른 문헌집, 즉 『김일성전집』을 1992년부터 출판하기 시작한다. 저작집은 1997년에 47권까지 출판되었다고는 하나, 김일성의 회고록을 포함한 것이어서 이것은 회고록에서 따로 설명하기로 한다.

작집에 소개하였다.

　이렇게 조작해 낸 논문들은 그 내용으로 보나 역사적 사실로 보나 전혀 규격에 맞지 않는 글들이다. 김일성이 1945년 9월에 귀국하였는데 그가 1945년 8월 20일에 벌써 정치·군사 간부들에게 했다는 연설문이 있다. 그 내용으로 보아도 『김일성선집』 초판에 나오는 글과는 너무 대조적이고 맞지 않는 말들이 많다. 이렇게 조작한 문헌이 무려 30편이나 있다. 『김일성저작집』에 실려 있는 문헌 중 『김일성선집』 초판에 실려 있는 논문은 단 하나밖에 없다. 이것은 1945년 12월 17일 김일성이 조선공산당 북조선북국 제3차확대회의에서 한 보고인데, 이 보고문이 『김일성선집』 초판에 제일 먼저 실려 있는 문헌이고, 아마 김일성이 해방 후 북한에 들어와서 제일 먼저 쓴 글이라고 할 수 있다. 이 글도 저작집에 실릴 때까지는 여러 번 교정하고 삭제·가필하였다. 즉 『김일성선집』 초판의 문헌이 원문이라면, 이것은 『김일성선집』 재판에서 수정되었고 『김일성저작선집』에서 또다시 수정되었다. 그런고로 『김일성저작집』에 실려 있는 논문은 서너 번 수정하여 저작집에 수록한 것이다.

　저작집 제2권은 1946년 1월부터 12월까지의 김일성 문헌을 모아 놓은 것이고, 제3권은 1947년, 제4권은 1948년 등으로 한 권에 1년 동안에 발표된 여러 가지 문헌을 수록하였다. 『김일성저작집』은 이러한 방법으로 편집하였는데 1979년에 시작하여 1992년까지 38권을 출판하였다. 『김일성저작집』에는 약 1,200여 편의 연설문, 담화문, 논문, 지시, 보고 등 많은 문헌을 모아 놓았는데, 이 중 약 300여 편의 문헌은 『김일성선집』이나 『저작선집』에 수록되었던 문헌들이고, 900여 편의 문헌이 처음 소개된 것이다. 이렇게 소개된 문헌은 전부가 1980년대에 새로 제작한 문헌들이고 김일성 수령의 상을 확립하고, 그의 우상화를 강화하며, 그의 백전백승의 지도력을 입증하려는 문헌이다. 이렇게 조작된 문헌은 역사적 가치가 없는 것은 물론 김일성이 자기 자신 저작한 원문에 해로운 영향을 미친다. 김일성이 사망한 후에도 저작집의 출판은 계속되어 1997년까지 저작집 47권을 출판하였다고 한다. 그러나 이것은 김일성의 회고록을 수록한 것이고 이 회고록에 대해서는 다른 항목에서 분석하려 한다.

『김일성저작집』의 역사적 가치는 거의 없다고 해도 과언이 아니다. 다른 선집이나 저작선집에서 옮겨 실은 문헌을 수정 아니면 가필한 것이고, 김일성 아닌 사람들이 조작해 낸 글은 김일성의 저작이 될 수 없다. 다만 이렇게 조작해 낸 글은 그가 그 당시 무엇을 하고 있었나 하는 것을 암시한다는 점에서 참고가 될 수는 있으나, 이러한 것은 그의 저작문헌과는 거리가 멀다. 김일성의 정치활동은 다른 방법으로 연구하는 것이 더 바람직하다.

저작집의 편집목적은 김일성이 쓴 글을 전부 모아서 그에게 생일선물로 증정하려는 데 있는 것이 아니고, 김정일이 자기 아버지를 격상하여 개인 우상화하려는 정치운동이라고 단정하여도 무리가 아니다. 저작집에는 김일성의 빨치산운동 당시의 것이라는 문헌들을 처음 조작해서 소개했고, 김일성을 우리나라의 해방자라고 하고 소련이 해방 당시에 한 공헌을 삭제하였다. 또한 중국이 한국전쟁 때 준 도움에 대해서도 언급을 피하고 우리 민족의 성스러운 민족해방운동에서 김일성 장군이 승리했다고 한다. 북한은 모든 정치·경제·사상 면에서 주체를 확립하고 김일성을 수령으로 모시고 자주조선을 세워 나가야 한다고 주장하면서, 이 저작집을 그러한 선전·선동운동을 위하여 사용하려 한 것이다. 이러한 면에서 해석한다면 저작집은 문헌집으로서의 가치는 특기할 만한 것은 아니다.

(6) 『김일성전집』, 28권, 1992~99

『김일성저작집』은 1992년에 중단하고 그 해 3월부터 또 다른 『김일성전집』을 출판하기 시작하였다. 앞으로 계속하여 저작집을 출판할지는 알 수 없으나, 김일성이 사망하기 전에 쓴 회고록을 수록하고 일단 중지한 것은 사실이다. 저작집에는 1990년대 초반, 즉 김일성 사망 전까지의 문헌을 수집하였는데, 이 저작집에는 한 권에 대략 1년 내지 1년 반 동안의 문헌들이 수집되어 있다. 여기에 불만을 품었던지 좀더 방대한 문헌수집을 목적으로 하였던지, 북한에서는 1992년 3월에 『김일성전집』을 출판하기 시작하였다. 전집에는 1년이 아니라 6개월을 기준으로 문헌을 수집·출판하고 있어 막대한 분량의 전집이 기대된다. 1999년 10월 현재 제28권을 출판하였는데, 27권은 1961년 4월부터 9월까지의 문헌이, 그리고 28권은 1961년 10월부터 1962년 1월까지의 문헌 22건이 수집되어 있다.[8] 제26권이 1960년 9월부터 1961년 3월까지의 문헌을 수록하여 1999년 7월에 출판된 것으로 보아 이 전집은 상당히 빠른 시일 내에 완성될 것이 기대

---

8) 여기에는 김일성의 조선로동당 제4차대회에서 한 사업총화 보고를 비롯하여 1961년 4월부터 9월까지 6개월 동안의 21개의 문헌이 수록되어 있다. 제27권 출판은 <로동신문>, 1999년 9월 8일에 소개되어 있다. 제28권 출판은 역시 <로동신문>, 1999년 10월 9일에 소개되어 있다.

된다.9) 또한 이 전집은 방대한 양의 출판물이 될 것이고 김일성의 글 전부를 포함한 마지막 전집이 될 것이라고 생각한다. 이 전집이 얼마나 중요한 문헌집이 되느냐 하는 것은 이 전집이 완료될 때까지 기다려야 올바른 평가를 내릴 수 있다고 생각한다. 지금까지 출판된 김일성 문헌집 중에서는 『김일성저작선집』이 가장 조리 있게 정리한 문헌집이라고 하겠다.

3. 외국어로 된 김일성선집

김일성의 문헌은 여러 나라 말로 번역되어 있다. 김일성의 글은 영어, 불어, 독일어, 일본어, 중국어, 러시아어, 스페인어 등 여러 나라 말로 번역되어 있는데, 이것은 대략 전부가 『김일성저작선집』을 번역한 것이다. 이러한 번역본은 북한에서 번역·출판하여 외국에 선전·선동용으로 배포한 것이다. 북한은 외국어 사용법에 익숙하지 않아서 북한에서 나온 외국어로 된 『김일성선집』은 그리 많이 쓰이지 않는다. 여기에서는 이러한 북한의 외국어 번역본을 말하는 것이 아니고 외국에서 외국 사람들이 출판한 『김일성선집』을 말한다. 이러한 출판물은 많지 않으나 일본어, 중국어, 영어, 러시아어로 된 『김일성선집』들이 있다. 이러한 번역본을 간략하게 소개하려 한다.

---

9) 『김일성전집』, 제26권에 대해서는 <로동신문>, 1999년 7월 3일에 소개되어 있다.

(1) 일본어로 된 김일성선집

일본어로 나온 선집은 북한에서 나온 선집보다도 더 먼저 출판되었는데, 이것은 한국전쟁중인 1952년에 3권으로 출판되었다. 자세한 내용은 전장(1.1 『김일성선집』, 1권, 補卷, 2권)에서 설명하였다. 이 선집의 중요성은 이러한 선집을 처음 작성해 냈다는데 있고, 한국전쟁중 북한의 입장을 김일성의 글을 통해 소개했다는 데 있다. 김일성선집 간행위원회 이름으로 출판된 것이지만 이것은 일본의 친북단체인 조신총연맹이 편집하여 일본의 진보적인 서점이라고 자칭하는 三一書房에서 출판한 것이다. 이 선집보다 후에 나온 김일성선집이나 저작선집 그리고 저작집이나 전집에 비교하면 여러 면에서 대조적이라 하겠다. 북한에서 일본어로 번역하여 평양에 있는 외국문 출판사에서 나온 선집은 『김일성저작선집』을 번역한 것이다.

(2) 중국어로 된 김일성선집

중국에서는 『金日成选集』 재판(1960)을 중국어로 번역해서 1963년에 출판하였다. 이것은 한국어로 된 것을 그대로 번역해서 중국 인민출판사에서 펴낸 것인데 제4, 5, 6권이 출판되었고, 제1, 2, 3권은 출판되었는지 확실하지 않다.[10] 한국전쟁에 관한 문헌들이 수록되어 있는 제3권은 북한에서도 공개되어 있지 않기 때문에 중국어로 출판되지 않은 것은 당연하다고 할 수 있다. 한국전쟁에는 중국의용군이 참전하였기에 김일성의 한국전

---

10) 『金日成选集』(北京: 人民出版社, 1963).

쟁에 대한 글을 중국어로 출판한다는 것은 북한과 중국 사이에 복잡한 정치적 관계로 인해 문제가 되리라는 것은 능히 짐작할 수 있다. 또한 김일성이 자기가 주체를 세운다고 중국의용군의 한국전쟁 참전과 그들의 공헌을 많이 언급하지 않았고, 한국전쟁 후에 출판된 문헌에는 전쟁의 성격이나 중국의 역할에 대해 많이 삭제·가필했기 때문에 중국으로서는 이러한 점을 참작하여 출판을 주저할 수도 있었다고 본다.

이러한 관계를 감안해 보면 『金日成选集』 제1, 2권도 중국이 아직 중국인민공화국이라는 나라를 수립하기 전에 김일성이 쓴 글이어서 중국어로 출판을 하지 않았을 수도 있었다고 본다. 다만 여기에서 특기해야 할 점은 중국에서 중국어로 출판한 『金日成选集』은 북한에서 『김일성저작선집』을 자기들이 중국어로 번역·출판하기 전에 『金日成选集』 재판을 중국어로 출판하였다는 점이다. 이것은 또한 1963년에 출판되었고 이때는 중소분쟁이 극도로 치열했을 때였고 중국이 북한을 소련에서 중국 쪽으로 유인하려고 노력할 때였다. 북한 역시 1960년부터 1965년까지 소련과의 관계가 악화되어 있을 때인 만큼 중국의 이러한 호의를 잘 받아들였다고 생각한다. 그러나 이러한 해석방법은 김일성의 문헌을 중국어로 번역·출판한 정치적인 환경의 설명에 지나지 않고, 문헌상으로는 중국어로 된 김일성선집이 새로운 중국과의 관계 문헌을 소개하였다던가 북한과 중국과의 관계에 국한된 문헌을 소개한 문헌집은 아니라고 본다.

(3) 러시아어로 된 김일성선집(KИМ ИР СЕН: ИЗБРАННЫЕ СТАТЬИ РЕЧИ)

중국에서 발행한 선집과는 달리 러시아어로 출판된 선집은 북한과 소련의 관계를 취급한 문헌을 집대성했다는 데 큰 의미가 있다. 러시아어로 된 선집은 북한에서 출판된 선집을 번역해서 출판한 것이 아니고 소련과 북한의 관계에 대해 김일성이 한 연설문이나 글을 선택해서 출판한 것이다. 이것은 북한과 소련의 관계가 악화되었던 1962년에 출판되었다. 이 책에는 북한과 소련의 관계, 즉 1953년 8월 한국전쟁이 끝났을 때부터 관계가 악화되기 시작한 1961년 9월까지의 문헌을 모아 놓은 것이다.11) 여기에는 24개의 김일성 문헌이 수록되어 있는데, 주로 한국전쟁 후에 소련의 경제원조에 대한 김일성의 감사문과 소련의 경제협조에 대한 문헌들이 실려 있다. 이 선집의 출판계획은 1950년대 말에 세워졌던 것 같고 김일성이 1960년 4월에 쓴 서문까지 포함되어 있다.

물론 『김일성저작선집』은 후에 북한에서 러시아어로 번역하여 전부 출판하지만, 이것은 소련에서 러시아어로 1962년에 출판한 한 권으로 된 『김일성선집』과 구별해야 한다. 우리가 이 러시아어로 출판된 선집의 정치적인 해석을 첨가한다면, 이때는 소련이 한국전쟁에는 참전하지 않았으나 전후 경제복구에는 많은 공헌을 했다는 것을 북한에 암시하는 점도 있다. 또 이때는 북한에 주둔했던 중국의용군이 철수한 후이고, 중국과 소련의 분쟁에서 북한에게 소련이 북한 경제복구에 공헌한 것을 김일성이 그 자신의 글로 얼마나 감사하게 생각하는지 표시했다는 것을 재조명하는 점도 있다고 본다. 북한과 소련의 관계가 악화되기 시작한 후에는 소련에서 김일성의 문헌을 소

---

11) *КИМ ИР СЕН: ИЗБРАННЫЕ СТАТЬИ РЕЧИ* (Москва: ПОЛИТИЧЕСКОЙ ЛИТЕРАТУРЬ I, 1962).

개하지 않았다.

(4) 영어로 된 김일성선집(Kim Il Sung: Selected Works)

　김일성 문헌집이 영어로 처음 출판된 것은 1965년이다. 이것은 어느 선집이나 저작선집을 그대로 번역·출판한 것이 아니고, 선집과 저작선집에 실려 있는 문헌을 영어로 번역하여 2권으로 평양 외국문 출판사에서 발간한 것이다. 그 제목은 Kim Il Sung: Selected Works, I, II라고 되어 있다.12) 제1권에는 1946년 3월 23일 북조선 임시정부의 20대 정강에서 시작하여 1959년 1월 5일 김일성이 협동농장 전국대회에서 한 보고까지 23개 문헌을 실었다. 제2권에는 1959년 2월 26일 당 사업방법에 대한 김일성의 연설부터 1965년 10월 10일 조선노동당 창립 20주년 기념식에서 한 김일성의 보고까지 14개 문헌을 영어로 번역하여 출판하였다. 이것을 출판할 때 북한에서는 영어 문화권에 있는 여러 나라에 보급하려고 각별한 노력을 한 것같이 보인다. 즉 이때까지 그 어느 번역문에도 달지 안았던 각주까지 달고 특별한 용어나 역사적 사실에 대해서는 설명을 첨부하였다. 이러한 작업은 쉬운 일이 아니었고, 특히 북한에서 번역한 영어가 일반 영어 수준에 미달하는 곳이 많이 있어 각주를 달고 설명을 하였으나, 영어 문화권에 있는 사람으로서는 쉽게 이해할 수 없는 출판물이었다. 이렇게 첫번째 영어로 시도한 것은 2권만 출판하고 중지하였다. 미국이나 영어 문화권에 많이 배포되어 있는

---

12) *Kim Il Sung: Selected Works*, 2 vols.(Pyongyang: Foreign Languages Publishing House, 1965).

『김일성선집』은 북한이 새로 『김일성저작선집』을 영역한 것이다. 이 저작선집은 전 10권 중 7권까지 영역이 되어 있다.

공식적으로 북한당국이 영역하여 출판한 것 외에 미국에서 사회주의 계열의 출판사들이 김일성의 문헌을 모아 출판한 것들이 있다. 예를 든다면 뉴욕에 있는 International Publishers가 1971년에 출판한 『조선의 혁명과 사회주의건설』(Revolution and Socialist Construction in Korea: Selected Writings of Kim Il Sung)이라는 책이 있다.[13] 이 책에는 문헌 10편이 수록되어 있는데 이들 문헌은 1955년 4월부터 1970년 9월까지의 김일성의 문헌을 수록한 것이다. 이 책은 특별히 북한의 혁명이나 사회주의건설에 대한 문헌만 모아 놓은 것이 아니라 김일성과 북한을 미국에 소개하는 자료를 출판한 것이라고 할 수 있다. 북한에서 번역한 영어를 그대로 출판한 것이어서 영어는 여전히 좋지가 않다.

다음해 1972년에 역시 뉴욕에 있는 Grossman Publishers에서 '주체'라는 제목하에 김일성의 연설문과 문헌을 책(Juche: The Speeches and Writings of Kim Il Sung)으로 펴냈는데, 여기에는 김일성이 1964년 4월부터 1970년 4월까지 주체에 대해서 쓴 글 10편을 모아 놓았다.[14] 이 책이 다른 책들과 다른 점은 이 책의 편집자 이육사(가명)가 북한에서 번역되어 나온 김일성 문헌이 수준미달의 영어로 되어 있는 것을 인정하고 영어 교정을 시도하였다는 것이다. 그러나 이육사의 영어 교정은 몇 편 되지 않았고 그의 교

---

13) Kim Il Sung, *Revolution and Socialist Construction in Korea: Selected Writings of Kim Il Sung* (New York: International Publishers, 1971).

14) Li Yuk-sa, ed., *Juche: The Speeches and Writings of Kim Il Sung* (New York: Grossman Publishers, 1972).

정마저 훌륭한 것은 아니어서 김일성의 문헌을 영어로 소개하는 데 성공하지 못했다.

이육사가 쓴 서문을 읽어 보면 김일성 문헌의 소개에 중점을 두었다고 하기보다는 북한을 미국에 정치적으로 선전하는 데 더 비중을 둔 것 같다. 1970년대의 유명한 흑인 반미운동가 엘드리지 클리버(Eldridge Cleaver)가 이 책을 소개하는 글을 이 책 전문에 썼다. 클리버는 미국을 떠나 외국으로 방황하며 반미운동을 하고 있을 때 북한을 방문하고 김일성을 만나 북한에서 오랫동안 김일성의 식객으로 평양에 체류한 적이 있다. 이러한 관계로 그가 쓴 이 책을 소개하는 글까지 이 책에 포함되어 있으나, 클리버는 그후 자기의 잘못을 뉘우치고 미국으로 돌아와 회개하고 침례교 전도사가 되었다. 그는 주체사상의 선포와는 아주 다른 일을 했고 이 책을 소개하는 데도 큰 영향을 미치지 못했다.

1978년에 또 하나의 김일성 문헌을 출판한 것이 있는데, 이번에는 한국 통일에 관한 김일성 문헌을 모아 놓은 것이다. 이것은 1976년 뉴욕의 Guardian Associates Inc.라는 출판사에서 내놓은 것인데, 여기에는 김일성이 1960년 8월부터 1976년 5월까지 외신 기자들과 통일에 대해 한 담화, 그리고 김일성의 통일관계 문헌 26편을 소개하였다.[15] 김일성이 그 어떤 연설이나 논문에서도 통일문제에 국한하여 쓴 글은 그리 많지 않다. 그가 통일에 대하여 이야기할 때는 대략 정부의 시책이라든가 당의 정책, 그리고 국가안보 관계에 대해서도 같이 언급을 했다. 이 책에 실린

---

15) Kim Il Sung, *For the Independent Peaceful Reunification of Korea*, revised edition (New York: Guardian Associates, 1976).

통일에 관한 문헌들은 김일성 문헌에서 통일에 대해 언급한 것만을 발췌해서 출판한 것이다. 김일성의 연설이나 담화 보고문보다는, 그 중에서 통일에 대한 부분만 모아 놓은 것이다. 여기에는 김일성이 처음 서방국가 기자들과 회견한 질의·응답이 있는데, 이 책에 실린 문헌은 북한에서 발표한 조선어로 된 기자회견 기록을 영문으로 번역해서 내놓은 것이다. 그러나 1970년대에는 북한에 서방국가 기자들이 와서 김일성과 면접하여 기자회견을 하였으므로, 그 기자들이 돌아와 자기 나라 말로 기자회견 기록을 공개히였다. 이 중에는 미국 <뉴욕타임스>(New York Times) 와 일본의 <요미우리신붕>(讀賣新聞) 기자들도 포함되어 있었다. 영어로 <뉴욕타임스>에 보고된 기자회견과 북한에서 발표한 회견 내용은 비교해 보면 틀리는 점이 많이 있다. 또한 <뉴욕타임스>에 나오는 영어와 이 책에 수록된 영어 인터뷰 기록은 대조적이라고 할 수 있다.

이러한 출판물 외에도 미국에서 나온 김일성 문헌은 많이 있다. 그러나 이것은 단편적인 것이고 체계적으로 만들어 출판한 것이 아니다. 아직도 영어로 된 김일성 문헌을 참고하려면 북한에서 발행한 『김일성저작선집』을 보아야 할 것이다.16) 여기에는 많은 문제가 있으나 아직까지는 북한에서 수준미달의 영어로 출판한 것이 제일 유용하다고 할 수 있다. 북한에서는 김일성저작집을 영어로 번역하여 *Kim Il Sung: Works*라는 제목으로 출판하기 시작하였는데, 지금까지 『김일성저작선집』의 출판도 완료되지 않았고 『김일성저작집』도 중도에 중단한 상태에 있다. 또

---

16) *Kim Il Sung: Selected Works*, 7 vols. (Pyongyang: Foreign Languages Publishing House, 1971~79).

『김일성전집』도 출판중이어서 어느 것을 영어로 번역·출판할 지 알 수가 없다.

이외에 다른 나라 말, 즉 불어나 독일어, 그리고 스페인어로 나오는 선집은 전부가 『김일성저작선집』을 번역한 것이다.

4. 1945년 전에 집필했다고 하는 문헌

김일성이 해방 전에 썼다고 하는 글은 해방 전에 출판된 어떠한 문헌에서도 찾아볼 수 없다. 이러한 작품은 전부 1960년대 말, 그리고 1970년대 초에 조작한 것이다. 이 문헌을 조작해 낸 시기는 북한과 소련, 그리고 북한과 중국의 분쟁에서 김일성이 주체를 주장하고 소련과 중국으로부터 독립하여 자주적인 북한을 만들어 내려고 하던 때이다. 김일성은 중소분쟁을 잘 이용하여 북한을 소련과 중국의 영향력 아래서 독립시키고 제3세계 비동맹운동에 가담하였다. 북한에서는 뿔럭불가담운동이라고 부르면서 소련과 중국을 멀리하고 북한의 자주성을 세웠다고 한다. 그러나 이러한 자주성의 수립과정에서 김일성은 자기의 지도자적인 지위를 확고히 세우고 누구도 감히 도전할 수 없는 절대적인 존재가 되었다. 북한에서는 1967년에 김일성을 수령이라 부르기 시작했고, 그의 과거 혁명운동에 대해 있는 사연 없는 사연을 다 포함하여 김일성을 찬양하기 시작했다. 이러한 개인숭배운동은 극도에 달하여 북한에서는 김일성만이 우리나라 독립운동을 하였고 일본을 물리치고 우리를 해방시켰다고 주장했다. 북한에서는 또 김일성이 한국전쟁에서도 승리하였다고 주장했다.

이렇게 김일성에 대한 개인숭배의 열이 고조되어 있을 때 북한에서 『김일성선집』(재판) 출판을 6권으로 마무리하고 1967년에 『김일성저작선집』을 출판하기 시작하였다. 이때 김일성의 빨치산 전통도 찬양하고 김일성이 항일투쟁 당시에 했다고 하는 연설문을 조작해서 『김일성저작선집』 제1권에 발표하였다. 이러한 조작된 글은 그의 항일운동 때에 국한되지 않고 해방 후 그가 돌아와서 북한에서 했다는 연설문들도 발표했다. 우리가 그때 당시의 사료, 즉 1946년 이전의 사료로 입증할 수 있는 김일성의 문헌은 하나밖에 없다. 그것은 그의 1945년 12월 17일 조선공산당 북조선분국에서 한 연설이다. 그 전에 썼다고 하는 김일성의 모든 문헌은 1970년대에 조작한 것이다.

그러면 그가 썼다고 주장하는 문헌은 어떤 것이냐? 제일 먼저 나타난 것은 1930년 6월 30일 김일성이 당시 18세 소년 때에 만주 카륜에서 한 "우리민족의 진로"라는 제목의 연설문이다. 이 연설에 대해서는 앞에서 언급한바 있기 때문에 재론하지 않겠으나, 북한은 이 연설문을 시작으로 그 다음해 1931년에 김일성이 5월과 12월에 한 번씩 두 번이나 만주 延吉縣 明月溝(엔지셴 밍웨거우)에서 공산청년회 간부들에게 한 연설문을 계속 소개했다는 점을 지적해 둔다. 이 연설문의 내용을 보면 김일성이 그 당시 간도에서 일어난 소위 '간도 5·30사건'에 대해 언급하는데, 김일성은 왜 간도 5·30사건이 실패했냐 하는 것을 자상하게 이야기하고 있다. 국내에서 공산주의운동이 불가능하게 되었던 1920년대 말엽 당시에 공산당원들은 점차로 만주로 가서 만주총국이라는 지부를 만들어 활동하고 있었는데, 공산주의국가의 일국(一國)일당(一黨)주의에 의해서 조선공산당원들은 만주총국을 해체하고 중국공산당에 가입하게 되었다. 간도 5·30사건은 이 합당을 기념하기 위해 1930년 5월 30일 간도 龍井村(룽징쭌)에서 일으킨 폭동이다. 이것은 물론 일본과 만주 경찰에 의해 진압되었고, 이때 많은 조선공산당원들이 체포되었다.[17]

이 문헌에서 김일성은 간도 5·30사건이 왜 실패했는가에 대해 세 가지 이유를 말하며 그 실패 이유를 분석하고, 만주에 있는 조선공산당원들이 해야 할 네 가지 조건을 설명하고 있다. 김일성은 이때 20세도 되지 못한 어린 청년이고 이런 분석을 할 수 있을 정도로 만주 공산주의운동에 가담해 있지도 않았다. 또 이러한 판단을 내릴 정도의 교육수준도 없었을 뿐만 아니라 이러한 글을 쓸 수 도 없었던 때이다. 이러한 상황에서 그가 이 문헌을 작성하였다고 하는 주장은 믿을 수 없는 것이다. 이보다도 더 믿기 어려운 것은 이때 벌써 김일성은 마르크스주의와 레닌주의를 이야기하고 그 중요성을 강조하면서 조선 국내의 노동쟁의의 중요성을 연설하고 있다. 김일성은 이 글에서 원산노조 분쟁, 신흥탄광 분쟁, 평양고무공장 파업, 그리고 단천과 不二농장 운동에 대해 언급하고 있다. 이러한 조선 국내에서 일어난 노동파업이나 소작투쟁에 대해 20세도 되지 않은 만주 벽

---

17) 간도 5·30사건은 우리나라 공산주의운동사에서 기록에 남을 만한 중요한 사건이다. 이때 조선 공산주의자들이 많이 체포되었는데 그 중에는 金槿도 포함되어 있다. 김근은 이 당시 자기 별명을 金一星이라고 한 사람이다. 간도 5·30사건에 대한 자세한 내용은 Dae-Sook Suh, *The Korean Communist Movement, 1918~1948* (Princeton: Princeton University Press, 1967)을 보라.

촌에 사는 중학교 2학년생 김일성이 글로 썼다는 것은 불가능한 일이다.

  1930년대 중반에 들어서면 그가 빨치산운동을 하면서 일본토벌대와 싸울 때인데, 이 당시 자기 부하들에게 일본 사람을 상대로 잘 싸우라고 했다는 연설은 믿을 만하지만 이것도 1970년대에 들어와 쓴 것이다. 이러한 연설문 중에도 믿기 어렵고 가소로운 글이 많이 있다. 예를 들면 김일성은 1940년 8월 10일에 벌써 일본이 머지않아 항복하리라는 것을 예언하고, 우리 민족 해방의 큰 경사를 순비하라는 연설을 했다고 한다. 특히 김일성이 조선인민혁명군 정치간부 생도들에게 1943년 9월 15일에 했다는 연설은 조선 혁명가는 조선을 잘 알아야 한다는 제목인데, 김일성은 이때 만주에 있지도 않았고 러시아로 피신해 있었으며 조선 인민혁명군은 해체되고 김일성 자신이 소련 군복을 입고 연해주에서 러시아 사람으로부터 소련 군사훈련을 받고 있을 때였다.

  이러한 일련의 조작문헌은 1946년서부터 1994년까지 김일성이 쓴 글을 모아 놓은 선집이나 저작선집에 아무런 도움이 되지 않는다. 오히려 이렇게 조작한 문헌들과 그가 쓴 원문을 삭제·가필한 문헌은 김일성이 쓴 글 전체를 평가할 때 도움이 된다기보다는 역효과를 일으킨다고 해도 과언이 아니다.

5. 문제별로 출판된 문헌

　김일성이 어떠한 문제를 선정하여 그 문제를 전적으로 다루는 논문을 써서 책으로 펴낸 일은 많이 없다. 한 연설문이나 보고문 또는 간략한 논문을 단행본으로 낸 책자는 있으나 이런 것은 후에 다시 편집하여 선집이나 저작선집에 수록된다. 일반적으로 그의 연설문이나 그가 당과 정부에 한 보고문, 그리고 기자들과 회견한 담화문 등을 문제별로 수집하여 출판한 문헌집은 많이 있다. 이러한 문헌은 선집이나 저작선집에 나오는 김일성의 원문 전체를 실은 것이 아니고 그 중에서 연관된 부분만 발췌해서 수록한 것이다. 이렇게 만들어 낸 문제별 출판물은 저작선집에 실려 있는 원문을 재출판하는 것이 되는데, 때로는 선집이나 저작선집에 실리지 않았던 문헌도 포함되어 출판된 것도 있다. 이렇게 출판된 문헌선집은 많은 문제를 취급한다. 예를 들면 한국전쟁, 사회경제관리, 주체사상, 남조선혁명, 청소년, 조선로동당, 정부, 인민군, 농업관리, 공업발전, 외신기자와의 회견, 사회보건 등 다양한 문제를 취급한다. 이러한 문제에 대한 김일성의 글 원문은 그의 선집, 저작선집, 저작집, 전집 등에 전문이 있으므로 여기에는 문제별로 편집한 문헌집 몇 가지만 소개하기로 한다. 한 가지 문제에 국한된 담화문이나 연설문 단행본은 여기에서는 다루지 않기로 한다.

(1) 한국전쟁

문제별로 모아 놓은 책 중에서 가장 먼저 출판된 것은 한국전쟁에 관한 책일 것이다. 한국전쟁이 끝난 다음해인 1954년에 『자유독립을 위한 조선인민의 정의의 조국해방전쟁』이라는 책이 평양에서 출판되었다.[18] 여기에는 김일성이 한국전쟁이 시작된 다음날인 1950년 6월 26일에 라디오로 방송한 연설문을 비롯하여 1953년 7월 28일 한국전쟁 정전협정이 발표되던 날까지의 문헌 42개가 수집되어 있다. 여기에 수록된 대부분의 문헌은 『김일성선집』에 수록되어 있다. 이 책은 한국전쟁에 대한 김일성의 논문이 아니고 김일성이 한국전쟁 동안 군인이나 군부대에 준 명령, 그리고 한국전쟁에 관한 김일성의 담화, 성명서 등을 모아 놓은 것이다. 전쟁 후에 북한에서 출판된 한국전쟁에 관한 연구서는 많으나 김일성의 글과 정부나 다른 연구원들의 연구서는 구분되어야 한다. 여기에는 김일성의 글만을 다루기로 한다.

(2) 사회주의 경제관리

김일성은 아주 근면한 지도자라고 할 수 있다. 그는 경제관리 문제에 대해 지도자로서 많이 참견하였고 많은 지시를 내렸다. 이러한 문헌들을 모아 출판한 『사회주의 경제관리 문제에 대하여』라는 제목의 4권의 책이 있다.[19] 제1권에는 1946년 12월부터

---

18) 김일성, 『자유와 독립을 위한 조선인민의 정의의 조국해방전쟁』(평양: 조선로동당출판사, 1954).

1960년 8월까지 김일성이 한 연설문 16편이 수록되어 있고, 제2권과 제3권에는 김일성의 글 43편이 실려 있는데, 이것은 1961년 9월부터 1969년 10월까지 김일성이 사회주의 경제관리 문제에 대해 한 담화문을 모아 놓은 것이다. 이 중 북한 경제발전에 중요한 논문들은 선집이나 저작선집에 있지만, 김일성이 북조선 경제관리를 현지지도 하면서 이야기한 25편에 달하는 담화문은 선집이나 저작선집 등 다른 곳에서 찾아볼 수 없는 글이다. 제4권은 1977년에 출판되는데 1970년대의 북조선 경제관리 문제에 대한 글을 집대성한 책이다.

(3) 주체사상

주체사상에 대해서는 여러 가지 단행본이 있다. 주체에 대해 북한에서 처음 출판한 책은 『우리 혁명에서의 주체에 대하여』라는 책인데, 여기에는 32편의 논문이 있고 1970년에 출판되었다. 1977년에 이 책을 두 권으로 나누어 재출판하는데, 논문도 더 많이 수록하고 1974년 3월까지 김일성이 주체에 대해 한 말을 포함하였다. 새로 만든 책은 『주체사상에 대하여』라고 제목을 바꾸었다.[20] 이 재편한 주체사상에 대한 책은 김일성저작선집과 같이 여러 나라 말로 번역되어 배포되었다. 이 책의 중요성은 북한에서 주체사상을 아시아, 아프리카에 있는 비동맹국가

---

19) 김일성, 『사회주의 경제관리 문제에 대하여』(평양: 조선로동당출판사, 1970).

20) 김일성, 『우리 혁명에서의 주체에 대하여』(평양: 조선로동당출판사, 1970). 김일성, 『주체사상에 대하여』(평양: 조선로동당출판사, 1977).

에 선전하려고 노력할 때 유용하게 쓰인 책이고, 세계 방방곡곡에 주체사상 연구소가 설립되자 주체에 대한 김일성의 어록은 더욱 많이 선전되었다. 이후에도 평양에 주체탑이 서고 주체사상 연구소가 여러 나라에 생기고 주체에 대한 연구서가 많이 출판되었다.

(4) 조선로동당

조선로동당을 주제로 김일성의 글을 모아 놓은 책은 그리 많지 않다. 물론 조선로동당에 대한 글, 그리고 당대회에 대한 문헌집은 많이 있으나 이것은 전부가 김일성의 글이 아니다. 김일성의 글 중에서 당에 관한 글만 모아 놓은 것은 그의 글 전문이 아니고 발췌문들이다. 이러한 김일성의 당에 대한 문헌집의 대표적인 것은 『조선로동당 건설에 대하여』라는 책인데 2권으로 되어있다.[21] 이 책은 영어로도 번역되어 출판되었다 (Kim Il Sung, On the Building of the Workers' Party of Korea, vol. I and II [Pyongyang: Foreign Languages Publishing House, 1978]). 제1권은 창당 당시 문헌으로부터 1954년까지의 문헌들이 수집되어 있다. 이 책도 김일성의 저작선집이 나온 다음에 편집된 책이기 때문에 후에 조작한 문헌들이 끼어 있다. 제2권은 김일성이 조선로동당 중앙위원회 4월 전원회의에서 한 연설, 즉 당원들의 계급교육을 더욱 강화하자는 문헌부터 1961년 9월 조선로동당 제4차 전당대회에서 한 중앙위원회의 총화보고까지 수록되어 있다.

---

21) 김일성, 『조선로동당 건설에 대하여』(평양: 조선로동당출판사, 1972~78).

제2권에는 『김일성선집』이나 『저작선집』에 수록되어 있지 않은 당에 관한 논문도 실려 있다. 예를 들면 1956년 2월 김일성이 개천군 당 조직회의에서 한 연설과 1958년 8월에 중앙당학교 제1회 졸업식에 가서 김일성이 한 연설이 있다. 이러한 연설문들은 그 원문이 1956년이나 1958년에 발표되어 있지 않기 때문에 1970년대에 처음 나온 문헌이 가필·조작되었는지 알 수 없으나, 전에 알려지지 않은 문헌들이 공개되었다는 점에서는 중요하다고 할 수 있다.

(5) 조선민주주의인민공화국

북한정부에 대해서는 몇 가지 문헌집이 있는데, 그 중 유용하다고 생각되는 것은 1968년에 출판된 『우리의 혁명과 건설에서 인민정권의 과업에 대하여』라는 문헌집이 있다.[22] 이 책은 544쪽이나 되는 방대한 문헌집이고 북한정부에 관한 문헌을 1945년 10월 당시부터 1967년까지 수집하였다. 여기에는 정부수립을 준비하던 시대, 즉 북조선임시인민위원회 당시에 김일성이 한 연설도 포함되어 있다. 여기에는 『김일성선집』에 수록되지 않은 글도 있고 수록된 글을 가필·삭제한 글도 있다.

이 책을 출판한 후 1970년대에 김일성의 인민정부에 대한 글을 모아 좀더 방대하게 2권으로 출판하였다.[23] 이 책은 영어로

---

22) 김일성, 『우리혁명과 건설에서 인민정권에 대하여』(평양: 조선로동당출판사, 1968).

23) 김일성, 『인민정부를 수립할 데 대하여』, 제1~2권(평양: 조선로동당출판사, 1978).

번역되어 출판되었다(Kim Il Sung, *On the Building of the People's Government*, vol. I and II [Pyongyang: Foreign Languages Publishing House, 1978]). 여기에는 1945년 이전에 벌써 인민정부 수립에 대해 김일성이 준비했다는 글을 조작해서 수록하였다. 처음 나오는 문헌은 1936년 5월 5일에 만들었다는 조국광복회의 10대강령이다. 이 문헌을 수록한 이유는 김일성이 만주에서 항일운동을 할 때에 벌써 조선의 정부를 세운다는 전제하에 만든 조직이라는 것인데, 1936년 당시 만주에 있던 조국광복회와 북조선에 1948년에 수립된 조선민주주의인민공화국 정부와는 연관성을 맺기가 쉽지 않다고 생각한다. 그 이유의 하나로는 조국광복회의 10대 강령은 문헌상으로 남아 있는 강령이고, 이 조직만 하더라도 그 이름이 在滿韓人祖國光復會(재만한인조국광복회)이며, 강령 중에는 만주에 사는 한국인들의 자치권을 획득하는 것을 주장하는 강령도 있다. 다만 김일성이 이 조국광복회와 연관성이 있었고 해방 후에 북한정부 주석이 되었다는 것이지 조선민주주의인민공화국의 전신은 아닌 것이다.

다른 하나의 문헌은 김일성이 1937년 11월 10에 쓴 논문인데, 그 제목은 "조선공산주의자들의 임무"라고 한다. 북한에서는 이 글을 조선 인민혁명군의 기관지인 『서광』이라는 잡지에 발표하였다고 주장한다. 그러나 이것은 1970년대에 들어와서 처음 나온 논문이고, 그들이 주장하는 조선 인민혁명군도 이때에 따로 있지 않았으며, 그 군대의 기관지인 『서광』도 찾아볼 수 없는 잡지일 뿐이다.

제1권에는 이 두 논문 외에 31개의 북한정부와 연관되는 논문들이 수록되어 있고, 1961년 9월 조선로동당 제4차 전당대회에서 한 김일성의 총화보고 중에서 정부에 대한 보고만 발췌해서 수록하였다. 제2권에는 1962년 1월 김일성이 황해남도 시·군 인민위원회 위원장과 부위원장들에게 한 담화부터 1977년 12월에 김일성이 한 연설 "인민정부를 더욱 강화하자"는 연설까지 16개의 정부에 관한 중요 문헌들이 수록되어 있다.

(6) 통일문제

김일성은 통일문제를 주제로 해서 연설한 일은 그리 많지 않다. 대략 다른 문제와 연결하여 통일에 관해 언급한 문헌은 많아도 집중적으로 통일에 대해 말하지는 않았다. 이것은 그가 1950년에 한국전쟁으로 나라를 무력 통일하려고 했던 것이 실패한 데도 기인한다. 전쟁으로 통일을 이루지 못한 후 그는 이 문제를 평화적으로 해결하자고 말하기는 하였으나 김일성은 평화적으로 나라가 통일된다고 믿지 않은 사람이다. 그런고로 여기에 대해서는 크게 글을 쓰거나 연설한 일이 많지 않다. 아마 그가 통일에 대해 집중적으로 언급한 예는 1964년 2월 27일 조선로동당 중앙위원회 제4기 제8차 전원회의에서 한 결론일 것이다. 여기에서 김일성은 세 가지 통일의 혁명역량을 말하면서 통일은 평화적으로 하되, 북한의 혁명역량을 강화하고, 남조선에 강한 혁명역량을 준비하고, 국제적 혁명역량을 강화해야 한다고 조국통일의 구체적인 방도를 말하였다.

김일성의 통일은 언제나 남조선에 혁명이 일어나서 북한이 조선을 통일한다는 논리다. 그의 통일문제에 대한 발췌문헌을 모아 놓은 책의 이름도 『남조선혁명과 조국통일에 대하여』라고 되어 있다.24) 이 문헌집에는 1948년 3월 김일성이 남한에서 단독정부를 수립하려고 선거하는 것을 반대하는 연설로 시작해서 한국전쟁 때에 한 연설문을 포함하여 1968년 9월 조선민주주의인민공화국 창건 20주년 기념연설 발췌문까지 31개의 김일성의 통일에 관한 문헌을 수록하였다. 김일성은 시종일관 조선의 정통성은 자기들 공화국 북반부에 있고, 조선인민이 외세로부터 해방되면 나라가 통일된다는 논리를 펴고 있다.

(7) 사회문제

북한에서 김일성을 우상화하기 시작한 것은 대략 1967년경이라고 한다. 그래서인지 1968년과 1969년에는 김일성의 문헌을 여러 면으로 묶어 놓았고 그의 문헌 색인도 1970년에 출판하였다. 사회문제에 대해서는 대략 5개 부문으로 구분할 수 있다. 김일성이 사회생활에서 가장 중요하다고 생각하는 청소년사업에 대한 연설문을 모아 놓은 책이 두 권 있다. 그 하나는 『청소년 사업과 사회주의로동청년동맹의 임무에 대하여』라는 책인데, 이것은 청소년보다 사회주의로동청년동맹(사로청)에 소속되어 있는, 장차 조선로동당원들이 될 청년들에 대하여 연설한 문헌들을 모아 놓은 것이다. 이 책은 제1권이 1969년에 출판되었는데 434쪽이나 되는 방대한 책이다. 이 책과 성격이 좀 다른 것으로 북한의 소년들에 대해 언급한 글들을 모아『청소년사업에 대하여』라는 책을 펴냈다. 이것은 1966년에 출판되었는데 179쪽밖에 되지 않는 작은 책이다.

북한의 보건사업에 대하여 김일성이 한 연설문을 모아『보건

---

24) 김일성,『남조선혁명과 조국통일에 대하여』(평양: 조선로동당출판사, 1969).

위생사업을 발전시키기 위하여』라는 제목하에 조선로동당출판사에서 1968년에 출판하였다. 이외에도 농업문제,25) 직업동맹,26) 여성동맹,27) 사회과학자들의 임무,28) 그리고 인민군대에 대하여29) 등 여러 문제별로 김일성의 연설문을 출판하였다.

여기에서 한 가지 기록해 두어야 할 것은 1970년대에는 김일성이 많은 외국 기자들과 회견을 한다. 처음에는 사회주의국가나 제3세계국가 기자들만 접견하였는데, 1970년대에 들어와서는 자유주의 자본국가 기자들과도 회견하였다. 1972년과 1973년에는 미국의 New York Times를 비롯하여 Washington Post 기자들과 만났고 일본 每日(마이니치)신문사 또는 讀賣(요미우리)신문사의 기자들과도 회견하였다. 이러한 외신기자들과의 회견에서 김일성이 대답한 문헌을 모아 여러 권의 책으로 출판하였다.30)

이렇게 문제별로 묶어 놓은 문헌집은 어떠한 문제에 대해 김일성이 어떠한 언급을 하였느냐 하는 것을 알아내는 데는 유익한 책들이다. 그러나 이러한 문헌들은 대략 전부가 발췌문이고

---

25) 김일성,『우리나라 사회주의 농촌문제와 농업근로자동맹 사업에 대하여』(평양: 조선로동당출판사, 1968).
26) 김일성,『직업동맹 사업에 대하여』(평양: 조선로동당출판사, 1968).
27) 김일성,『녀성동맹 사업에 대하여』(평양: 조선로동당출판사, 1967).
28) 김일성,『사회과학자들의 임무에 대하여』(평양: 조선로동당출판사, 1968).
29) 김일성,『우리혁명과 인민군대의 과업에 대하여』(평양: 조선로동당출판사, 1968).
30) 김일성,『외국기자들이 제기한 질문에 대한 대답』, 제1~5권(평양: 조선로동당출판사, 1976~86).

김일성의 선집이나 저작선집 또는 저작집과 전집에서 그 전문을 찾아볼 수 있는 문헌들이다. 일본 조선총연맹에서 출판하였다고 생각되는 『위대한 수령 김일성 동지의 중요 문헌집』이라는 김일성 문헌을 총체적으로 다룬 책이 있는데, 이것은 북조선이 재일교포에게 선전용으로 쓰려고 만든 문헌집인 것 같다. 여기에 실려 있는 문헌도 역시 저작선집이나 저작집에서 찾아볼 수 있는 문헌들이다.

김일성의 문헌을 연구하기에 유용하게 쓸 수 있는 색인이 있는데, 이것은 북한 사회과학원에서 펴낸 『김일성 동지의 로작 색인』이다.31) 이 책은 3편으로 나누어져 있다. 제1편에는 부문 및 문제별 색인이 있고, 제2편에는 항목별 색인이 있고, 제3편에는 지명, 국명, 서지 문헌명 등 여러 가지를 망라한 색인이 있다. 1970년까지의 김일성 문헌을 연구하려면 가장 유용하게 쓸 수 있는 색인이다.

근래에 와서 김일성의 『총서』라는 책이 나왔는데, 이것은 그 제목이 '위대한 수령 김일성 동지의 불멸의 혁명업적'이라고 되어 있고, 1999년 9월에 제14권 '사회주의 농촌문제의 해결'에 대한 것이 나왔다.32) 그러나 이것은 김일성의 문헌을 찬양·해설한 것이지 문헌 그 자체는 아니다. 이러한 문헌 해설집은 여기에서 취급하지 않고 김일성의 문헌만 다루기로 한다.

---

31) 『김일성 동지의 로작 색인』(평양: 사회과학출판사, 1970).
32) <로동신문>, 1999년 9월 18일.

6. 김일성 회고록

　김일성은 1912년에 태어나 1994년에 82세로 돌아갔는데, 그의 회고록은 1992년, 즉 80세 되던 해에 처음 출판되기 시작하였다. 그는 방대한 회고록을 구상하였던 것 같으나 자기 일생의 3분의 1도 회고하지 못하고 돌아갔다. 그의 회고록 『세기와 더불어』가 처음 출판된 것은 1992년이고 그가 사망하기 전 1994년까지 5권이 출판되었다. 제6권은 아마 그의 유고를 모아 그가 사망한 다음해 1995년 4월, 그의 생일을 기념하여 출판된 것 같다. 그리고 북한에서 말하는 『계승본』이라는 책이 김일성 사망 2년 후 1996년에 그의 회고록 제7권으로 출판되었고 1998년 7월에는 제8권이 출판되었다.

　회고록 제1권에서부터 제8권까지에 담겨 있는 김일성의 회고는 그가 출생한 때로부터 1940년대 초반까지의 그의 항일운동과 빨치산활동을 이야기한 것이다. 해방 후부터 사망 전까지 김일성은 북한을 근 반세기나 다스렸는데, 그 정치 이야기는 하나도 쓰지 못하고 돌아갔다. 북한을 이해하려면 김일성 자신의 이야기가 중요하다고 생각하지만 그러한 회고록은 쓰지 못했다. 그의 회고록 제1권 머리말에서는 극히 겸손하게 말했다.

　　원래 나는 회고록을 쓸 생각을 별로 하지 않았다.…… 여러
　　사람들이…… 회고록을 쓸 것을 권유하였다. 그러나 나는 그것

을 서두르지 않았다.

 이제는 김정일 조직비서가 나의 사업을 많이 대신해 주어 어느 정도 짬을 얻게 되었다.…… 그래서 시간이 있는 대로 한두 줄씩 적어 놓게 되었다. 나는 나의 한생이 결코 남달리 특별한 것이라고 생각하지 않는다. 다만 조국과 민족을 위해 바친 한생이며 인민과 더불어 지나온 한생이었다고 자부하는 것으로 만족할 뿐이다.33)

 김일성이 머리말에서 이야기하는 것같이 회고록은 김일성이 시간 나는 대로 한두 줄씩 적어 놓은 책은 아니다. 김일성은 1992년부터 1994년까지 2년 동안 5권의 회고록을 출판하였다. 김일성은 제1권이 출판된 1992년보다 훨씬 전부터 회고록을 쓰기 시작하였다고 보는 것이 타당할 것이다. 또한 이 회고록은 그 내용으로 보아 많은 학자들과 일꾼들이 동원되어 자료수집이나 역사 사실을 회고하는 데 김일성을 도와주었다고 본다.

 김일성의 회고는 제1권에서 제5권까지, 즉 보천보전투 전까지의 기록이 김일성의 회고라고 보고, 제6권은 그의 유고나 그가 남긴 담화를 중심으로 학자들이 쓴 것이라고 본다. 물론 『계승본』의 경우는 김일성이 쓰지 않았고 북한 학자들이 김일성의 혁명활동을 1940년대 초반까지 매듭지어 준 것이라고 본다. 그러나 과거 『김일성선집』이나 『저작선집』에 나오는 논문, 연설문, 보고문, 담화문, 명령, 편지 등과 같은 김일성의 글과는 달리 회고록은 김일성이 계획을 세워 쓴 책이라고 하겠다. 이 회고록은 후에 『김일성저작집』에 수록되기도 하나 김일성

---

33) 김일성, 『세기와 더불어』, 제1권(평양: 조선로동당출판사, 1992), 3쪽.

어 처음부터 책으로 펴낸 것은 이 회고록이 처음이자 마지막 이라고 할 수 있다.

(1)『세기와 더불어』, 전6권, 1992~95

제1권에는 1912년 4월 김일성이 출생했을 때부터 1930년 5월 지린(吉林) 감옥에서 출옥할 때까지의 어린 시절이 회고되어 있다. 김일성은 여기에서 자기 가족에 대하여, 아버지의 독립운동과 자기 어머니의 고충과 만주 벌판에서의 생활들을 회상하고 있다. 자기 어렸을 때 다니던 화성의숙, 타도제국주의동맹(ㅌ·ㄷ), 毓文中學 시절에 알았던 중국인 선생 尙越, 그 당시의 독립운동가 이관린, 차광수, 안창호, 오동진, 최동오 등을 회상하고 있다. 제1권에서는 새로이 밝혀진 사실은 김일성이 부모를 잃고 만주에서 학교를 다닐 때 손정도 목사 집에서 살았다는 것이다. 손정도 목사는 기독교 목사일 뿐 아니라 우리나라 임시정부 의정원 원장을 지냈으며 한국 해군제독 손원일의 부친이다. 김일성은 자기 부친과 손목사가 친한 사이며 자기도 아버지 김형직이 숭실중학을 나왔고 어머니 강반석도 기독교 가정에서 자라났다는 것을 처음 공개하였다.

제2권에는 1930년 5월 감옥에서 나와서부터 1933년 2월까지의 일을 자세히 회상하고 있다. 김일성은 1930년을 시련의 해라고 하고 자기가 감옥에서 출옥하였을 때 손정도 목사가 얼마나 자기를 반겨 주었는지를 자세히 기록하였다. 김일성은 손정도 목사의 차남 손원태(미국에 거주하는 의사)를 북한에 초대하여 옛날 신세진 것을 조금이라도 갚으려고 하였다.

김일성은 자기의 본명이 김성주이고 김일성이라는 이름은 자기보다 5년 선배인 시인 金爀(김혁)이 지은 '조선의 별'이라는 노래가 있었는데, 이 노래가 보급되자 신안툰에 있던 자기 친구들(차광수, 최창걸)이 자기를 '한별이'이라고 불러 준 데 기인한다고 한다. 金一星이라는 이름은 金日成으로 바뀌는데, 이것은 오가자에 사는 자기 친구 변태우와 최일천이 지어 준 이름이라고 하였다. 자기 이름이 공식 출판물에 김일성으로 적혀 나오기 시작한 것은 자기가 1931년 고유수에서 체포되어 20일 동안 감옥살이를 한 때부터라고 한다. 김일성은 그후 만주에 있는 중국사람들과 항일유격대 운동을 하고 1932년 4월 25일 안도에서 '반일인민유격대'를 창건하였다고 한다. 1935년 6월에 김일성은 자기 동생 철주가 처창즈 근방에서 전사하였다는 소식을 들었다고 한다.

제3권은 그의 회고록 중 454쪽이나 되는 가장 긴 이야기인데, 여기에는 1933년 2월부터 1935년 2월까지의 그의 항일 유격전투에 관한 기록이 있다. 여기에서 김일성은 그 당시 만주에서 항일운동을 하던 우리나라 게릴라 지도자들과 자기의 관계, 중국 구국군과 항일빨치산 지도자들과 자기와의 관계, 그리고 국제공산당에서 파견된 사람들과의 관계를 말하고 있다. 이외에는 대략 김일성의 항일무장투쟁의 전투업적을 기록하는데, 여기에는 일본 문헌에 기록되어 있는 김일성의 전투도 있고 전혀 알려지지 않은 결전도 이야기하고 있다. 김일성은 1933년에 자피거우 전투가 있은 후 자기의 1년 동안 유격전 경험을 기준으로 『유격대동작』이라는 책을 써냈다고 한다. 물론 이러한 책자는 찾을 수 없고 북한에서도 다시 만들어 내지 않았다.

제3권에서 밝힌 사연 중 우리가 중요하게 이해해야 할 것은 김일성이 만주에 있는 반일 인민유격대를 통합하여 1934년 3월에서 5월까지 '조선인민혁명군'을 창설했다고 하는 것이다. 이렇게 이야기하면서 김일성은 이 조선인민혁명군과 중국 사람들과 함께 싸웠다고 말한다. 그리고 만주에 '동북항일연군'이 조직되었을 때 조선인민혁명군은 동북항일연군 제2군이 되었다고 한다. 여기에서 김일성이 밝히지 않는 것은 북한에서 나오는 자료 외에 일본 자료나 중국공산당 자료에는 이러한 조선 사람들의 조선인민 혁명군에 대한 기록은 없다는 것이다. 또한 동북항일연군의 총사령관은 중국공산당의 영웅 楊靖宇(양징유)이고 제2군 군장도 중국사람 王德泰(왕더타이)였다. 김일성은 이 당시 제2군 제6사의 사장으로 싸우고 있었다. 이 회고록에는 이러한 사실은 쓰여져 있지 않다.

제4권은 김일성의 항일전투기 1935년 2월부터 1936년 5월까지의 기록이다. 여기에는 중국 사람과 조선 사람이 함께 싸우는 데서 생긴 인종차별 문제에 대하여 이야기하였다. 이 사건은 세칭 '민생단사건'이라고 알려져 있는데, 중국 사람들이 조선 사람 빨치산 대원 중 일본 사람 간첩을 몇 명 적발한 것을 기원으로 조선 사람 빨치산 대원들을 숙청한 사건이다. 여기에는 김일성이 이 문제를 해결하는 데 큰 역할을 한 것처럼 적혀 있다. 그러나 이 문제를 해결하기 위해 모인 大荒威회의 기록에는 김일성이 참석했다는 기록이 없다.

김일성은 1935년 6월 하순에 북만으로 가는데, 그곳에서 그 당시 싸웠던 빨치산 지도자들을 회상한다. 그곳에는 많은 지도자들이 있었다. 김책, 최용건, 강건, 허형식, 이학만 등은 만주 북방에서 싸웠고 김일성은 다시 남만으로 돌아온다. 김일성은 자기와 함께 만주에서 싸웠고 해방 후 북한에서 자기를 도와 많이 노력한 최현에 대해 각별히 회상하는 글을 썼다. 그리고 만주에서 김일성과 그의 부대를 많이 도와준 張蔚華에 대해서 회상하고 있다. 김일성은 장울화의 아들과 딸을 중국에서 평양으로 초대하여 영접하고 장울화를 회상하였다고 한다. 이때는 김일성이 만주에서 항일무장운동이 한참 잘 진전되고 있을 때이고, 자기가 조국광복회를 조선 국내와 만주에 창설하였다고 회상하고 있다. 그러나 조국광복회에 대해서는 많은 역사적 문헌들이 있는데, 이 회의 본명은 재만한인조국광복회이고 창설자와 조직망도 잘 조사되어 있다. 이 조직에 김일성이 관여한 것은 역사적 기록에는 나오지 않는다.

제5권에는 김일성이 남만에서 일본 사람들과 싸운 이야기가 회상되어 있다. 시기적으로는 1936년 5월부터 1937년 3월까지의 이야기인데, 김일성이 중국군 사령관 萬順과의 관계도 회고하고, 그 다음 백두산 밀영에서 활동하던 일을 회고하였다. 또한 여기에서는 빨치산 여성대원들에 대해 회상하였는데, 이때 만주에서 빨치산들과 함께 싸운 여성대원들이 후에 북한에서 중요한 정치인들의 부인이 된다. 김정숙(김일성의 처), 김철호(최현의 처), 김옥순(최광의 처) 등은 이때 다른 여성대원 허성숙, 최장숙, 황순덕 등과 함께 싸우던 여성대원들이었다.

김일성은 또 남만에서 활동하던 일을 감개 무량하게 회고하면서 리제순에 대해 각별히 회상한다. 이제순은 장백현에 살던 사람으로 김일성과 그의 부대에게 많은 봉사를 했다. 이제순은 김일성의 보천보전투 후 혜산진사건 때에 잡혀서 그의 동지 권영벽, 이동걸, 지태환, 서인홍 등과 함께 사형을 당하지만, 그의 처 최채련과 그의 형 이효순은 해방 후 북한에 돌아와 살았다. 이효순은 1967년 갑산공작위원회 사건 때 숙청당하지만 그때까지는 북한의 대남정책을 주도하기도 하였다. 이 회고록에서 김일성이 이제순에 대해 회고하는 것은 그 당시 남만에 살고 있던 사람들이 김일성부대의 활동 때문에 많이 희생되었기 때문이라고 본다.

이때 또한 김일성이 우리말로 『삼일월간』이라는 책자를 만들어 냈다고 하는데, 지금 남아 있는 것은 없다. 1936년 말부터 1937년 초에는 김일성부대가 국내로 들어오려고 준비를 하고 있을 때인데, 보천보전투가 있기 전의 이야기다. 김일성과 함께 싸우다 일본 사람들에게 잡혀서 고생을 많이 하면서도 굴하지 않은 朴達에 대해서 김일성은 회고를 한다. 박달은 후에 북한에서 허약한 몸으로 김일성을 섬기고 살았는데, 사망하기 전 그는 『조국은 생명보다 더 귀중하다』는 책을 남겼다.34) 김일성은 자기와 천도교의 관련에 대해서도 설명하고 있다. 김일성은 자기가 반일운동에 유용하게 이용한 조국광복회와의 관련을 설명하면서, 천도교를 민족종교라고 하고 박인진 도정과의 관계도 설명한다. 끝으로 김일성은 자기들의 투쟁이 인민들과 떠나서는 있을 수 없는 운동이라고 설명하고 인민과의 유관성을 강조하면서 제5권을 마친다. 제5권은 1994년 5월에 발행되는데 이것은 김일성 사망 2개월 전이다.

제6권은 김일성이 사망한 다음해인 1995년 2월에 출판되었다. 이것은 김일성이 쓴 유고를 모아 그가 사망한 후에 출판했다는 설명이 되겠는데, 시기적으로는 1937년 3월부터 11월까지에 일어난 일을 김일성이 회고한 것이다. 1937년은 김일성의 항일무장투쟁에서 가장 중요하다고 할 수 있는 보천보전투가 있었던 해이기도 하다. 이 회고록은 다른 회고록과 달리 김일성의 회고

---

34) 박달, 『조국은 생명보다 더 귀중하다』(평양: 민청출판사, 1960).

가 아니라 그가 남긴 유고를 북한 사학자들이 많은 사실을 첨가해서 만들어 펴낸 것이라 하겠다. 여기에는 全光(일명 吳成崙)이 변절한 사실, 김일·백학림·최현·이을설·전문섭 등 북한에서 많이 활약한 사람들에 관해 회상되어 있다.

제1권에서 제5권까지는 보지 못하던 김일성을 金師令이라고 부르는 말도 나오고, 만주 북부에서만 활동하면서 김일성과는 활동영역이 전혀 다르던 김책과 김일성이 '따바리잠'을 잤다는 말도 있다. 특히 제6권에 나오는 이야기들이 다른 책에 나오는 사연과 잘 조화가 되지 않는 것은, 김일성이 김일을 회고하면서 그가 죽을 때 김정일을 잘 모시라는 말을 했다는 것까지 이 회고록에 기록되어 있기 때문이다. 이러한 것은 김일성이 자기의 빨치산전투를 회상하는 책에서 아직 출생하지도 않은 김정일에 대해 언급한다는 것은 바람직하지 않은 일이라 하겠다. 그러나 제6권의 중요성은 이러한 조작에 있는 것이 아니고 보천보전투 회상에 있다고 본다. 이외에도 김주현과 최춘국 같은 사람들도 회상하고 혜산사건이 끝나는 것까지 기록하고 있다.

(2) 『김일성동지 회고록, 세기와 더불어』, 계승본, 7~8권, 1996~98

김일성이 사망한 2년 후 1996년 그의 생일을 기념하여 조선로동당 중앙위원회가 김일성의 회고록 '계승본'이라는 것을 출판하였다. 이 책을 편집한 사람들은 김일성이 회고록의 총괄적인 구성안과 구체적인 요강을 만들어 놓았고, 많은 유고와 주요한 역사적 사실에 대한 풍부한 회상자료를 남겨놓았다고 한다. 그러나 계승본은 김일성의 글은 아니다.

계승본 제7권은 시기적으로 1937년 11월부터 1940년 3월까지 김일성이 만주에서 한 마지막 항일운동을 회고하고 있다. 1937년에는 김일성이 마당거우 밀영에 있었으며 열하로 원정가는 데 대해 이야기하고, 그가 동북항일연군 총사령관 양징유를 만난 데 대해 회고하고 있다. 또한 김일성은 고난의 행군에 대해 언급하고 있다. 이것은 북한이 이 책이 나올 무렵에 고난의 행군을 한다고 하였기에 여기에 자세히 설명해 놓은 것 같다. 고난의 행군은 1938년 12월 초부터 1939년 3월 말까지 몽강현 남패자에서 장백현 북재정자에 이르는 행군을 말하는 것인데, 김일성의 이 행군에 대한 회고를 소개하고 있다.

여기에는 또 오중흡과 7연대에 대해 상세히 적어 놓았는데, 이것은 오중흡과 그의 형제들이 항일운동을 충실히 하였다는 것을 여러 번 이야기하였다. 오중흡 형제들 가족 중에는 자랑스런 후손들이 있다. 조선인민군 육군대장 오극렬이 이 집 아들이다. 김일성은 일본 토벌대 前田部隊(마에타부대)와 싸워 이긴 전투를 회상하였다.

계승본 제8권은 김일성의 혁명활동을 1940년 3월부터 해방되던 해인 1945년까지 회고하고 있다. 이때까지 북한 학자들은 김일성이 해방될 때까지 만주에서 소부대활동을 하면서 일본 사람들과 싸우고 있었다고 우겨 왔다. 사실은 김일성이 1940년 3월 이후 동북항일연군이 일본 토벌대 사령관 野副昌德(노조에 쇼도쿠) 소장에게 전멸당하고 살아남은 빨치산들은 러시아 연해주 지역으로 들어간다. 과거에는 이러한 사실을 전면 부인했으나, 김일성 사망 후 북한 학자들이 이 회고록 8권 계승본에 김일성이 러시아로 들어간 것을 인정하고, 그곳에서 보다 더 넓은 국제적 판도에서 군사·정치활동을 활발히 전개한 것으로 회상하였다.

계승본 제8권에는 김일성의 빨치산 동지이고 김일성의 부인인 김정숙에 대해 회고하였다. 김정숙은 김정일의 어머니이며 김정일은 자기 모친을 위해 어머니의 고향인 함경북도 회령에 동상을 만들었고 박물관도 세웠다. 계승본 8권에는 김일성이 쓰지 않아서 그런지 김정숙은 물론 김정일까지 찬양하는 글이 많이 나온다.35)

엄격히 말하면 김일성의 회고록은 제5권으로 끝난다. 제6권에 있는 보천보전투에 대한 김일성의 회고는 중요하다고 생각하나, 이것은 벌써 김일성이 쓴 글이 아닌 것 같다.『김일성 동지 회고록: 세기와 더불어』계승본은 물론 김일성의 글이 아니다. 김일성은 자기가 태어난 1912년부터 보천보전투 전해인 1936년까지 24년을 회고했다. 그가 82년을 살았으니 그의 일생의 조그마한 부분만 회고한 것이라 하겠다. 김일성이 46년 (1948~94)을 다스려 온 북한정치에 대해서는 아무 회고도 하지 않았다.

7. 김일성 문헌에 대한 고찰

김일성의 문헌내용에 대해 언급하는 것은 이보다 더 큰 연구가 필요하다. 여기에서는 김일성의 저작문헌을 북한현대사의 자

---

35)『김일성 동지 회고록: 세기와 더불어』(계승본), 8(평양: 조선로동당 출판사, 1998).

료로 간략하게 소개하는 것으로 그치기로 한다. 문헌비평은 각론에서 자세히 거론되리라고 생각하기 때문에, 이 총론에서는 문헌을 이해하는 데 필요한 큰 윤곽만 생각해 보려고 한다.

우리가 김일성의 문헌에 대한 비평을 하기 전에 그의 교육 정도와 그가 쓸 수 있는 글이 어떠한 것인가를 생각해 볼 필요가 있다. 북한에서 말하는 김일성은 물론 천재적인 재능을 가진 사람이기 때문에 더 논란의 대상이 되지 않지만, 우리가 아는 김일성은 그리 많은 교육을 받은 사람이 아니다. 그는 소학교를 졸업하고 중국인이 경영하는 만주에 있는 중국학교 毓文(육문)중학을 2년 다니다 중퇴한 사람이다. 1920년대나 1930년대 우리나라의 지식 정도가 아무리 낮다 하더라도, 중학교 2학년을 중퇴한 것으로 무엇을 잘 알고 있다든가 글을 쓴다고 할 수는 없는 일이지만, 그는 북한에 있는 어느 지식인 못지 않게 글도 많이 쓰고 연설도 많이 했다. 그는 또 중국 사람이 경영하는 중국 중학을 다녔기 때문에 보통 사람보다 한문에 능통하다고 볼 수 있다. 김일성이 북한에서 지난 50년 동안 써낸 글은 정치, 경제, 법, 사회, 군사안보, 청년, 여성, 보건 등 북한 사회의 모든 면에 대해 언급하고 있고 글의 분량은 상상외로 방대하다. 그의 글에 대해서 몇 가지만 생각해 보자.

(1) 김일성의 글과 다른 사람이 써 준 글

정치 지도자라면 어느 나라 사람을 막론하고 그들에게 연설문을 써 주는 사람들이 있다. 한국의 역대 대통령들도 그러했지만 김일성에게도 그의 연설문을 써 준 사람들이 많이 있었다고 생각된다. 그는 다른 지도자들과 달리 오랫동안 집권을 했고 또 그의 교육 정도가 낮아서 다른 사람이 많은 글은 써 준 것으로 추측된다. 이것은 김일성의 경우 더 현저하게 나타난다. 그 이유는 김일성이 많은 곳에서 연설하고 일반적인 사회생활 문제 전면에 대해 간섭하고 있었기 때문이다. 김일성은 완전히 근면한 지도자였다. 현지지도라는 이름하에 그는 북한 전역을 다니면서 인민들과 이야기를 나누었다.

조선로동당과 정부문제, 그리고 군사안보 문제에 대해서는 김일성 본인이 문헌을 준비하였다고 보아야 한다. 그 이유는 전당대회 때에 김일성이 하는 중앙위원회 사업총화 보고는 김일성만이 할 수 있는 것이고, 당의 총비서가 당의 모든 일에 대해 총화 보고하는 것이기 때문에, 김일성의 지도 없이는 다른 사람이 써 줄 수 없는 보고서이다. 이 보고서를 준비할 때는 물론 많은 도움을 받았겠으나, 보고서에 흐르는 기본논조는 김일성 자신이 쓴 것이라고 봐야 한다. 또한 김일성이 창조했다고 하는 주체사상에 대한 1955년 12월 28일의 글도 김일성이 고안해 냈다고 봐야 한다. 이때 당시 이렇게 용감한 이야기를 할 수 있는 사람은 김일성 이외에는 없었다. 또한 김일성은 한국전쟁 이후 조선인민군을 5년에 한 번씩 방문하고 격려하는데, 여기에서 때로는 중요한 발언을 했다. 예를 들면 1963년 2월 8일, 조선인민군 창군 15주년 기념식에서 주체사상의 세 가지 원칙을 천명한다. 이러한 것은 김일성의 글이라고 보아야 한다.

일반적으로 북한정치에 관한 글 외에 사상문제를 다룬 것은 다른 사람이 써 준 글이 많다. 예를 들면 김일성은 레닌 탄생 85주년을 기념하여 1955년 4월 15일 Cominform(Communist Information Bureau)의 기관지인 『공고한 평화를 위하여, 인민민주주의를 위하여』(For the Lasting Peace and For People's Democracy)에 "레닌의 학설은 우리의 지침이다"는 논문을 기고한다. 이것은 그리 길지 않은 논문이나 그 내용으로 보아 김일성이 쓴 문헌이라고 보기는 힘들다. 또한 1967년 5월 25일 김일성이 당 사상사업 일꾼들 앞에서 한 연설 "자본주의로부터 사회주의에로의 과도기와 프롤레타리아독재 문제에 대하여"는 그 내용으로 보아 당의 사상을 담당하는 사람들이 써 준 글처럼 보인다.36) 김일성은 여러 가지 노동자들의 일에 관해 아주 상세한 일까지 어떻게 해야 한다는 것을 설명한다. 예를 들면 어부들에게 어떤 종류의 고기를 잡을 때에는 어떠한 낚시를 사용하라든가 또는 어떠한 그물을 쳐야 한다든가, 광부들에게 어떠한 광물을 채취하려면 어떠한 도구를 어떻게 써야 한다든가 하는 것까지 상세히 말하고 있다. 그러나 이러한 글들은 그 부문의 전문가들이 능률을 올리기 위해 김일성에게 써 주어 김일성이 노동자들에게 이야기하게 한 것이라고 해석하는 것이 옳다고 본다. 이러한 사실에서 비추어 보면 김일성의 글을 써 준 사람은 여러 분야에 많이 있고 또한 그가 오랫동안 정권을 장악하고 있었기 때문에, 사상, 정치, 당, 군사 관계로부터 조그마한 사회문제에 이르기까지 여러 사람이 그의 글을 써 주었다고 할 수 있다.

또 다른 방법으로 김일성에게 다른 사람이 글을 써 주었다는 것을 알아낼 수 있는 것은 김일성의 연설문이 너무 많다는 것이다. 예를 들면 해방 직후만 하더라도 김일성이 1946년에는 80개, 1947년에는 근 60개의 연설문과 논문을 썼다고 한다. 이것은 한 주일에 한 편 내지 두 편의 글을 썼다는 말인데, 이런 것은

---

36) 김일성, 『우리혁명에서의 주체에 대하여, 1』(평양: 조선로동당출판사, 1970).

글쓰는 사람이면 누구나 알겠지만 도저히 불가능한 분량의 글이다. 1960년대나 1970년대에 오면 이러한 논문의 배출량은 약 30편 내지 40편 가량으로 줄어드는데, 여기에서도 1년에 얼마를 썼다는 것보다 한 달에 얼마를 썼느냐는 것을 조사해 보면, 이 역시 다른 사람이 써 준 것이 상당수 있었다고 할 수 있다. 예를 들면 1955년 4월에 김일성은 6편의 중요한 논문을 써내는데 이것은 4월 1일부터 15일까지 2주일 동안에 쓴 것이다. 물론 이러한 김일성의 문헌 작성사업은 그의 매일 매일의 정치일과 외에 하는 작업이라고 봐야 한다.

(2) 용장문헌과 항목별로 정리한 글

우리나라에 공산주의가 소개된 후로 공산주의를 신봉하지 않는 사람들은 공산주의자들이 유난히 말을 많이 한다고 한다. 흔히 우리는 말 많은 사람보고 당신은 공산주의자냐고 물어보기도 한다. 김일성은 대표적인 공산주의자라고 해서 그런지 말이 많은 사람이다. 이것은 그의 글에도 잘 반영되어 있다. 김일성은 최고인민회의나 당대회에서 중앙위원회의 사업총화 보고를 할 때 2시간이나 3시간은 보통으로 생각하고 4시간 동안이나 연설한 때도 있다. 한 문제를 가지고 한 말을 하고 또 한다. 다른 시각에서 또 같은 말을 반복한다. 이러한 冗長(용장)문헌은 공산주의자가 아닌 사람에게는 대수롭지 않은 긴 글이라고 하겠으나, 김일성에게는 선전·선동의 목적이 있어서 그렇게 오래 연설하는 것 같다.

김일성의 이러한 용장문헌에는 글에 체계가 잘 서 있다. 그의 글은 일반적으로 세 단계로 구분할 수 있다. 첫째로 과거의 오류를 재검토하고 또 비판하고, 둘째로 현재 당이나 정부가 처해 있는 입장을 설명하고 해야 할 임무를 지적한 후, 셋째로 앞으로의 진로를 말해 주는 식으로 글을 쓴다. 이것은 특히 김일성의 연설문에서 가장 쉽게 찾아볼 수 있는 것이다. 그리고 김일성은 자기의 결론을 항목별로 몇 가지로 요약해서 결론을 짓는다. 공산주의자들은 흔히 강령이라든가 통일에 대한 3대원칙, 5대방안, 10대방침 등 자기들의 목적을 몇 가지로 묶어서 발표하는 습관이 있다. 이것은 김일성의 문헌에서 많이 찾아볼 수 있는 표현방법이라 하겠다.

(3) 비유와 통계 이용

김일성은 자기가 빨치산 출신이기 때문에 글에 사용하는 그의 비유는 거의 전부가 군대나 전투용어에 가까운 말을 쓴다. 이것은 북한에서 흔히 쓰는 구호에서 쉽게 찾아볼 수 있다. 경제문제를 해결해야 하는 것에도 군사적인 표현을 쓰는 것이 보통이다. 예를 들면 단기목적 달성을 위해 '7일 전투속도'로 하자든가 장기목적을 위해서는 몇 개의 '고지를 점령하자'고 한다. 이외에도 우리는 흔히 그들이 '200일 전투'를 한다는 구호를 볼 수 있고, 힘들 때에는 '고난의 행군'을 한다고 하며, 항일 빨치산들과 같은 생활을 하자고 한다. 여기에는 김일성의 제한된 과거 경험이 많이 드러난다고 볼 수 있다. 그는 교육도 많이 받지 않았고 우리나라 역사도 잘 알지 못하며 해외에서 오래 빨치산 항일운동만 해왔기 때문에 우리의 풍습에도 익숙지 못하다. 그래서 그의 글에 비치는 비유는 그의 과거 빨치산생활이 잘 반영되어 있다고 본다.

김일성은 또한 통계를 많이 이용한다. 그가 처음 북한에서 1년 국가경제계획을 세웠을 때 북한에 있는 모든 재산을 조사해서 내놓았다. 각 개인이 가지고 있던 가축, 즉 소, 말, 돼지까지 몇 마리 있다고 계산해 냈다. 다음해 2개년 계획을 세우면서 그 전해에 계산해 놓은 통계로부터 얼마나 경제발전에 성공했느냐는 것을 절대적 가치로 증명하였다. 그러나 이러한 통계 이용은 얼마 가지 않아서 절대적 가치로부터 퍼센티지로 넘어갔다. 이러한 경제지수 외에도 김일성은 북한 전국의 선거나 지방선거에서 통계를 이용하여 인민들이 정치에 참여하고 선거에 투표할 것을 촉구한다. 그러나 인민의 투표율이 100%나 99%로 발표될 때에는 이렇게 통계를 이용하는 것도 무의미하게 된다.

(4) 김일성의 문화어

북한의 표준어는 문화어라고 한다. 김일성의 모든 글은 문화어로 잘 표현되어 있다. 김일성은 자기 글에서 외국어나 한문을 많이 쓰지 않는다. 이것은 여러 면에서 달리 해석할 수 있으나, 북한에서 조선말을 장려하려고 김일성의 모든 표현을 우리말로 한 것이라고 해석하는 것이 가장 적합하다고 생각한다. 김일성은 중학교를 중국 학교를 다녔기에 중국어에 능통하고 한문도 어느 정도 안다고 한다. 그의 글에 나오는 한문은 극소수이고 늘 즐겨서 쓴 표현은 **依身作則**(의신작칙)이라는 자기 몸소 행동으로 규율을 만들라는 말이다. 또한 **陽奉陰違**(양봉음위)라고 밝은 곳에서는 섬기고 어두운 곳에서는 배반한다는 말을 썼다. 그가 쓴 한문은 극히 간단한 표현들이었다. 이것은 그의 한문 실력을 말한다고 하기보다는 그가 가능하면 쉬운 조선말을 쓰려고 노력한 것이라 할 수 있다. 김일성은 자기의 한문 실력을 보여주기 위해서인지 김정일을 찬양하는 漢詩를 지어 생일날에 선사하기도 하였다. 물론 김정일은 그 시의 한문을 해득하지 못했고, 이것을 조선말로 번역해서 주었다고 한다. 김일성은 일본말은 쓰지 않았고 영어는 아주 쉬운 말을 몇 마디 썼을 뿐이다.

8. 맺음말

김일성의 문헌은 방대하고 다양하다. 그가 쓴 글만 모아 놓아도 훌륭한 선집이 될 수 있다. 그런데 저작집이나 전집에는 조작문과 가필, 삭제한 것이 너무 많아서 그 원본의 진의를 알기 힘들 정도이다. 마치 김일성의 항일 혁명역사를 있는 그대로 이야기해도 훌륭한 역사가 될 수 있을 터임에도 불구하고, 역사에 없는 사실을 조작해서 그를 신격화하려고 노력한 것과 비교할 수 있다. 김일성의 문헌은 매해 출판되었을 때의 글이 원본이다. 이러한 글들은 대략 그 원본이 출판된 그 해『조선중앙년감』에 실려 있다.

김일성의 문헌을 모아 놓은 책으로 말한다면『김일성저작선집』에 실려 있는 글들이 가장 신빙성이 있다고 할 수 있고, 해방 후부터 한국전쟁까지는 1953년까지 출판된 초판『김일성선집』에 실려 있는 문헌들이 원문이라 하겠다. 여기에 비하면『김일성저작집』이나 『김일성전집』은 조작문이 너무 많이 섞여 있다. 그의 말년에 들어서서 쓴 글로는 김일성 회고록 『세기와 더불어』가 가장 중요한 글이라 하겠다. 이것은 그의 어린 시절로부터 보천보전투 전까지를 회상한 것인데, 믿기 어려운 사연도 많이 있으나 새로운 사실을 밝힌 것도 많이 있다. 다만 그가 북조선을 다스린 근 50년에 가까운 세월에 대해서는 회고의 글을 남기지 못하고 사망하였다.

해방 직후 북한자료 해제 1
— 북한생산 자료 —

이 완 범

1. 서론: 연구의 목적과 선행연구

1) 연구목적

　새로운 천년의 시작 2000년은 북한정권이 수립된 지 50년이 넘는 해이므로, 객관적 역사로서의 북한사를 다소 시차를 두고 조망할 수 있는 시점이다. 또한 냉전이 해체되어 러시아 등의 자료 구득이 용이해지면서 북한측 생산자료와의 교차비교가 가능해졌다. 따라서 북한문헌에 대한 해제를 통해 객관적 연구를 지향할 수 있게 되었다고 할 수 있다. 본 연구는 북한의 1945년

해방 직후 자료에 대한 문헌비평을 통해 북한현대사의 자료부족 문제를 해결하기 위한 하나의 기초연구이다.

해방 직후부터 북한정권 수립 전까지의 시기에 관련된 북한현대사 자료는 러시아와 중국, 일본 자료 외에 북한에서 생산된 자료로 나눌 수 있다. 이 중에서 소련의 자료와 북한의 자료가 가장 중심적인 자료적 원천이라고 할 수 있다. 소련 자료는 별도의 논문이 필요한 방대한 부분이므로1) 본 연구에서는 북한자

---

1) 소련측의 공간된 자료의 대부분은 이미 학계에 잘 알려졌는데, 우선 영어로 작성된 자료집인 Ministry of Foreign Affairs of the U.S.S.R., ed., *Correspondence between the Chairman of the Council of Ministers of the U.S. S.R. and the Presidents of the U.S.A. and the Prime Ministers of Great Britain during the Great Patriotic War of 1941~1945* (Moscow: Foreign Languages Publishing House, 1957)와 Soviet Union, Ministry of Foreign Affairs, ed., *The Soviet Union and the Korean Question: Documents* (London: Soviet News, 1950) 등이 있다. 또한 소련과학아카데미가 간행한 군부 지도자, 역사가의 회고록으로 *ОСВОБОЖДЕНИЕ КОРЕИ: ВОСПОМИНАНИЯ И СТАТЬИ* (МОСКВА: НАУКА, 1976)이 있는데, 다음 두 종류의 번역본이 있다. 『조선의 해방』(서울: 국토통일원, 1988); 소련과학아카데미 편, 『레닌그라드로부터 평양까지: 조선해방에 있어 소련장성 11인의 회고록』 (서울: 함성, 1989). 和田春樹, 에릭 반 리와 서대숙 교수 등의 연구에서 이 자료를 비롯한 다른 군부 지도자들의 회고록이 인용되어 있다. 와다 하루키, "소련의 對北韓政策," 일월서각 편, 『분단전후의 現代史』(서울: 일월서각, 1983); Erik Van Ree, *Socialism in One Zone: Stalin's Policy in Korea, 1945~1947* (Oxford: Berg, 1989); 서대숙, 『북한의 지도자 김일성』 서주석 역(서울: 청계연구소, 1989) 참조. *ОТНОШЕНИЯ СОВЕТСКОГО СОЮЗА С НАРОДНОЙ КОРЕИ: 1945~1980* (1981; 자료집)도 특기할 만 한데 『소련과 북한과의 관계, 1945~1980: 문헌 및 자료』(서울: 국토통

료를 중심으로 고찰할 것이다.

북한에서 생산된 자료는 역시 북한현대사 연구에 관한 제일 중요한 기본자료라고 할 수 있다.[2] 그런데 주요한 1차자료는 당시에 간행된 공식 또는 半공식적 자료, 예컨대 정부문서, 팜플렛, 신문, 잡지, 연감, 서적 그리고 방송 모니터록[3] 등을 들 수

일원, 1987)라는 방역본이 있다. 통일원의 방역본으로 1985년에 소련 과학아카데미에서 간행한 『조선민주주의인민공화국』(서울: 국토통일원, 1988) 등도 있다. 그런데 이들 번역은 정확도가 떨어지므로 원문과 대조하여 검토하고자 한다. 소련 외교관의 회고록으로는 안드레이 그로미코, 『그로미코 회고록』, 박형규 역(서울: 文學思想社, 1990)이 주목할 만하다. 또한 러시아연방 대외정책문서보관소 소장의 『주북한 소련민정국 3개년 사업총결보고: 1945년 8월~1948년 11월』, 문서군 0480, 목록 4, 문서함 14, 문서철 46 등도 중요한 자료집이다. 이외에 소련의 문서자료를 비롯한 아카이브 자료는 전현수 박사 등에 의해 소개되었다. 전현수, "해방 직후 북한사연구의 몇 가지 문제에 대하여," 『역사와 현실』 10(1993); "해방 직후 북한의 사회경제개혁, 1945~1948년: 러시아자료를 중심으로," 한국사회사학회 제90회 월례 발표회, 1999년 4월 24일; 와닌 유리 와실리비치, "러시아대외정책문서보관소 소장 해방 직후 한국관계 자료들," 『역사비평』, 1994년 봄; "소련의 조선임시정부 수립 구상: 미소공동위원회에 보낸 훈령과 조선임시정부 각료 후보," 『역사비평』, 1994년 봄; 유리 바닌 외, 『러시아의 한국연구: 한국인식의 역사적 발전과 현재적 구조』, 기광서 역 (서울: 풀빛, 1999); 유리 바닌 외, 『한국: 분단, 전쟁, 통일』(모스크바, 1995; 러시아어).

2) 이에 대한 문헌해제는 다음에 있다. 졸고, "해방전후사 연구 10년의 현황과 자료," 최장집 외, 『해방전후사의 인식』 4(서울: 한길사, 1989), 554-561쪽.

있다. 이 중에서 많은 양을 차지하면서도 가장 중요한 비중을 갖는 것은 북한의 현대역사를 거의 지배했던 최고위층 김일성의 연설문류이다. 이들 자료에 대해 어느 한쪽에서는 무비판적으로 수용하는 반면 어느 한쪽에서는 불신을 한다.4) 북한자료에 왜곡이 심하다지만 해방 직후에 간행된 자료에 관한 한 모두 다 허위사실만을 기술한 것은 아니다. 식민지시대 자료의 경우는 실제로 있지도 않은 회의의 연설문을 장황하게 서술한 경우가 있다. 그런데 해방 직후의 것은 대개 그런 일이 있기는 있었으되, 실제 보고내용을 가필하거나 과장한 경우가 있는 것이다. 북한 사료들을 통해 역사적 진실에 보다 더 가까이 다가가기 위해서는 이들을 읽을 때 사료비판이 필요하다. 따라서 사료비판의 방법론을 보다 구체적으로 살펴볼 필요가 있다. 북한자료를 살펴볼 때는 修辭에 기초해 실재를 구성하는 것을 피해야 한다.5) 북한의 문헌은 국가에서 공식적으로 편찬된 경우가 대부분인데, 이들 관찬문헌에 나타난 서술을 북한의 현실과 동일시하면 관찬 의도에 따르게 되며 현실을 있는 그대로 반영하지 못할 가능성도 있다. 따라서 북한측 공식문헌과는 다른 각도에

---

3) 예를 들면 미 CIA의 Foreign Broadcast Information Branch의 Far Eastern Section에서 작성한 『평양방송청취 일일보고서』, 1947년 12월부터 1948년 2월분이 미 내셔널 아카이브 RG 262에 보관되어 있는데, 국사편찬위원회의 『남북한관계 사료집』, 제15권(과천: 국사편찬위원회, 1995)으로 간행되었다.

4) 한홍구, "북한관계 문헌해제," 김남식 외, 『북한사회의 올바른 이해를 위하여』(서울: 현장문학사, 1989), 286-326쪽.

5) Samuel S. Kim, "Research on Korean Communism: Promise versus Performance," *World Politics* Vol. 32, No. 2 (January 1980), p.290.

서의 분석 모색, 새로운 사실의 발굴 등이 필요하다고 할 것이다.6)

이종석 박사에 의하면 북한자료는 내부용 문헌과 공간문헌으로 나눌 수 있는데, 내부용 문헌은 회의 토론 내용을 녹취한 녹음 테이프나 김일성의 연설을 받아쓴 문건들, 전원회의 결정집 등을 들 수 있다. 그런데 이들 내부문헌은 사건 정황을 생생히 보여주지만, 이러한 문헌의 입수가 극히 제한적이기 때문에7) 부득이 공간문헌을 통해 내부문헌의 내용을 복원시키는 작업을 고려해야 한다. 이종석 박사가 제시하는 복원의 한 방법은 공간문헌을 보다 더 치밀하게 분석해 내부문헌에 가까운 진실을 확보하는 것이다. 이를 위해서는 고도의 은유적 표현과 시기별 서술의 변화가 내재되어 있는 공간문헌을 정확히 읽어낼 수 있는 기술과 다양한 자료를 교차분석하는 입체적 접근이 필요하다.8)

당시 정책결정에 직접 관계했던 특정인의 연설문 등이 후일

---

6) 박형중, "북한정치 연구," 북한연구학회 편, 『분단 반세기 북한연구사』(서울: 한울, 1999), 69쪽.

7) 이박사에 의하면 事後에 출간된 저작집류에는 내부용 문헌으로 분류될 연설들이 상당수 있다는 것이다. 물론 이 경우 원본에 손질이 가해진 것이지만 내부용 문헌을 접할 수 있는 기회를 제공해 줌으로써 사건의 진상을 복원할 수 있는 중요한 단서를 제공할 수 있다. 이종석, "북한연구의 진전을 위한 일제언: 연구방법과 문헌분석을 중심으로," 서울대 대학원 자치회 편, 『반시대』, 창간호(1994), 301쪽; 『새로 쓴 현대북한의 이해』(서울: 역사비평사, 1999), 38쪽.

8) 이종석, "북한연구의 진전을 위한 일제언: 연구방법과 문헌분석을 중심으로," 서울대 대학원 자치회 편, 『반시대』창간호(1994), 304-312쪽; 『새로 쓴 현대북한의 이해』(서울: 역사비평사, 1999), 38쪽.

재편집되어 공간될 때는 자신의 현재 입장을 事後的으로 정당화하기 위하여 이데올로기적으로 채색된 경우가 있으며, 소련자료의 경우 선전성이 강하게 개재되어 있다. 따라서 자료를 인용할 때에는 사료비판9)이 수반되어야 하며 다른 자료와의 상관적 검토가 행해져야 한다. 이렇게 심층적으로 분석하고 재해석한다면 제작자의 의도를 분리·탈각하여 '사실에 입각한 연구'를 할 수 있을 것이다. 무릇 지구상에서 간행되는 모든 정치가의 저작집류에는 개작이 어느 정도 행해지는 것이 상례이지만, 북한의 당국자들은『김일성선집』을 간행함에 있어 실로 무수한 개작을 행했다.10) 북한은 김일성의 저작들을 여러 차례에 걸쳐 새로운 이름의 선집 또는 저작집, 전집으로 편찬하였고, 시대적 필요에 따라 수정·윤색하였다. 지나간 역사를 현재의 입장에서 정당화하기 위해 자료를 왜곡한 것이라고 할 수 있다.『김일성선집』의 서문에 의하면 "이 선집에 수록된 매개 저작은 모두 저자의 교열을 받았으며, 저자에 의하여 어떤 부분들은 표현상 수정이 가하여 졌고 개별적 저작들은 내용상으로도 약간의 보충 또는 수정이 가하여졌다"11)고 밝혀 가필이 행해지고 있음을 시인했다.

---

9) 자료의 충실한 섭렵을 전제로 하고 있는 문헌사적 연구의 경우 그 객관성을 높이는 자료 그 자체의 정확성이나 의도성에 대해 별다른 관심을 두지 않는 경우가 있다. 이러한 연구는 곧 어느 일방의 정책적 합리화를 위해 기록된 문건까지 객관적인 자료로 인용하게 되는 한계를 드러낼 수도 있다.

10) 예를 들어 중국에서 간행한『毛澤東選集』도 시대상황에 따라 개작되어 간행되었지만 그렇게 심한 정도는 아니다.

11)『김일성선집』1(평양: 조선로동당출판사, 1960), 서문.『김일성저작선집』1(평양: 조선로동당출판사, 1967) 서문에도 "저작선집에 수록된

따라서 발표연도보다 뒤에 간행된 선집의 자료는 원자료로서의 성격에 한계가 있다고 할 것이다.

북한현대사 자료는 해방 직후부터 1950년대 초반까지와 주체사상이 등장하기 시작한 1960년대 이후로 구분해 비평을 시도할 필요가 있다. 이렇게 구분하는 이유는 해방 직후의 사료와 주체사상 등장 이후의 사료에 중대한 차이점이 있기 때문이다. 주체시대 이후에는 유일사상에 입각해 모든 것을 김일성 중심으로 서술하고 있다. 1940~50년대의 김일성 연설문집 편찬에는 그렇게 심한 개작이 없었던 반면, 1970년대에는 서의 모든 부분을 가필하고 손질해 해방 직후 시기에 해당하는 사료는 심하게 왜곡되었다고 할 수 있다. 1955년 이후부터 주체확립을 강조하기는 했지만,12) 주체문제를 사상과 연결시키고 주체사상이라는 용어를 처음 사용한 것은 1962년 12월 19일자 <로동신문>이다. 그후 1965년 4월 14일 인도네시아에서 김일성은 '사상에서의 주

매개 저작은 다시 저자의 교열을 받았으며 저자에 의하여 개별적 부분들은 주로 표현상 약간의 수정이 가하여졌다"고 나와 있다. 『김일성저작집』 1(평양: 조선로동당출판사, 1979), 서문에도 김일성이 다시 교열했다고 나와 있다.

12) 김일성은 "사상사업에서 교조주의와 형식주의를 퇴치하고 주체를 확립할 데 대하여: 당선전선동 일군들 앞에서 한 연설," 1955년 12월 28일, 『김일성저작선집』(평양: 조선로동당출판사, 1967), 560-585쪽; 『안보통일문제 기본자료집』, 북한편(서울: 동아일보사, 1972), 269-287쪽을 통해 처음으로 주체문제를 공식적으로 언급했다. 이는 박창옥, 기석복, 박영빈 등 소련파를 겨냥해 외세 의존적, 교조적 태도를 보였다고 비판하면서 주체확립을 제창했던 연설이다. 물론 이러한 주체확립은 김일성의 권력강화 의지와도 밀접히 연결되어 있었다.

체, 정치에서의 자주, 경제에서의 자립, 국방에서의 자위'라는 주체사상의 기본노선을 최초로 정식화시켜 제시했다.13) 1960년대 주체사상의 등장기에는 부분적으로 역사서술 체계를 수정하기 시작했다. 1961년 9월에 개최된 노동당 4차 전당대회가 '승리자의 대회'라고 칭해질 정도로 1961년은 권력판도 구조가 고정화되기 시작했던 시기였다.14) 이어 1967년 5월 노동당 중앙위원회 제4기 15차 전원회의에서 '당의 유일사상체계 확립문제'가 공개적으로 제기되기 시작하면서, 김정일이 박금철, 이효순 등 조국광복회 출신(갑산파)을 숙청하는 데 주도적인 영향력을 행사했다. 그 해 6월 말~7월 초에 열린 노동당 제4기 16차 전원회의에서 주체사상만이 유일한 지도사상으로 받아들여진 이후부터는 역사서술 체계가 대폭적으로 바뀌었다.15)

---

13) "조선민주주의인민공화국에서의 사회주의건설과 남조선혁명에 대하여: 인도네시아 '알리 아르함'사회과학원에서 한 강의," 1965년 4월 14일, <로동신문>, 1965년 4월 17일;『김일성저작선집』(평양: 조선로동당출판사, 1968), 220쪽.

14) 이주철, "북한의 정치제도 변화를 통해 본 시기구분 논의: 1960년대 이후를 중심으로," 한국국제정치학회 추계학술회의 발표논문, 2000년 10월 7일, 6쪽.

15) 이종석,『현대북한의 이해: 사상・체제・지도자』(서울: 역사비평사, 1995), 36쪽. 1967년 이전의 주체사상은 중소분쟁의 와중에서 교조주의와 수정주의에 대한 비판의 관점에서 균형을 잡으려는 합리성을 가진 사상의 측면이 있었으나, 이후부터는 김일성 우상숭배의 논리로 점차 기능하게 되었다. 이종석 박사는 1967년 이전의 주체사상을 북한사회주의 발전전략의 차원에서 제시된 것으로 공동체 전체의 생존을 위한 담론으로 보았다. 이때의 주체사상은 마르크

예를 들어 해방 직후에 공간된 당시대의 자료에는 민족해방이 미친 미국과 소련의 역할 등에 대해 긍정적인 평가가 나오지만, 1970년대 이후에 개작된 해방 직후 자료에는 미국[16]은 물

스·레닌주의의 하위 사상의 위치를 가지고 있었다(위의 책, 53쪽). 따라서 1967년이라는 시점은 '체제의 발전과 번영의 시기'와 '퇴보와 영락의 시기'를 구분짓는 경계선으로 설정될 수 있다(박형중, 앞의 글, 64쪽). 북한 지도부는 1968년부터 주체사상을 '가장 정확한 맑스·레닌주의'로 규정했다가, 1969년의 '혁명적 수령관' 제기를 계기로 '수령사상'의 절대화를 시도하는 단계를 거쳐, 1973~74년 '김일성주의'를 공식적으로 천명하고 이 사상을 수출하는 데까지 이르렀다. 1974년 2월 19일 주체사상을 '김일성주의'로 규정짓는 소위 '2·19선언'을 김정일 명의로 발표함으로써 김정일의 위상은 한층 높아졌다. 여기서는 기존의 주체사상을 주체의 사상, 이론 및 방법의 전일적 체제인 '김일성주의'로 확대 해석함으로써 유일 통치이데올로기의 해석권까지 장악했음을 보여주었다. 그런데 김정일이 대내외에 공식적인 후계자로 공표된 것은 1980년 10월 조선로동당 제6차대회를 통해서였다. 이종석 박사는 위의 책 개정판에서 "1960년대 후반~1970년대 초반의 과도기를 경과하면서 북한의 이론가들에 의해서 보편적 사상으로 '격상'되었다. 그러나 이러한 '격상'은 주체사상의 기본성격을 바꾸고 그 합리성을 상당부분 훼손시킨 하나의 굴절이었다고 보는 것이 옳을 것이다. 사실 주체사상의 김일성주의로의 '격상'은 합법칙적 발전경로였다기보다는 김일성 중심의 유일체제를 재생산해 내기 위한 사상적 수단으로 후계자 김정일에 의해서 목적의식적으로 추진된 것이었다"고 적고 있다. 이종석, 『새로 쓴 현대북한의 이해』(서울: 역사비평사, 2000), 167-170쪽.

16) 전쟁중인 1950년 8·15에 맞추어 간행된 리기영, 『조선인민의 승리는 위대한 쏘련인민과의 친선에서 얻어진 것이다』([평양]: 조쏘문화협회, [1950]), 1쪽에는 "우리 조선인민을 강도 일제의 철쇄로부터 해방시킨

론 소련에 대한 언급조차 없이 김일성 혼자 해방을 싸워서 얻은 것처럼 서술하고 있다.17)

그런데 본 연구의 시간적 대상인 해방 직후 시기의 문서에 국한한다면, 기존의 연구가 대부분 인용하는 1960년대 이후의 선집은 해방 당시보다 시간이 상당히 경과된 시점에서 간행된 왜곡된 수정본일 가능성이 많다. 따라서 해방직후사를 연구하기 위해서는 해방 직후 간행된 자료에 더 비중을 두어야 할 필요성이 있다.

본 연구에서는 이러한 문제의식에 의거해 북한문서의 왜곡과정을 추적하고 원래 발표된 문서에 가장 가까운 자료를 수집해 북한현대사 연구의 기초자료로 활용하고자 한다.

2) 선행연구

지금까지 학계에서는 김일성 저작류의 수정에 대해서 비교적 많은 양의 연구를 축적해 왔다. 이는 주로 통일원에 의해 후원

것은 오로지 위대한 쏘련 무력의 힘이었다"고 전제하면서, "조선인민의 해방에 있어서 미국의 힘을 입은 것은 손틉만치도 없었다"고 기술했다. 이런 류의 저술로 『쏘련은 평화와 민주를 위한 전세계 인민의 투쟁의 선두에 서 있다: 공장 광산 기업소 조쏘반에게 주는 강연 자료집, 3호』(평양: 조쏘문화협회 중앙위원회 선전부, 1950)가 있다.

17) 물론 1970년대 이후의 시기에 해당되는 원사료는 주체사상에 입각해 연설이 행해졌으므로 별로 왜곡되어 편집할 필요가 없었다. 해방 직후의 시기에 해당하는 자료에 특히 왜곡이 두드러진다고 할 수 있다.

된 연구인데, 이를 나열하면 다음과 같다.

> 김태서, 『김일성선집 수정내용 분석』(서울: 국토통일원 조사연구실, 1979).
> 이창하, 『김일성저작집 수정내용 분석』(서울: 국토통일원, 1982).
> 김남식, 『김일성선집의 내용변조에 관한 분석(1): 1949년도 판과 1954년도 판의 비교연구』(서울: 중앙정보부, 1978).
> 국토통일원 조사연구실 편, 『김일성신집 수정과정분석』(서울: 국토통일원, 1975년 7월); 국토통일원 조사연구실, "김일성언행 변화과정분석," 국토통일원 조사연구실 편, 『김일성연구논총』(서울: 국토통일원, 1976), 109-168쪽.
> 조재관, 『김일성선집 수정과정분석』(서울: 국토통일원, 1975년 5월); 조재관, "김일성선집 수정과정분석," 국토통일원 조사연구실 편, 『김일성연구논총』(서울: 국토통일원, 1976), 169-243쪽.
> 김병로, "김일성, 김정일 문건해제," 『북한학보』, 제18집(1994), 169-200쪽.
> 김병로, 『김일성저작 해제』(서울: 민족통일연구원, 1993년 7월).

이들 자료분석 연구는 해방 직후의 문건이 시간이 지나면서 어떻게 수정되었는지는 자세히 보여주고 있다. 그런데 본 연구자는 이들 연구는 왜곡되기 전의 원본을 발굴해야 그 결실을 맺을 수 있다고 생각한다. 따라서 본 연구에서는 이러한 선행 연구에 토대를 두어 가필되기 전의 원본을 발굴하는 데 힘써 보고자 한다.

3) 연구의 방법

본 연구에서는 '사료의 분석을 통한 실증적 검증'이 주요 방법인 역사적 접근법(historical approach)을 채용해 북한현대사의 기초자료를 재조명하고자 한다. 이 문제에 관한 해제작업이 아직 미흡한 상태이므로 미간행 내부문서와 공간된 외교문서, 증언 등에 의존한 '역사적 고증'방법과 연대기적 서술(chronological description)방법이 가장 설득력 있고 유용한 방법론이라고 판단된다. 주된 자료는 문헌자료가 중심이 될 것이다.

2. 해방 직후 시기에 관한 북한사료 개괄

해방 직후 자료 중 핵심이 되는 김일성 저작류의 원본을 발굴하기 위해서는 먼저 이 시기 자료를 개괄해 그 성격을 파악해야 한다.

해방 직후 북한사료는 크게 북한이 생산한 자료와 당시 북한을 지배했던 소련이 생산한 자료로 구분될 수 있다. 소련자료는 별도의 논문으로 다루어질 예정이다. 가능한 한 개작 이전의 원본 자료를 구하는 것이 본 연구목적 중의 하나이다. 해방 직후 자료가 러시아에서 최근에 구득할 수 있게 비밀에서 해제되었으므로 이를 활용하여 교차 비교할 수 있을 것이다. 당시 소련이 생산한 문헌자료와 북한 생산 자료와의 비교를 통해 원본에 가장 근사한 것을 추출해 낼 수 있을 것이므로, 소련측 자료에 대한 연구는 본 연구와 하나의 짝을 이루는 것이라고 할 수 있다. 그런데 당시 북한에 주재했던 소련 외교관, 군인과의 인터뷰 자료는 상황을 생생하게 전해 준다는 장점은 있으나, 기억에 의한 부정확성과 자화자찬, 미화 등에 의한 왜곡이 있을 것이므로 문헌자료와의 교차비교를 통한 사료비판을 행한 후 인용될 예정이다.

1) 김일성 저작류 이외의 자료: 김일성 저작류의 원본 발굴을 위한 개괄

(1) 후일 간행된 자료집

북한에서 후일 간행된 자료집으로 대표적인 것은 조선로동당 중앙위원회가 1955년 8책으로 간행한 『결정집』이다.[18] 북조선로동당이 창립된 1946년 9월 이후 당의 정책과 집행결과를 일목요연하게 알 수 있다.

북한에서 간행된 자료는 남한 내로 일부 흘러들어 왔으며, 한국전쟁 당시 미국이 노획해 간 부분에 상당수 있다. 그러나 당

---

18) 간행처는 조선로동당 중앙위원회로 되어 있지만 제목의 괄호 안에는 북조선로동당 중앙상무위원회로 되어 있어 북로당이 당중앙의 역할을 하고 있음을 알 수 있다. 중앙일보 특별취재반, 『비록 조선민주주의인민공화국』(서울: 중앙일보사, 1992), 125쪽.

연히 간행지인 북한에 많은 것으로 추정된다. 그렇지만 북한에 있는 자료에 대한 접근이 어려운 상황이므로, 남한과 미국에 있는 자료에 의존할 수밖에 없다. 남한에 있는 자료 가운데 일부는 영인되거나 자료집의 형태로 출간되어 일반인이 쉽게 접근할 수 있다.

고려대학교 아세아문제연구소는 북한사료를 정선하여 『北韓硏究 資料集』이라는 제목으로 1969년 이래 1992년까지 12권을 편년체로 간행했다. 이 자료집은 『조국의 통일독립과 민주화를 위하여』, 『김일성선집』 등 公刊資料에 국한되었으므로 자료적 가치가 다소 떨어진다.

이에 비하여 국사편찬위원회의 『北韓關係史料集』은 재미 방선주 교수가 입수한 비밀 해제된 노획문서에 기초하고 있으므로, 다소 비체계적이지만 앞의 자료집보다 그 가치가 높은 1차 자료를 모아 놓은 것이라고 할 수 있다. 1982년부터 1999년 현재까지 총 32권이 간행되었으며 계속 속간될 예정이다.

국가기관에서 간행한 북한자료로 특기할 만한 것은 국토통일원의 김봉현 편, 『朝鮮勞動黨 硏究資料集(1945~1978)』(서울: 국토통일원 조사연구실, 1978)이 있다. 이 책은 해방 직후의 문건들을 『옳은 노선을 위하여』, <해방일보> 등을 통해 복원하려 한 가치 있는 자료집이다. 이외에 통일원의 『朝鮮勞動黨大會資料集』,[19] 『北韓最高人民會議資料集』, 전 6집, 1기 1차회의~1기 13차회의(1988)와 중앙정보부의 『統韓關係資料總集』, 1권(1973)

---

[19] 이 책에 의존해 돌베개에서는 『북한 조선로동당 대회 주요문헌집』을 1988년에 간행했다. 김일성의 보고 부분(김두봉의 보고가 하나 들어감)만 뽑은 자료집이다.

등이 있으며 북한연구소, 극동문제연구소 같은 단체에서도 별도의 자료집을 속간하고 있다. 특수자료로 분류된 북한 原資料의 경우 특수자료취급 인가증 未所持 일반인이 열람할 수는 있지만 복사나 소유는 금지되어 왔으나 현재는 많이 완화되었다. 이들 자료를 편집한 자료집의 경우도 특수자료로 분류되었다가 해제되었다. 또한 金南植·李庭植·韓洪九 편,『韓國現代史資料叢書』, 전 15권(서울: 돌베개, 1986)에도 적은 양이지만 북한관계 자료가 들어 있다. 한편 한림대 아시아문화연구소는 1996년까지 자료총서로 20개 시리즈를 간행했는데 그 대부분이 남한 현대사에 관련된 자료집이다. 1993년에는『조선공산당 문건자료집』을 새로이 조판하면서 동시에 원문도 수록했다.『북한경제통계 자료집, 1946·1947·1948』(1994)과『북한경제관련 문서집, 1946~1950』, 전 2권(1995)이 특기할 만하다.

법령집으로는 북조선인민위원회 사법국이 편집·간행한 원본인『북조선법령집』(1947)과 고려대학교 아세아문제연구소에서 편집·간행한『북한법령연혁집』(1969)이 있다.

이외에 동아일보사에서 편집·간행한『안보통일문제 기본자료집』, 별권: 북한편(1972)과『신동아』, 1989년 1월호 부록『원자료로 본 북한: 1945~1988』도 비교적 체계적으로 자료를 모아 놓아 활용도가 높은 자료집이라고 할 수 있다.

(2) 미군노획문서

미국 The National Archives[20](국립문서보관소)에는 많은 한국관

---

20) 정식 명칭은 the National Archives and Records Administration (약칭:

계 자료가 소장되어 있는데,[21] 주로 1950년 2월에서 1951년 1월 사이에 북한에서 가져온 이른바 '노획문서'가 특기할 만하다. 1977년 2월 14일 전략적으로 중요한 극히 일부분만 제외하고는 비밀 해제된 Record Group 242의 Records Seized by U.S. Military Forces in Korea, 1921~1952[22](한국전쟁 당시 미군이 노획한 문서)는 북한당국이 중요 문건을 먼저 확보하고 철수한 후에 노획된 문서들이어서 비교적 低級의 공간자료가 중심이다.

그러나 위 노획문서는 세계 어디에서도 볼 수 없는 귀중한 자료를 포함하고 있는 '북한연구의 寶庫'라고 할 수 있다. 역사를 현재의 입장에서 합리화하는 북한의 경우 비교적 비자주적이었던 이 시기의 문서를 소각시켰거나 이용을 통제하고 있기 때문이다.[23] 6,893종류가 원본 그대로 1,343개의 박스에 보

NARA)인데 정확한 번역은 '국립문서기록관리청'이다. 우리 학계에서는 '국립문서보관소'라고 부르며 미국에서는 '내셔널 아카이브'라고 부르는데 본 연구에서는 이와 같은 통칭들을 혼용하고자 한다.

21) Jack Saunders, "Records in the National Archives Relating to Korea, 1945~1950," Bruce Cumings, *Child of Conflict* (Seattle: University of Washington Press, 1983), pp.309-326.

22) 이에 대한 解題로는 다음과 같은 것이 있다. 김학준, "정권 형성기와 정권 초창기의 북한연구 I: 한국전쟁기에 미군이 노획한 문서에 관한 소개를 중심으로,"『국제정치논총』, 제24집(1984); Dae-Sook Suh, "Records Seized by U.S. Military Forces in Korea, 1921~1952," *Korean Studies* II (1978); 방선주, "노획 북한필사문서 해제 1,"『아시아문화』, 창간호(1986); 櫻井浩, "朝鮮戰爭における米軍の捕獲資料について,"『アジア經濟』第24卷 3號(1983年 3月).

23) 이 시기의 자료들의 면면은 『조선민주주의인민공화국 도서목록,

관되어 있는데, 160만 8,000여 쪽은 한국어로, 30만 쪽 정도는 일어로, 1만여 쪽은 러시아어로, 3,000여 쪽은 중국어로 되어 있다. 문서목록은 없으며 다만 785쪽의 선적리스트가 The National Archives, "Records Seized by U.S. Military Forces in Korea"(Washington, D.C.: The National Archives, 1977)로 정리되어 있으나, 영어로 번역하는 과정에서 오역된 부분이 많이 있으므로 직접 자료를 검색해야 완벽한 윤곽을 그릴 수 있다. Shipping Advice #(선적빈호)로는 2005부터 2013까지에다 10181이 추가되어 10종이다.

최근 통일원[24])과 국사편찬위원회 등의 국가기관과 한림대학교 아시아문화연구소 등에서 재미 방선주 교수 등을 통하여 미국측 노획문서와 정보자료의 일부를 입수해 오고 있으며 일부는 재간행되었다. 이렇게 재간행된 자료들은 본 연구의 주변자료로 활용해 보고자 한다.

미군노획문서는 김일성의 원본 연설문에 제일 가까운 판본을 구득하는 데 큰 도움이 될 수 있을 것이다. 여기에 소장되어 있는 선집 이외의 연설문 등을 통해 선집 등의 편집작업을 확인할 수 있다면, 적어도 해방 직후의 사료에 관한 한 왜곡되기 전의 원본에 보다 더 접근해 연구의 밀도를 더할 수 있다는 판단을 할 수 있다.

1945~1960』(평양: 출판인쇄과학연구소, 1963)을 통하여 간접적으로 확인할 수 있다.

24) 통일원의 노획문서는 다음과 같이 목록화되어 있다. 『6·25 당시 노획한 북한자료 마이크로필름 목록』(서울: 국토통일원, 1987).

(3) 신 문

북한현대사 연구에서 있어 신문이 가장 기본적인 자료들 중의 하나가 되어야 함에도 불구하고 해방 직후의 역사를 다룬 논문에서 신문은 거의 인용되지 못하고 있다. 이는 당시의 신문이 남한사회에는 거의 남아 있지 않기 때문이다.

통일원에는 전쟁 전의 <勞動新聞>(조선노동당 기관지) 몇 부가 1947년부터 간헐적으로 마이크로 필름화되어 있을 뿐이며, 국회도서관에는 <평양민보> 1945년 10월 21자부터 1945년 12월 12월 4일자까지의 몇 안 되는 부수가 역시 마이크로 필름화되어 있다.[25] 한편 한국연구원에는 신의주에서 발행된 <평북민보> 1946년호 4부와 <평양민보> 1945년 10월 15일 창간호 등 3부가 소장되어 있을 뿐이다.

따라서 새로운 자료를 발굴해야 할 필요성이 절실한데, 현재

---

25) <평양민보>, 1945년 10월 27일자에 실린 "민족혁명[통일]전선에 관하여"라는 글은 Chong-Sik Lee, translated & ed., *Materials on Korean Communism, 1945~1947*(Honolulu: University of Hawaii Press, 1977), pp.165-167에 실려 있다. 이 글에서는 부르주아민주주의혁명에 대해 논하고 있는데, 정통적 형태의 부르주아민주주의혁명은 자본가계급이 봉건제를 무너뜨리는 것이었으나 제국주의 단계하의 식민지에서의 부르주아민주주의혁명은 피압박국이 압제국을 타도하는 민족혁명의 성격을 가지는 것이라고 주장되었다. 따라서 민족자본가와 지주들도 반제의 일원으로 가담할 수 있다는 것이었다. 또한 현시기에는 민족연합전선을 하루 속히 구축해야 할 것이라고 역설되었다. 이 신문은 평양에서 발행되었지만 아직 분단이 고착화되지 않았으므로 이러한 과제를 전국(the entire nation)적인 과제로 제기했다.

로서는 전망이 그렇게 밝지 못하다. 북한소장 자료를 보는 것은 불가능하고, 미군노획문서에도 신문철은 드문 편이다. 그럼에도 불구하고 당시 어떤 신문이 발간되었는지를 알아보는 것은 자료의 발굴과 사회상의 파악을 위해서 필요한 일이다.

당시 북한의 주요 언론은 주로 당 기관지와 각 도(임시)인민위원회 기관지로 나누어 볼 수 있다. 먼저 당 기관지의 경우는 조선공산당 평남도당 기관지 <봉화>로 발간(발간일은 1945년 10월 14일)되다가,26) 조선공산당 북조선분국이 설립27)된 후 <정로>로

---

26) 『해방후 4년간의 국내외 중요일지』, 증보판(평양: 민주조선사, 1949), 11쪽.

27) 『해방후 4년간의 국내외 중요일지』, 증보판(평양: 민주조선사, 1949), 11쪽에는 설립일자가 10월 20일로 나온다. 주체사상 등장 이후에는 10월 10일을 조선공산당 창건기념일로 간주했는데(『근대현대사 년표』, 평양: 사회과학출판사, 1974, 298쪽. 조선노동당의 기관지인 <로동신문>에 그 당시까지만 해도 조선공산당 창립기념일 등과 엇갈려 애매하던 당 창건일이 확정되고 당 창건일 기념사설이 처음 실린 것은 1958년 10월 10일이었다. 당시 사설 제목은 "투쟁과 승리로 빛나는 우리 당의 영광스러운 길"이었다), 이는 5도책임자대회가 시작된 날짜이다. 10월 13일을 분국 설립일로 보는 견해는 5도책임자 열성자대회가 끝난 날을 중요시하는 견해이다. 또한 10월 23일 남한의 조선공산당에서 분국을 공식 승인했으므로 이 날을 중요시하는 견해도 있다(박헌영, "서울중앙의 평양분국 승인서," <해방일보>, 1945년 11월 15일). 한편 해방 직후에는 남한의 조선공산당 탄생기념일인 4월 17일을 북에서도 기념했다(『해방후 4년간의 국내외 중요일지』, 증보판, 평양: 민주조선사, 1949, 44쪽에는 1946년 4월 18일 "조선공산당 탄생 제21주년 기념행사가 거행"이라고 나온다). 후일 작성한 『김일성동지 회고록: 세기와 더불어』, 8, 계승본, 평양: 조선로동당출판사,

개칭되면서 1945년 11월 1일 창간호를 냈는데 태성수와 유문화가 그 책임자였다. 1946년 연안 독립동맹이 조선신민당을 창당해 기관지 <전진>(윤규섭 책임)을 발행했다. 1946년 8월 신민당과 조선공산당 북조선분국이 합당해 북로당이 만들어지자, 양대 기관지도 합해져 <勞動新聞>이 1946년 9월 1일 창간되었다. 1948년 11월 말 현재 책임주필은 기석복이었다. 공산당의 각 도당 기관지로 <평북로동신문>, <황해로동신문>, <강원로동신문>, <함남로동신문>, <함북로동신문>이 있다.

또한 민주당 중앙기관지 <조선민보>(각 도당 기관지도 나왔다 함)와 북조선천도교청우당 기관지 <개벽신문>도 간행되었다고 하는데,[28] 그 영향력과 부수는 많지 않았을 것으로 추정된다.

대표적인 도 인민위원회 기관지는 평남인민정치위원회의 기관지인 <평양민보>와 평북인민위원회 기관지인 <평북신보>[29] 등이 있다. <평양민보>는 이동화, 김광진, 허의순 등이 관여했다. 이 신문이 1945년 10월 15일 창간되었을 당시에는 평남의 지도자 조만식이 사장이었다고 한다.[30] 10월 21일의 6호를 보면

1998, 483쪽에서 "나는 10월 9일 강선제강소를 돌아보고 그후 당을 창건한 다음 10월 14일에야 평양시 환영 군중대회에서 조국 인민들에게 처음으로 인사를 하였습니다"라고 당 창건 날짜를 명시하지 않았다.

28) 『조선중앙연감』, 1949년판(평양: 조선중앙통신사, 1949), 152쪽.

29) 1945년 10월 14일 창간. 『해방후 4년간의 국내외 중요일지』, 증보판 (평양: 민주조선사, 1949), 11쪽.

30) 이동화, "해방 전후의 정치집단과 여운형," 『오늘의 책』, 5호(1985년 봄), 284쪽. 『한국신문백년 사료집』(서울: 한국신문연구소, 1975), 431쪽에 10월 1일에 창간되었다고 나오며, 13일 창간설도 있으나, 한재

'기관지'라는 명칭이 나오지 않으므로 발간 초기에는 사설신문으로 출발했음을 알 수 있다. 김구의 귀국을 보도했다는 이유 때문에 정간당했다는 설도 있다.31)

    1946년 북조선임시인민위원회가 수립된 후 5월 1일부터 6월 초 사이에 <평양민보>는 <민주조선>으로 이름을 바꾸어 북조선 전체를 통괄하는 북조선임시인민위원회 기관지가 되었다. 이의 책임자로는 한설야, 한효, 한재덕, 유문화 등이 순차적으로 임명되었다. 1948년 9월 정권수립 후 <민주조선>은 최고인민회의 상임위원회와 정부(내각)의 기관지가 되어 오늘에 이르렀다. 각도 인민위원회 기관지로 <평북인민보>, <황해인민보>, <함남인민보>, <함북인민보>가 간행되었다고 한다.32) 또한 원산 지역에서는 <원산인민보>가 1945년 11월 5일 창간되었다.33)

    이외에 북조선직업총동맹 중앙위원회 기관지인 <노동자신문>

    덕의 『김일성장군 개선기』에 창간호인 10월 15일자에서 전재되어 나오고, 21일자의 6호가 『한국신문백년 사료집』(서울: 한국신문연구소, 1975), 431쪽에서 직접 확인되므로 일간신문 날짜를 역산할 때 15일이 정확한 것으로 추정된다.

31) 김창순, "북한 언론의 초기 실태," 『통일정책』, 제6권 1호, 통권 67호(1980), 187쪽. 그 이후까지 신문이 간행된 것을 보면 정간이 있었다 해도 그렇게 오래 가지는 않았다고 판단할 수 있다. 김구에 대해서 북한의 김일성은 1948년 초의 남북협상 전까지만 해도 '테러 강도단의 두목'이라고 평가했다. 『팟쇼·반민주분자의 정체』(평양: 조선5·1절기념공동준비위원회, 1946), 9, 26쪽.

32) 김창순, 앞의 글, 151쪽.

33) 『해방후 4년간의 국내외 중요일지』, 증보판(평양: 민주조선사, 1949), 14쪽.

이 1946년 간행되었으며 농민동맹(<농민신문>), 민주청년동맹(<민주청년>), 문예총(<문화전선>), 교원문화직업동맹(<교원신문>) 등도 기관지를 간행했다고 한다. 또한 소련군 당국의 한글 기관지 <조선신문>(조기천·민병태·김조규·박효정·최명익 관여)이 1946년 2월 28일 창간되었다고 하는데,34) 이들 신문은 지금의 시점에서 발굴하기가 어려울 것이다.

이상 언급한 신문 외에 교통성 발행의 <교통신문>, 교육성 발행의 <소년신문> 등과 조쏘문화협회의 기관지 <조쏘특보> 등이 나왔다고 한다. 또한 한효가 책임주필로 되어 있는 <투사신문>이 평양에서 간행되었다고 하는데, 어떤 성격의 신문인지는 알 수 없다. 1949년에는 조국전선중앙위원회 기관지 <조국전선>이 간행되었다.35) 이외에 <조선인민군>, <새길신문>, <옳다>, <평북신문>, <자유황해> 등이 간행되었다고 한다.36)

이상의 신문 목록을 통해 당시 북한에도 여러 가지의 신문이 발행되었음을 알 수 있다. 그런데 <평양민보> 등 광복 직후의 신문 외에는 현재 북한언론의 특성인 획일성이 반영되어 있을 것이므로 남한의 신문처럼 자료적 가치가 그렇게 높다고 할 수는 없다.

---

34) 『해방후 4년간의 국내외 중요일지』, 증보판(평양: 민주조선사, 1949), 32쪽.

35) 『조선중앙연감』, 1950년판(평양: 조선중앙통신사, 1950), 367쪽.

36) 김일성, "출판보도사업을 건전하게 발전시킬 데 대하여: 출판보도부문 일군협의회에서 한 연설," 1945년 12월 20일. 『김일성전집』, 2(평양: 조선로동당출판사, 1992), 425쪽; 김광운, "북한 권력구조의 형성과 간부 충원(1945. 8~1947. 3)," 한양대 박사학위논문, 1999, 15쪽.

(4) 잡 지

잡지도 신문과 마찬가지로 기관지가 대부분이다. 내각 기관지 『인민』(민주조선사, 1946년 11월 28일 창간), 북조선로동당 기관지 『근로자』(노동신문사, 1946년 10월 25일 창간)는 종합 이론잡지이며 통일원에 소장되어 있다. 각 사회단체에서 내는 것으로는 직업총동맹의 『노동자』(노동자신문사), 농민동맹의 『농민』(농민신문사), 민주청년동맹의 『청년생활』(청년생활사), 여성동맹의 『조선여성』(조선여성사) 등이 있다.

시사지이면서 통신철인 『旬刊[北朝鮮]通信』은 순간통신사에서 1947년 7월 하순호부터 발행했는데, 미국 내셔널 아카이브에 비교적 잘 모아져 있다. 1949년 7월 하순호까지의 것 중에서 중요한 자료는 『북한관계 사료집』, 27·28권에 편집되어 있다.

종합 대중잡지로는 『새조선』(인민출판사), 『우리동무』(인민출판사), 『태풍』(태풍출판사)이 나왔다. 시사지로 『국제평론』(인민출판사) 등이 간행되었으며, 만화잡지로 『활살』(활살사)이 간행되었다고 한다. 학술지로는 조선역사편찬위원회에서 간행하는 『역사제문제』가 대표적이며 기타 각 부문 전문잡지가 간행되었다고 한다. 아동잡지로 『어린동무』(교육성), 문예총의 『아동문학』(문화전선사) 등이 발간되었다. 사법성의 『사법시보』, 상업성의 『민주상업』(민주상업사), 체신성의 『민주체신』, 문예총의 『문학예술』(문화전선사), 교육성의 『인민체육』, 『인민교육』(인민교육사), 『소비조합』(소비조합출판사), 산업성의 『산업』(산업사), 국가계획위원회의 『계획경제』(국가계획위원회출판사), 어문연구회의 『조선어연구』, 경영계산연구회의 『경영계산』, 김일성대학 편집부의 『경제제문제』, 내무성 시설처의 『시설』, 역사편찬위원회의 『역사제문제』,

노동성의 『노동』, 『농민화보』(농민신문사), 『영화예술』(영화예술사) 등이 각 부문 전문잡지의 면모이다. 조·쏘문화협회의 잡지 『조·쏘문화』는 1946년 창간되었는데,37) 1949년 10월호부터 『조·쏘친선』으로 개제되었다.

이상은 『조선중앙연감』, 1949년판과 1950년판에 나와 있는 자료를 중심으로 정리한 것인데 이러한 잡지 외에 남한의 해방 직후처럼 百家爭鳴식의 다양한 잡지들이 출간되지는 않았는지가 탐구할 만한 과제이다. 적어도 1946년 1월 이전까지는 이러한 잡지들이 출간되었을 가능성을 배제할 수 없을 것이다.

(5) 연감·일지

북한현대사 연구에 있어 신문·잡지에 대한 접근이 용이하지 못한 실정이므로 비교적 접근이 쉬운 연감·일지에 대한 활용도가 높은 편이다.

북한의 연감은 『조선중앙연감』 외에는 없다. 이는 북한의 관영통신사인 조선중앙통신사에서 편집·간행한 것으로 1949년판(1949년 간행)부터 간행되어 1950년판(1950), 1951·52년판(1952), 1953년판(1953) 등으로 매년 간행되었다. 1949년판과 1950년판은 국한문 혼용이며 1951·52년판은 한글 전용으로서 이 판부터는 김일성의 연설문이 별도의 항목으로 분류되어 있다.

일지로서는 1949년 민주조선사에서 간행한 『해방후 4년간 국내외 중요일지: 1945년 8월~1949년 3월』이 상당히 부피도 크고 내용도 비교적 충실한 편이다. 초판과 개정판이 간행되었는데,

---

37) 『북한관계사료집』, 12, 113-179쪽에 수록되어 있다.

전술한 金南植·李庭植·韓洪九 편,『韓國現代史 資料叢書』에 개정판이 영인되어 있으며『북한관계 사료집』, 7, 568-901쪽에 수록되어 있다.

(6) 단행본

북한의 출판은 선전·선동의 차원에서 이루어졌다고 할 수 있다. 대표적인 단행본으로는 다음과 같은 것이 있다.

> 한설야 편,『해방1주년기념 반일투사연설집』(평양: 8·15해방1주년기념중앙준비위원회, 1946;『韓國現代史 資料叢書』, 13권, 486-540쪽에 수록).
> 북조선민주주의민족통일전선 중앙위원회 서기국 편,『쏘米共同委員會에 關한 諸般資料集』(평양: 북조선중앙민전 서기국, 1947; 1947년에 초판과 증보판이 간행되었는데『韓國現代史 資料叢書』, 13권, 32-144쪽에 증보판을 수록;『북한관계 사료집』, VII, 49-141쪽에 증보판을 재수록).
> 『조선임시인민정부의 창설에 대한 문제에 관하여 기타』(평양: 인민출판사, 1946).
> 인민위원회 선전부 편,『조선인민은 인민위원회정권형태를 요구한다: 민주주의조선임시정부수립에 대하여 문헌·자료집(제2집)』([평양]: 북조선인민위원회 선전부, 1947;『韓國現代史 資料叢書』, 11, 350-421쪽에 수록.『북한관계 사료집』, 6, 444-499쪽에 수록).
> 『전조선제정당사회단체 대표자연석회의 문헌집』(평양: 북조선인민위원회 선전부, 1948).[38]

『남북조선제정당사회단체대표자 연석회의 자료』([n. p.]: [n. p.], [1948];『북한관계 사료집』, 6, 9-132쪽에 수록).[39]

(태성수 편),『당의 정치노선 及 당사업총결과 결정: 당문헌집 (一)』([평양]: [정로출판사], 1946];『북한관계 사료집』, 1권에 수록).

『남조선 반동파들의 정체와 그들의 정책』([n. p.]: 강원도 로동당 강원도 당부 선전선동부 강연과, 1947;『남북관계 사료집』, 11, 477-539쪽에 재수록).

『조선해방과 북조선의 민주발전』([평양]: [출판사 불명], [1947];『북한관계 사료집』, VIII, 455-492쪽에 재수록).

한설야가 편집한 책에는 김일성·김두봉의 연설 등이 들어 있으며, 다음 두 책은 1947년 제2차 미소공위 재개를 겨냥하여 만든 자료집이다. 마지막 책은 북조선로동당 창립을 기념해 만든 자료집으로 김일성의 연설을 상당부분 수록한 자료집이다. 이 연설들이 다른 선집류에서는 상당히 가필·수정되었으므로 원본을 추적한다는 의미에서 매우 귀중한 자료라고 할 수 있다. 이외에 조선민주주의인민공화국 내무성 보안간부학교에서 발

---

38) 비슷한 문헌으로『전조선정당사회단체 대표자연석회의 보고문급결정서』([n. p.]: [n. p.], [1948];『한국현대사 자료총서』, 13, 278-307에 수록)가 있다.

39) 북한에서 나온 것으로 추정되는 남북협상관계 자료집 중 가장 충실한 자료집이다. 남한에서 나온 것으로는 추진 전의 과정까지를 포괄하고 있는 박광 편,『진통의 기록: 전조선제당사회단체 대표자연석회의 문헌집』(서울: 평화도서주식회사, 1948;『한국현대사 자료총서』, 13, 211-277에 수록)이 특기할 만하다.

행한 『해방후[의] 조선: 쏘련신문 논설집』(1949; 『북한관계 사료집』, 12, 180-240쪽에 수록)이라는 자료집 겸 연구서가 특기할 만하다.40) 내무성 문화국에서 편집·간행한 정치상학 교재 시리즈 중 『쏘련의 대외정책』(1950), 『조선문제 해결에 있어 민주와 반민주와의 투쟁』(1949) 등이 비교적 자료적 가치가 있는 단행본이다. 북조선로동당 중앙본부 선전선동부 강연과의 『제2차세계대전 후의 미국의 대외정책』(평양: 로동당출판사, 1948)은 미국의 제국주의적 정책을 비판하기 위해 마련되었다. 또한 북조선로동당 중앙본부 선전선동부에서는 『선전원 수책(手冊)』(1947~; 5호, 6호, 8호, 10~12호가 『북한관계사료집』, 11, 3-125쪽에 수록)이라는 수첩 형식의 소책자 여러 호를 간행하여 자신들의 이념을 교육·선전하는 데 사용했다. 이외에 『조국통일민주주의전선 결성대회 문헌집』(평양: 조국통일민주주의전선 중앙상무위원회 서기국, 1949); 『조국통일민주주의전선 문헌 제2집: 조국전선결성 1주년기념 간행』(평양: 조국통일민주주의전선 중앙위원회 서기국, 1950년 6월 20일 인쇄, 27일 발행); 천도교청우당, 『黨志』(『북한관계 사료집』, 8, 426-454쪽에 수록)도 주목할 만하다. 또한 북한이 서울을 침공한 후 서울에서 발행한 『주간보』, 제1호(1950년 8월 13일); 제2호(1950년 8월 22일); 제3호(1950년 8월 27일)는 북한의 남한 점령정책을 알 수 있는 귀중한 사료이다. 『세포위원장들을 위한 강습제강』

---

40) 이에 대한 해제로 김학준, "서평: 해방후 조선," 『사회과학과 정책연구』, 제7권 4호(1985년 12월), 195-209쪽이 있다. 또한 조쏘문화협회 함흥지부 편, 『해방후의 조선: 쏘련신문논설집, 8·15 1주년기념출판』(함흥: 조쏘문화협회 함흥지부, 1946)이라는 122쪽 분량의 책자도 있다.

(n. p., [1953]; 『북한관계 사료집』, 17, 307-506쪽에 재수록)은 공산당 세포조직을 유지·확충하기 위한 극비 문건이다.

또한 북한정권 수립 직전과 이후의 출판계에 두드러진 경향 중의 하나는 마르크스·레닌주의에 관한 중요 문헌과 연구들이 다수 번역·발간되었다는 사실이다. 특히 소련 쪽의 문헌이 다수 번역되었는데 『쏘련공산당약사』를 비롯해 『레닌선집』, 『레닌주의의 제문제』, 『스탈린선집』 등과 함께 '선진쏘련'의 문학예술이 소개되었다.41)

단행본 출판의 중요한 특징은 선전·선동의 차원에서 정치가의 주장을 담은 것이 큰 비중을 차지한다는 사실이다. 김일성의 저작은 다음 단락에서 언급하기로 하고 다른 정치가의 정치적 논설을 먼저 정리하고자 한다.

  오기섭, 『모쓰크바삼상회의 조선에 관한 결정과 반동파들의 반대투쟁』([평양]: [출판사 불명], 1946]; 『북한관계 사료집』, 12, 241-262쪽에 수록); 『북조선 토지개혁법령의 정당성』(평양: 북조선노동연맹, 1946).
  최창익, 『8·15 이전 조선민주운동의 사적 고찰』(평양: 혁신출판사, 1946; 심지연, 『조선신민당연구』, 자료편[서울: 동녘, 1988]에 수록).42)

---

41) 『조선중앙연감』, 1950년판, 368쪽; 『조선중앙연감』, 1949년판, 153쪽.
42) 미국에서 방선주 교수에 의해 수집된 최창익 관계 문건(사신 등 포함)은 『북한관계 사료집』, 10, 149-172쪽에 수록되어 있다. 156-162쪽에 수록된 조선공산당 전라북도 위원회의 1946년 2월 10일자 "북선분국 동무들의 멧세지와 우리의 주장"은 1946년 1월 28일자 북선분국 상무위원회에서 발표한 "남조선당원 동무들에게 들이는 글"(당 전

주영하,『북조선로동당 창립1주년과 조선의 민주화를 위한 투쟁에서 그의 역할』(평양: 로동당출판사, 1947).

김두봉,『인민군 각 부대 선동원회의에서 진술한 김두봉동지의 연설』([평양]: 조선인민군 총정치국, 1951).

(김두봉),『신국기의 제정과 태국기의 폐지에 대하여』([평양]: [n. p.], [1949];『북한관계 사료집』, VII권, 164-207쪽에 수록).

최용건,『미제국주의의 조선침략정책』([평양]: [n. p.], [1948];『북한관계 사료집』, VII권, 141-164에 수록).

허가이,『유일당증 수여에 관하여』([평양]: [n. p.], [n. d.]).

허정숙,『민주주의 통일전선과 우리의 임무』(신의주: 신의주광명사, 1946).

이들 김일성 이외의 인사들이 작성한 저작물들은 이후에는 보기 힘든 다양성을 보여준다는 면에서 百家爭鳴식의 이 당시 상황을 조금이나마 반영하고 있는 귀중한 자료라고 할 수 있다. 특히 나중에 숙청당한 오기섭과 최창익의 저술은 심층적으로 연구할 만한 가치가 있는 자료라고 할 수 있다.

북한에서는 특히 계몽적 저술이 많이 출간되었다는 사실이 단행본 등을 조망한 종합적 평가라고 할 수 있다.

국대회 소집요구, 박헌영 지지)에 대한 답신으로 反박헌영 논조의 흥미로운 자료이다.

2) 김일성의 저작류

　북한현대사 연구의 가장 중요한 자료인 김일성의 연설문류를 본격적으로 살펴보기 전에 먼저 김일성의 전기물들을 먼저 언급하고자 한다. 후일 전향했던 김일성의 측근 한재덕의 『김일성장군 개선기』(평양: 민주조선사, 1947; 『북한관계 사료집』, 12, 287-388쪽에 수록)에는 후반부에 자료편이 있는데, 지금 구하기 힘든 <평양민보> 등에 수록된 귀중한 1차자료가 수록되어 있다. 또한 비록 서울에서 출판되었지만 저자가 북한에서 활동했으므로 북한측 자료로 분류되어도 무방한 한설야의 『영웅 김일성장군』(서울: 신생사, 1947)은 초창기의 전기라고 할 수 있다.[43]
　해방 직후를 포괄하고 있는 대상자료 중 비교적 다수의 부수가 제작된 김일성의 중요 저작류는 다음과 같다.[44]

---

[43] 또한 石單, 『김일성장군 투쟁사』(서울: 전진사, 1946)란 전기도 간행되었다.

[44] 김일성의 초기 저작에 대해서는 다음을 참조할 수 있다. 『조선민주주의인민공화국 도서목록』(평양: 출판인쇄과학연구소, 1963), 35-46쪽. 이 목록은 평양의 국립중앙도서관과 국가서고에 보관되어 있는 것을 기준으로 1945년 8월 15일부터 1960년 12월말까지 15년간 북에서 발행된 것을 수록하고 있다. 물론 박헌영, 이승엽 등의 자료는 없지만 그래도 주체시대 이전의 것까지 포괄하고 있는 유일한 도서목록이다. 김일성의 경우 매우 작은 양의 팜플렛까지 모두 열거되어 있다. 이들 원본 책자가 아직 북한에 보관되어 있는지는 확인할 수 없다. 해방 직후 자료의 경우 6·25로 인해 많이 소실되었다고 한다.

『김일성장군 述: 민족 대동단결에 대하야』(청진: 조선공산당 청진시위원회, 1946년 3월 15일; 『북한관계 사료집』, 25, 7-16쪽에 수록).

『조선인민에게 고함: 북조선임시인민위원회 위원장 김일성』([평양]: [북조선임시인민위원회], [1946]; 『북한관계 사료집』, 25, 17-25쪽에 수록; 원래는 『인민』, 제1권 1호 [1946년 11월], 2-14쪽에 수록).

『남조선주둔 미군총사령관 부라운 소장각하: 북조선인민위원회 위원장 김일성』([평양]: [북조신인민위원회], 1947년 3월; 『북한관계 사료집』, 25, 78-79쪽에 수록).

『조선민주주의인민공화국 수립의 길: 중요보고집』(평양: 북조선인민위원회선전부, 1947). 293쪽.

『김일성장군의 주장』(서울: 노농사, 1947).

『창립1주년을 맞이하는 북조선로동당』(평양: 로동당출판사, 1947; 『북한관계 사료집』, 10, 709-722쪽에 수록).

『민주조선 자주독립의 길: 김일성장군 중요논문집』(평양: 북조선로동당 선전선동부, 1947).

『자주독립국가 건설을 위하여: 김일성위원장 중요보고집』(평양: 북조선로동당, 1947).

『북조선로동당 평남도 순천군당 제2차 당대표회의에서 진술한 김일성동지의 연설』(평양: 북조선로동당중앙본부 선전선동부, 1948;『북한관계 사료집』, 1, 284-295쪽).

『민주주의인민공화국 수립을 위하여: 김일성장군 중요논문집』(평양: 노동당출판사, 1948) (총 388쪽).

『북조선로동당 제2차대회에서 한 중앙위원회 사업총화보고』(평양: 조선노동당출판사, 1948).

『조국의 통일과 독립과 민주화를 위하여: 김일성 위원장의 중요

보고집 2집』(평양: 북조선인민위원회, 1948) (총 345쪽).
『조선민주주의인민공화국 수립의 길』(평양: 북조선로동당 중앙본부 선전선동부, 1948) (총 98쪽).
『조국의 통일독립과 민주화를 위하여』, 전2권(평양: 국립인민출판사, 1949) (총 467쪽, 365쪽).45)
『조국의 통일독립과 민주화를 위하여』(평양: 조선로동당출판사, 1951) (총 530쪽).
『金日成選集』, 全3卷(東京: 三一書房, 1952).
『김일성선집』, 1(평양: 조선로동당출판사, 1954). 667쪽
『김일성선집』, 2-4(평양: 조선로동당출판사, 1953) (총 692쪽, 405쪽, 510쪽).
『김일성선집』, 2-4, 재판(평양: 조선로동당출판사, 1954) (총 573쪽, 334쪽, 425쪽).
『김일성선집』, 1, 재판(평양: 조선로동당출판사, 1955) (총 546쪽).
『김일성선집』, 5-6(평양: 조선로동당출판사, 1959) (총 571쪽, 529쪽).
『김일성선집』, 1-6(평양: 조선로동당출판사, 1960-1964), 명실 상부한 개정판.
『김일성저작선집』, 1-10(평양: 조선로동당출판사, 1967~1994).
『김일성저작집』, 1-50(평양: 조선로동당출판사, 1979~1998).46)
『김일성전집』, 2-33(평양: 조선로동당출판사, 1992~2000).

---

45) 金俊燁 外編, 『'북한'연구 자료집』, 1(서울: 고려대학교 아세아문제연구소, 1969)에 이후 전재됨.
46) 이에 대한 목차는 다음에 나와 있다. 통일원 편, 『북한의 주요원전 색인목록(1): 김일성저작집』(서울: 통일원, 1994).

『김일성전집』, 1(평양: 조선로동당출판사, 1995).

이 중에서도 『김일성선집』과 『김일성저작선집』, 『김일성저작집』, 『김일성전집』은 가장 중요한 저작집류라고 할 수 있다. 따라서 김일성 저작의 체계화과정은 『김일성선집』 초판(1953~1954, 전 4권 134편) → 『김일성선집』 개정판(1960~1964, 전 6권 124편) → 『김일성저작선집』(1967~1993, 전 10권 200여 편) → 『김일성저작집』(1979~1998 현재 50권 간행) → 『김일성전집』(1992~2000 현재 1964년 2월부터 12월까지를 다룬 33권 간행)으로 정리할 수 있다.

『김일성선집』류의 왜곡과정을 파악해 연구의 엄밀성을 기하기 위해서는 각 판본의 특징을 보다 자세히 살펴볼 필요성이 제기되는데, 다음 단락에서 서술될 것이다.

3. 김일성선집류의 개작과정

1) 『김일성선집』 초판(1953~1954): '프롤레타리아국제주의' 원칙에서

북한에서 김일성의 저작이 체계적으로 선집의 형태로 발간되기 시작한 것은 한국전쟁이 끝날 무렵에 발간된 『김일성선집』이었다.

『김일성선집』은 초판 2~4권은 1953년에, 그리고 1권은 1954년에 간행되었다. 그후 1960~64년에 개정판 전 6권이 발간되었으며, 김일성정권의 정당성을 수립하려는 의도하에 편찬되었다. 『김일성선집』 초판은 전 4권으로 그 가운데 제1, 2권은 초기에 단편적으로 발행된 여러 저작들 중 『조국의 통일독립과 민주화를 위하여』 1951년판 전 2권을 기초로 편집하였으며, 제3·4권은 한국전쟁 시기를 포괄하는 문헌을 편집한 것이다. 1945년 12월부터 1953년 5월까지 김일성이 발표한 주요 저작을 포괄하고 있다.

이 초판은 유고슬라비아 등의 민족주의노선을 비판하고 소련과 중국을 중심으로 한 프롤레타리아 국제주의노선에 충실하도록 내용을 수정했다. 물론 해방 직후 한때 미국을 '진보적 민주주의진영'의 국가로 인정했던 대목은 모두 삭제되었다.47) 또한 남로당 유격대 활동의 의미도 축소되었다. 그 외의 부분은 비교적 원본의 내용을 그대로 반영하고 있는 편이다.

서대숙 교수의 지적에 의하면 초판 『김일성선집』은 상당히 서둘러 나왔으므로, 여러 차례 改修의 과정을 거쳐야만 했다는 것이다.

---

47) 1992년에 출간된 "현단계에서의 우리혁명의 로선과 남조선 공산주의대렬의 통일문제에 대하여: 남조선에서 온 공산주의운동자들과 한 담화," 1945년 9월 26일, 『김일성전집』, 2, 51쪽에 의하면 미국이 비록 제2차 세계대전에서 반파쇼연합군의 명색을 띠었으나, 미군정 당국은 남조선에서 자기의 지반을 닦기 위해 우익반동을 지원하고 진보적 민주역량을 배척하고 있다고 평가했다. 그런데 사실은 9월 9일에 미군정을 선포한 미군은 10월 10일에야 조선인민공화국을 부인했으므로 9월 26에는 다소 관망적인 분위기를 보였다고 할 수 있으므로, 김일성의 이 담화내용은 사후적 평가에 의한 사실왜곡이라고 할 수 있다.

2) 『김일성선집』 개정판(1960~1964): 소련에 대한 양면적 태도

『김일성선집』 개정판은 1945년부터 1959년까지의 기간에 발표된 총 124편의 연설문 및 담화문을 수록하고 있는데, 이 중 31편은 『김일성선집』 초판으로부터 발췌하여 재수록하였다. 1·2권은 해방 후 정권수립과정을, 4·5·6권은 전후 경제복구시기의 문헌을 수록하고 있으며, 4·5·6권은 1965~66년에 걸쳐 재판이 발행되었다.

내용 면에서 다른 어떤 선집류보다 많은 수정과 가필·삭제가 이루어졌다. 선집 초판이 사료 중심이었던 데 비해 개정판은 학습 중심이었으므로 대폭적인 수정은 정당화되었다. 즉 역사적 사료가 아니라 미래 지향의 학습서, 교과서·교재로서 개별적인 사실에 대한 현재적 입장의 수정은 합리화될 수 있다는 세계관의 발로에서 수정이 이루어졌던 것이다. '주체'에 대하여 처음 소개하고 있으며 소련에 대해서는 다소 양면적인 태도를 보였다. 물론 소련을 조선의 해방자라고 사의를 표하는 부분이나 전세계 무산자의 조국인 소련에 대해 존경심을 표시하는 문장 등은 모두 수정되었다. 그렇지만 소련이 조선의 해방자라는 사실을 완전히 부정하지는 않았다. "쏘련의 무력에 의하여 해방된 우리는 쏘련과의 친선을 강화하기 위하여 모든 힘을 다해야 한다"는 문구와 "붉은군대의 피로서 우리를 해방"했다는 표현은 계속 사용되고 있다.[48]

이 자료의 또 한 가지 특징은 김일성의 항일무장투쟁을 공식화시키기 시작한 선집이라는 것인데, 그럼에도 불구하고 해방 전의 시기를 포괄하고 있지는 않다. 또한 다른 저작류와는 달리 한국전쟁 시기의 저작은 한편도 수록하지 않았다.49)

3) 『김일성저작선집』(1967~1993): 소련의 역할에 대한 부분적 인정

『김일성선집』 발간 이후 북한은 1967년부터 1987년까지 『김일성저작선집』이라는 제목으로 김일성의 저작을 수정·편찬하였는데, 프롤레타리아국제주의에서 탈피하여 마르크스·레닌주의의 강조를 통한 자주성의 표방을 시도해 김일성 유일체제의 확립을 강조했다.

제1권은 1945~56년 사이의 문건을 수록하였으며, 제2~4권은 1958~67년, 제5권은 1968~70년, 제6권은 1971~73년, 제7권은 1974~77년, 제8권은 1978~81년, 제9권은 1985~86년, 제

---

48) "새민주주의 국가건설을 위한 우리의 과업," 1945년 10월 18일, 『김일성선집』, 1954년판, 제1권, 14쪽. 그러나 『김일성저작집』, 제1권, 1979년판의 363쪽에는 "붉은군대는 피로써 우리 인민의 해방위업을 도와주었을 뿐 아니라 민주주의 자주독립국가 건설을 위한 우리의 투쟁을 도와주기 위하여 우리나라에 머물러 있습니다"라고 기술되어 있다. 이는 『김일성전집』, 제2권, 164쪽에도 1979년판과 같이 기술되어 있다.

49) 한홍구, "북한 주요문헌 해제," 월간중앙 편, 『오늘의 북한』(서울: 중앙일보사, 1989), 210쪽.

10권은 1987~92년 12월 사이의 문건을 수록하였다.

이 저작선집에서는 소련이 조선을 해방한 사실을 부분적으로 인정하면서 논의를 전개시켜 나갔다.

그 이전의 수정이 주로 자구 수정이거나 삭제, 개작에 국한된 것이었다면, 1970년대의 수정은 주체사상이라는 일관된 이론체계에 의해 당위적으로 체계화된 '창작'이었다고 평가할 수 있다.

장기간에 걸쳐 간행되었으므로 한때 가장 널리 이용되던 저작류였다. 이 판본의 편집·수정에 김정일이 깊이 관여했다고 한다.

4) 『김일성저작집』(1979~): 소련의 역할 부정과 항일관계 문건의 수록 시작

이 문헌은 지금까지의 자료집에 수록되지 않은 연설을 많이 수록하고 있다. 새로 수록된 자료는 모두 기억에 의거해 새로 집필된 것으로 추정되므로 왜곡이 심한 것으로 판단된다.

『김일성저작집』은 1979년 이후 발간했는데, '해방자로서의 소련'에 관한 문구를 모두 삭제하고 김일성의 식민지기 항일투쟁 관련문건을 처음으로 첨가시킴으로써 김일성체제의 혁명전통을 확립하고 김일성 우상화의 도구로 이용되었다. 주체사상의 틀에 맞추어 각종 용어와 내용을 수정했다.[50]

처음으로 단일체제의 저작집류에 수록된 항일시기의 문헌은

---

50) 이 문헌에 대한 주제별·연도순 색인은 다음에 있다. 통일원 편, 『북한의 주요원전 색인목록 1: 김일성저작집』(서울: 통일원, 1994).

249쪽으로 1권 전체를 채우지 못했다. 이전에 항일혁명기 저작이 출간된 적이 있었다.[51] 1968년 조선로동당출판사에서 『항일무장투쟁 시기의 김일성동지의 교시』라는 책이 출간되었으나, 발표 당시의 원문이 아닌 주요 부분의 발췌와 해설을 덧붙인 형태였다. 식민지기 문헌들은 1970년대 초반에 들어와서 간략한 소책자 형태로 처음 공개되기 시작했다. 1937년 '조선 인민혁명군'의 대내 기관지 『曙光』에 처음 발표되었다고 주장되는 "조선공산주의자들의 임무"가 1971년 발간된 데 이어 1943년의 "조선혁명가들은 조선을 잘 알아야 한다"가 1971년에, 1931년의 "일제를 반대하는 무장투쟁을 조직·전개할 데 대하여"가 1972년에, 그리고 1930년에 썼다고 주장되는 "조선혁명의 진로"가 1978년에 재발간되었다. 이들 해방 전의 문헌들은 김일성의 회고에 의해 사후적으로 재편집된 것으로 추정된다. 왜냐하면 당시 김일성의 여러 연설과 보고서들이 책으로 편찬될 수 있을 정도로 완벽하게 남아 있었을 가능성은 거의 없기 때문이다. 서대숙 교수는 1940년대 후반 저작의 문체가 1940년대 후반의 문체보다는 1970년대의 그것과 가깝다고 주장하면서 『김일성저작선집』과 『김일성저작집』에 수록된 초기저작은 후대에 쓰여진 것이 아닌가 하는 문제제기를 한 바 있다. 1930년대와 1940년대 초반의 저작도 문체가 현대적이므로 아마 후대에 쓰여진 것이거나 아니면 문체를 현대화했다고 할 수 있다. 따라서 초기저작들은 발표 당시의 원문 그대로는 아니다. 그렇다고 완전히 날조라고 보는 데도 문제는 없는 것이 아니다. 메모 형태로만

---

51) 이창하, 『김일성저작집 수정내용 분석』(서울: 국토통일원, 1982), 14쪽.

남아 있던 기록을 관련자들의 증언과 기억을 종합해 세심한 복원과 윤문을 거쳐 세상에 공개한 것으로 볼 수도 있다. 이미 서론에서 지적한 바와 같이 『김일성저작집』 발간사에서는 "이미 발표된 로작들과 함께 지금까지 발표되지 않았던 로작들을 많이 수록하였다. 위대한 수령 김일성 동지께서 저작집에 수록된 로작들을 다시 교열하시었다"고 나오므로, 김일성 저작류의 편찬 당국자도 가필이 이루어지고 있음을 인정했다고 할 수 있다.

1998년 현재 제50권이 편찬되었고, 시기적으로는 44권까지 1994년 7월 4일 사망 전까지의 저작을 수록한 후, 45~50권은 회고록 『세기와 더불어』로 출간했다.52) 44권까지는 모두 1,405편의 글을 수록했고, 22,976쪽으로 연설문, 담화문, 대담 기록, 보고문, 발표문, 서한, 논문 등 다양하다. 『김일성저작선집』에 이어 김정일이 깊숙이 관여했는데 『조선중앙년감』, 1986년판, 245쪽에는 다음과 같은 구절이 인용되어 있다.

> 친애하는 김정일 동지께서는 로작 출판선전을 당 사상전선의 첫자리에 놓고 현행 로작들을 단행본으로 제때에 편찬 출판하면서 동시에 모든 력사적 로작들을 체계적으로, 전반적으로 새롭게 발굴하여 편찬 출판하도록 현명하게 이끌어 주시었다.
> 친애하는 김정일 동지께서는 『김일성저작선집』 편찬에 이어 『김일성저작집』을 낸 데 대하여 몸소 발기하시고 저작집 출판에 나서는 모든 문제를 풀어 주시었다.

---

52) 『세기와 더불어』는 1992년 4월에 첫 권이 나온 후 1995년에 6권이 간행되었으며, 1996년부터 1998년 7월까지 『세기와 더불어: 계승본』이 7~8권으로 조선로동당출판사에서 나왔다.

5) 『김일성전집』(1992~): 회고적 자료의 제공

1992년 김일성 80회 생일을 기념하면서 북한은 『김정일선집』[53]을 새로이 발간함과 동시에 김일성의 기존 저술을 재정리하기 시작했다. 특히 1926년 초기 공산주의활동 시기부터의 김일성의 저술을 새로이 정리하는 데 중점이 두어졌다.

특이하게도 해방 이후를 다룬 『김일성전집』은 1992년에 제2권이 먼저 출판되고, 식민지시기를 다룬 제1권은 김일성이 사망한 이후인 1995년 해방 50주년을 기념하여 편찬되었다. 『김일성전집』은 크게 기본편과 속편으로 나누어 출판할 예정인데, 기본편에는 김일성의 저서들 가운데 이론적・실천적으로 중요한 것들이 선별・수록되고, 속편에는 각종 서한, 축하문, 축전, 법문헌, 군사명령 등이 부문별・부류별로 수록될 예정이라 하는데, 아직 기본편이 완간되지 않아서 속편의 출간이 예정대로 나올지는 미지수이다.[54]

『김일성전집』의 간행 초기인 1992~94년에는 김일성의 다른 저작에 비해서 다소 빠른 속도로 출간되었으나, 그의 사후에는

---

53) 김병로, 『김정일저작 해제』(서울: 민족통일연구원, 1993), 36쪽. 1992년은 김정일의 50회 생일을 기념하는 연도이기도 하다. 김정일에 대해서는 Dae-Sook Suh, "Kim Jong Il and New Leadership in North Korea," Dae-Sook Suh and Chae-Jin Lee, eds., *North Korea After Kim Il Sung* (Boulder, CO: Lynne Rienner, 1998), pp.13-31.

54) 김일성, 『김일성전집』, 1, ii쪽.

다소 지연되고 있다는 느낌이다. 해방 전의 시기를 모두 포괄하는 1권을 제외하고 대략 6~7개월 단위로 한 권을 묶고 있기 때문에 그 분량이 많다. 『김일성전집』은 2000년 10월 현재 33권까지 편찬되었고, 시기적으로는 1964년 12월까지의 저술들이 포함되어 있다.55) 최근에는 두 달에 한 권 정도 간행되는 속도로 보아 매우 빠른 시일 내에 많은 권이 출간될 것으로 전망된다.

김구 등의 민족주의적 정치인과 홍명희, 여운형, 재건파, 장안파 등 다른 좌파 정치세력들에 대한 언급이 비록 자기 중심적이고 왜곡된 형태로나마 나온다는 사실에만 주목한다면, 그 전 저작에 비해 비교적 연구할 만한 약간의 자료적 가치가 있는 선집류라고 할 수 있다. 이전의 학습 중심의 교재에서 다소 탈피해 한 시대를 마감하는 사료를 제공한다는 소임을, 비록 한계는 있지만 담으려고 한 시도라고 할 수 있다. 1970년대 이후 김일성의 저작이 매우 가필되고 왜곡되었지만 1990년대 이후는 김일성전집과 회고록의 출간 등으로 어느 정도 다시 사실로 회귀하는 경향이 일말이나마 보이고 있다.

4. 해방 직후(1945년 9~12월) 개별 문건들의 편집과정 검토

다음은 구체적으로 각 문건들에 대한 검토를 통해 원본 발굴

---

55) <로동신문>, 2000년 10월 3일.

의 지침을 삼고자 한다. 기준이 되는 문헌은 가장 포괄적인 양이 편집된 『김일성전집』, 2(평양: 조선로동당출판사, 1992)이다. 이 책은 기존에 나와 있던 선집류의 결정판으로 거의 모든 자료를 망라하고 있는 방대한 양이며 가장 최근에 간행되었으므로 이에 대한 분석이 전무한 실정이다. 또한 회고적 자료로서 다소의 가치가 있는 저작이므로 분석할 필요가 있다고 할 것이다.

1) 해방 직후의 자료: 1970년대 이후 기억 등에 의거해 새로 쓰여진 문헌

김일성은 1945년 9월 19일 소련군 운송선 푸차초프(부가쵸프[56]))호를 타고 원산으로 귀국했다.[57] 『김일성전집』, 2에 소수한 "인민대중을 묶어세워 새 조선을 건설하자: 군사정치간부 및 원산시 공산당단체 책임일군들과의 한 담화"(1945년 9월 19일)는 그 날에 원산에 들어왔음을 확인시켜 주고 있다. 『김일성동지 회고록: 세기와 더불어』(계승본), 8(평양: 조선로동당출판사, 1998), 474쪽에도 9월 19일에 원산에 상륙한 것을 확인시켜 주고 있다. 따라서 기존의 '9월 19일설'과 '8월 하순설'의 대립을 해소시켜 주는 자료라고 할 수 있다.[58] 김일성은 이 담화를 통해 "공산주

---

56) 도홍렬·정세현, "자료해설," 신동아 편, 『원자료로 본 북한: 1945~1988』(서울: 동아일보사, 1989), 418쪽.
57) 중앙일보 특별취재반, 『비록 조선민주주의인민공화국』(서울: 중앙일보사, 1992), 72-75쪽.
58) 다른 자료에 의하면 당시 원산시 인민위원장 강계덕을 비롯해 부위

의 기치아래 프로레타리아트는 단결하라"는 구호가 원산시당 청사에 걸려 있었다고 지적하면서, 그 구호는 조선혁명의 성격과 현실정에 맞지 않는 것이며, 현단계에서는 프롤레타리아혁명이 아니라 반제반봉건 민주주의혁명을 수행해야 하므로 노동자·농민뿐만 아니라 애국적인 지식인, 기업가, 상인, 종교인 등을 포괄해야 한다고 주장했다는 것이다.[59] 그런데 이 모임은 다른 자료에서도 확인되므로 대화는 있었을 법한데, 김일성이 박헌영계가 지도하는 조선공산당 원산시당의 공산주의혁명론에 대해 상급자의 입장에서 논평했는지는 확인하기가 어렵다.

원장 태성수, 보안대장 박병섭, 교육부 차장 정상진 등 원산시 인민위원회 간부들과 소련군 장교 등이 항구에서 김일성 등을 맞이했다고 한다(『비록 조선민주주의인민공화국』, 72쪽). 한편 『김일성동지 회고록: 세기와 더불어』(계승본), 8(평양: 조선로동당출판사, 1998), 474쪽에 의하면 마중나온 사람은 원산시에 주둔하고 있는 소련군 사령부 성원들이었으며, 조선 사람들 가운데서 기억나는 인물은 소련군 장교 한일무(후일 강원도당위원장 역임)였다고 회고되었다. 따라서 강계덕, 태성수 등은 마중나오지 않았을 가능성도 있다. 이 회고록의 475쪽에는 원산시당의 이주하가 마중나오지 못해 섭섭했다고 하므로 이주하도 나오지 못했던 것으로 확인된다. 한편 이 회고록 같은 쪽에는 원산에 상륙한 날 적지 않은 사람들과 담화를 하였다고 나오며, 원산시당에 가서 당일군들과도 담화하고, 동양려관에서 로동조합 대표를 비롯한 지방유지들과도 담화했으며, 이주하와 가장 많은 시간을 할애했다고 나온다. 따라서 이 문건은 이주하 등에게 한 말을 포장한 문헌으로 추정된다.

59) 김일성, 『김일성전집』, 2, 28쪽; 『김일성동지 회고록: 세기와 더불어』(계승본), 8, 476쪽. 이 회고록에는 "원산시당의 어떤 일군들은 쏘베트를 꿈꾸고 있었다"고 나와 있다.

해방 후를 다룬 김일성의 저작을 출간함에 있어 전혀 없던 일을 있었던 것처럼 날조하는 일은 별로 없는 편이다. 편집 당시의 상황에 맞추어 가필이나 수정은 행했을지라도 완전히 새로 창조하는 것은 드문 것으로 추정된다. 물론 해방 전 문건의 경우는 날조가 더 심한 편이라고 할 수 있다.

"새 조선 건설과 공산주의자들의 당면과업: 지방에 파견되는 정치공작원들과 한 담화," 1945년 9월 20일, 『김일성전집』, 2, 31-41쪽은 『김일성저작집』, 1, 269-279쪽에 처음으로 수록되어 있었던 자료이다.60) 이는 빨치산파의 한 공작원이 지방에 파견되는 것에 대해 한 일종의 훈시이다. 해방 직후의 어느 자료에도 나오지 않으므로 훨씬 이후에 쓰여진 원고로 추정된다.

"전기는 산업의 동력이다: 평양지구 전기부문 일군 및 로동자들과 한 담화," 1945년 9월 24일, 『김일성전집』, 2, 42-45쪽은 이 자료에 처음으로 수록되는 문건이다.

"평양 곡산공장 로동자들과 한 담화," 1945년 9월 24일, 『김일성전집』, 2, 46-47쪽은 이 자료에 처음으로 수록되는 문건이다.

"현단계에서의 우리혁명의 로선과 남조선 공산주의대렬의 통일문제에 대하여: 남조선에서 온 공산주의운동자들61)과 한 담화," 1945년 9월 26일, 『김일성전집』, 2, 48-54쪽은 이 자료에 처

---

60) Dae-Sook Suh, *Korean Communism, 1945~1980: A Reference Guide to the Political System* (Honolulu: The University Press of Hawaii, 1981), p.26.
61) 당시 방문했던 남한의 공산주의자들 중에 박헌영은 없었던 것으로 추정되며, 9월 30일경에 이영과 최익한 등 장안파들이 평양으로 갔다는 기록(김천영 편, 『연표 한국현대사』, 1, 서울: 한울림, 1984, 34쪽)이 있으므로 장안파일 가능성이 있다.

음으로 수록되는 문건이다. 김일성은 이 자리에서 장안파(장안당이라는 표현을 사용)와 재건파(재건당이라는 표현을 사용)의 대립을 아우르고 공산주의자들의 통일을 강조했다고 한다.62) 그런데 이는 명백히 사실왜곡이다. 당시만 해도 재건파의 위세가 당당하던 시절이라 서울중앙의 승인을 얻어서 모든 일을 진행하고 있었다. 1945년 10월 10일부터 13일까지 개최된 조선공산당 서북5도당 책임자 및 열성자대회의 의사록인 조선산업노동조사소 편, 『옳은 노선을 위하야』(서울: 우리문화사, 1945년 11월; 東京: 民衆新聞社, 1946년 복각), 30쪽에 의하면 장안파를 비난하는 결정서와 함께 "박헌영에 대한 축전"도 채택되었던 것이다. 물론 이 자리에서 김일성은 민족반역자는 제외하고 지주·자본가는 포괄해야 한다고 주장하는 등 부일 지주·자본가를 배제하려는 박헌영계 국내파와 통일전선에 대한 의견대립을 보이기도 했다.63) 김일성계는 박헌영계를 제압하고 독자노선을 추구하려 했으며, 결국 10월 23일 조선공산당 북조선분국의 창설이 서울중앙에 의해 승인된64) 한참 후 후술하는 바와 같이 분국이라는 표현보다 '조선공산당 북조선조직위원회' 내지는 '북조선공산당'이라는 표

---

62) 후일 김일성은 해방 직후 당시 현단계의 조선혁명을 반제반봉건 민주주의혁명으로 규정하면서 소련식 민주주의도 아니고 미국식 민주주주의도 아니고 조선의 실정에 맞는 진보적 민주주의의 길로 나아가야 한다고 주장했다. 진보적 민주주의가 현하 조선혁명의 노선이며 정로라는 것이다(『김일성전집』, 2, 52쪽).
63) 『비록 조선민주주의인민공화국』, 120쪽.
64) 이 기구의 설치를 논의하기 위해 박헌영은 1945년 10월 9~10일에 개성 북방의 소련군 38경비사령부 회의장에 월북해 김일성과 회담했다. 박종성, 『박헌영론』(서울: 인간사랑, 1992), 152쪽.

현을 쓰면서 독자적인 행보를 일찍부터 보였다고 과장했다. 이 글에서는 "제2차세계대전이 쏘련군대의 결정적 역할"에 의해 승리했다고 표현해, 비록 '소련이 조선을 해방시켰다'고는 쓰지 않았지만 이를 부분적으로는 인정했다. 물론 미국의 참전은 기술하지 않았다.

"민족통일전선을 형성하기 위해 투쟁하자: 정치공작원 및 평안남도 공산당단체 일군협의회에서 한 연설," 1945년 9월 29일, 『김일성전집』, 2, 55-60쪽은 이 자료에 처음으로 수록되는 문건이다. 이 글에서도 "제2차세계대전에서 쏘련군대의 결정적 역할에 의하여 파쑈독일과 이딸리아, 일본이 패망"했다고 표현해 비록 '소련이 조선을 해방시켰다'고는 쓰지 않았지만 이를 부분적으로는 인정했다. 또한 현단계의 혁명은 부르주아혁명도 아니고 사회주의혁명도 아닌 반제반봉건 민주주의혁명이라고 주장했다는 것이다. 이는 당시 박헌영의 부르주아민주주의 혁명론에 대해 전반적으로 추수했던 과거에 대한 일종의 왜곡이다.

"자체의 병기공업을 창설하여야 한다: 평양병기제조소 자리를 돌아보면서 군사일군들과 한 담화," 1945년 10월 2일, 『김일성전집』, 2, 61-63쪽은 이 자료에 처음으로 수록되는 문건이다.

"진보적 민주주의에 대하여: 평양로농정치학교 학생들 앞에서 한 강의," 1945년 10월 3일, 『김일성전집』, 2, 64-86쪽은 비교적 장문의 강의안으로 『김일성저작집』, 1, 280-303쪽에 소수되어 있던 자료이다.[65] 당시 이런 강의를 했을 가능성은 있지만 강의안

---

65) Dae-Sook Suh, *Korean Communism, 1945~1980: A Reference Guide to the Political System* (Honolulu: The University Press of Hawaii, 1981), p.26에 의하면 이 자료는 1975년 작은 팜플렛으로 처음 출간되었다고 한다.

자체는 1970년대에 새로 쓰여졌을 것으로 추정된다. 귀국 직후 김일성이 이렇게 장문의 강의를 비교적 원활하게 한다는 것은 거의 불가능했던 것으로 추정된다.

"새 민주조선의 중앙방송을 창설할 데 대하여: 평안남도 공산당단체 책임일군들과 한 담화," 1945년 10월 3일, 『김일성전집』, 2, 87-89쪽은 이 자료에 처음으로 수록되는 문건이다.

"평양시내 로동조합 일군들과 한 담화," 1945년 10월 8일, 『김일성전집』, 2, 90-92쪽은 이 자료에 처음으로 수록되는 문건이다.

"강선제강소 로동계급은 건국의 선봉대가 되자: 강선제강소 로동조합일군 및 로동자들과 한 담화," 1945년 10월 9일, 『김일성전집』, 2, 93-96쪽은 이 자료에 처음으로 수록되는 문건이다.

"우리나라에서의 맑스·레닌주의당 건설과 당의 당면과업에 대하여: 북조선공산당 중앙조직위원회창립대회에서 한 보고," 1945년 10월 10일, 『김일성전집』, 2, 97-120쪽은 비교적 장문의 보고문으로 『김일성저작집』, 1, 304-328쪽에 소수되어 있던 자료이다.[66] 『위대한 수령 김일성동지의 중요문헌집』(n. p., 1975), 95-112쪽에 처음 나오므로 1970년대에 새로 쓰여졌을 것으로 추정된다. 10월 10~13일에는 조선공산당 서북5도당 책임자 및 열성자대회가 열렸으며, 10월 10일 김일성은 조선공산당 국내파(재건파)의 주도에 끌려다니고 있어 공식 보고문을 읽을 위치가 아니었다.[67]

---

[66] Dae-Sook Suh, *Korean Communism, 1945~1980: A Reference Guide to the Political System* (Honolulu: The University Press of Hawaii, 1981), p.26.

[67] 『비록 조선민주주의인민공화국』, 1, 115쪽.

이상 해방 직후의 자료 중 전집에서 처음 발굴되는 것은 모두 새로 쓰여진 자료로 추측할 수 있을 것이다. 기존의 저작집 등에 실린 것을 재수록하는 것도 전면적으로 새로이 가필했을 것으로 추정된다. 북한으로 돌아온 9월 19일부터 10월 13일 이전의 연설문은 그 원고가 남아 있기가 어려운 상황이었으므로, 가필의 정도가 10월 13일 이후보다 더 심했다고 할 수 있다.

2) 1945년 10월 13일 이후의 자료: 원고는 있으면서 개작한 것과 새로 쓰여진 것의 혼재

1945년 10월 13일은 비록 비공개였지만 김일성이 공식연설을 한 최초의 날이다. 따라서 이 시점 이후부터의 연설문은 그 이전 시기의 것들보다는 비교적 가필의 정도가 덜할 것으로 추정된다.

"새 조선 건설과 민족통일전선에 대하여: 각 도당 책임일군들 앞에서 한 연설," 1945년 10월 13일, 『김일성전집』, 2, 121-129쪽은 비교적 장문의 강의안으로 『김일성저작집』, 1, 329-338쪽에 소수되어 있다.[68] 비교적 이른 시기인 『김일성선집』, 1(평양: 조선로동당출판사, 1960), 1-10쪽에서 처음 수록된 것으로 비록 비공개를 전제로 한 것이었지만 김일성이 한 최초의 공식연설이라고 할 수 있는데, 이 문헌 이후의 것은 원본을 확인할 가치가 있는 자료들이다. 이 문헌의 최초 자료는 조선산업노동조사소

---

[68] Dae-Sook Suh, *Korean Communism, 1945~1980: A Reference Guide to the Political System* (Honolulu: The University Press of Hawaii, 1981), p.27.

편, 『옳은 노선』(동경: 민중신문사, 1946), 40-44쪽에 나온다. 그리고 그 문건의 이름은 "조선공산당 북부조선5도연합회에서 한 당조직문제 보고"이다. 이 최초 수록 문헌을 둘러싸고 이 보고자가 김일성인지 아니면 조선공산당 북조선분국의 책임비서 대리(혹은 책임자[69])로 임명된 김용범인지 논란이 있었는데, <정로> 창간호에 김영환(김일성의 가명[70])의 당조직문제에 관한 보고가 있었다는 구절이 나오므로 '김일성설'이 정설로 판명되었다.[71] 1945년 10월 8일 김일성·박헌영의 비밀회의에서 분국설치가 인

---

69) 서울의 당중앙에서는 김용범을 책임비서나 책임비서 대리로 부르지 않고 단순한 책임자로 호칭했다. <해방일보>, 1945년 11월 15일.

70) 『김일성동지 회고록: 세기와 더불어』(계승본), 8(평양: 조선로동당출판사, 1998), 483쪽에는 "내가 한 모임에서 김영환이라는 가명 대신 본명을 처음으로 공개하던 날 누구인가 연단에 나서서 나의 조국개선을 환영하기 위한 행사준비가 진척되고 있었습니다. 행사 전날에는 모란봉 기슭의 공설운동장에 경축솔문과 가설무대까지 다 설치해 놓았습니다"라고 되어 있으므로 10월 10일과 13일 사이에 본명을 사용하기 시작했던 것으로 추정된다.

71) 보고자가 김일성이라는 설(中川信夫, 고준석, 스칼라피노, 이정식)과 책임자인 김용범이 당연히 당의 조직문제에 관한 보고를 하는 것이 관례였기에 김용범설(김남식, 和田春樹)이 대립했다. 스칼라피노·이정식, 『한국공산주의운동사』, 2, 한홍구 역(서울: 돌베개, 1986), 423쪽. 비교적 최근에 이종석 박사는 김용범설이 틀렸다고 주장했다. 이종석, "와다 하루키와 한국현대사 연구," 『한국현대사연구』, 창간호 (1998년 6월), 258-259쪽. <정로>, 창간호를 열람한 와다 교수는 그의 견해를 수정했다. 와다 하루키, "북한에서의 소련군정과 국가형성," 한국정치외교사학회 편, 『제2차세계대전후 열강의 점령정책과 분단국의 독립·통일』(서울: 건국대학교 출판부, 1999), 155-156쪽.

가되면서 10월 10일 회의(일종의 예비회의 성격)에서 김일성은 공식보고를 자제하다가 13일부터는 회의를 주도했다는 것이다. 분국설치 인가 이후 김일성이 회의를 주도했다는 가설도 가능하다. 전술한 "우리나라에서의 맑스-레닌주의당 건설과 당의 당면과업에 대하여: 북조선공산당 중앙조직위원회 창립대회에서 한 보고," 1945년 10월 10일자 연설에 의하면 10월 10일에 창립대회가 있었다는 것이다. 또한 10월 16일자로 『김일성전집』, 2, 149-155쪽에 실린 "북조선공산당 중앙조직위원회 제1차확대집행위원회에서 한 결론"을 보면 김일성 자신이 마치 당 책임자로 연설하는 것같이 나온다. 『김일성저작집』에도 실리지 않았던 최초본이다. 이 연설의 서두에서는 북조선공산당 중앙조직위원회 창립대회가 이미 있었고 10월 16일에 제1차 확대집행위원회를 마치게 되었다고 쓰고 있다. 따라서 10월 10일과 16일의 연설은 나중에 쓰여진 것일 가능성이 많으며, 이것이 아니라면 대표자로 결론을 말한 것이 아니라 일 당원의 자격으로 말한 것이라는 추론이 가능하다. 물론 당시 책임비서는 아직 확정되지 않았고(분국이므로 책임비서를 임명하지 않는 것이 자연스러울 수도 있으므로 서울의 당중앙이 임명하지 않은 것일 수도 있다) 김용범이 당 대표였으므로, 당의 주도권이 불명확한 상태에서 김일성이 결론을 말했을 가능성도 있지만, 이보다는 후일 가필된 것이라는 주장이 더 설득력이 있다. 10월 10일자와 16일자 연설에서 그 당시에는 쓰여지지 않았던 '북조선공산당 중앙조직위원회'라는 표현이 가장 이른 시기에 나온다.

 10월 13일자의 최초 문헌과 『김일성저작집』 등에 수록된 문헌은 공통점보다 상이점이 더 많아, 피상적으로 관찰하면 전혀 다른 문헌처럼 보인다. 예를 들어 최초문헌에는 "박(헌영)동무의 지시 밑에서 우리에게 박두한 문제는 토론해야 한다"는 표현이 나오는데, 물론 수정된 문건에는 박헌영에 대한 언급이 전혀 없다. 그런데 최초문헌에는 이영(원본에는 부분적으로 ○○이라고 표기) 일파(장안파)에 대해 비판하면서 사회주의혁명을 주장하는 가짜 좌경파라고 평가했으며, 수정된 문건에는 공산당원의 탈을 쓴 일제 주구들이 극좌적 언행을 일삼고 있으며 지금 당장에라도 자본가계급을 타도하자고 한다고 적고 있다. 이런 맥락에서 두 문헌에서 공통점을 발견할 수 있으며 대강의 요지는 자본가를 포괄하는 반팟쇼전선(최초 문헌) 혹은 통일전선(수정된 문헌)을 구축하자는 것이었다.

이후 시기의 문헌은 완전히 새로 쓰여진 것과 수정된 문건이 혼재되어 있다. 예를 들어 "단결하여 민주주의 새 조선을 건설하자: 평양시내 각계 대표들이 베푼 환영연회에서 한 연설," 1945년 10월 13일, 『김일성전집』, 2, 130-136쪽은 『김일성저작집』, 1, 339-345쪽에 처음으로 소수되어 있던 자료이다.[72] 그런데 이 자료의 경우 이 시기에 이런 모임은 있었으며 연설도 있었을 가능성이 있으나, 그 내용을 추측할 수 있는 직후 자료가 없고 완전히 개작된 것으로 추정되므로 역사적 자료로 간주하기에는 문제가 있다고 판단된다.

10월 13일자의 연설에는 다음과 같은 것이 수록되어 있는데, 모두 후일 쓴 것으로 추정된다.

---

[72] Dae-Sook Suh, *Korean Communism, 1945~1980: A Reference Guide to the Political System* (Honolulu: The University Press of Hawaii, 1981), p.27.

* 새 조선 건설과 민족통일전선에 대하여
  - 각 도당 책임일군들 앞에서 한 연설73)(1945년 10월 13일)
  기억에 의거해 새로 쓴 자료

* 단결하여 민주주의 새 조선을 건설하자
  - 평양시내 각계 대표들이 베푼 환영연회에서 한 연설(1945년 10월 13일)
  기억에 의거해 새로 쓴 자료

"모든 힘을 새 민주조선 건설을 위하여: 평양시 환영군중대회에서 한 연설," 1945년 10월 14일, 『김일성전집』, 2, 137-143쪽은 『김일성저작집』, 1, 346-353쪽에 수록되어 있던 자료이다.74) 이 자료는 1976년의 소책자로 제작되었는데 최초판본은 한재덕, 『김일성장군 개선기』, 증보판(평양: 민주조선사, 1948), 102-103쪽에 수록된 <평양민보>, 1945년 10월 15일의 전재 기사이다.75) 최초의 공개적인 공식연설이었다. 물론 두 자료를 비교하면 수정이 심하며 그 양도 많이 늘어나 가필과 왜곡이 이루어졌음을 알 수 있다. 따라서 왜곡되기 전의 최초본을 구해서 편집할 필요성

---

73) 앞의 연설과 같은 장소에서 행한 같은 것으로 추정되는데, 내용상 일치하는 부분이 별로 없을 정도로 가필된 것으로 판단됨.

74) Dae-Sook Suh, *Korean Communism, 1945~1980: A Reference Guide to the Political System* (Honolulu: The University Press of Hawaii, 1981), p.27.

75) 『김일성동지 회고록: 세기와 더불어』(계승본), 8(평양: 조선로동당출판사, 1998), 485쪽은 당시의 신문 <평양민보>가 10월 14일 평양공설운동장에서 펼쳐졌던 정경을 "금수강산을 진동시키는 40만의 환호성"이라는 제목으로 전했다고 주장했다.

이 제기된다.

10월 15일부터 10월 17일까지 연설은 다음과 같은데 모두 후일에 쓰여진 것으로 그 중 별표(*)가 있는 것은 『김일성저작집』 등에 이미 수록되었던 것이다. 별표가 없는 것은 모두 『김일성전집』에 최초 수록되는 것이다.

만경대 인민들과의 상봉모임에서 한 연설76)(1945년 10월 15일)
기억에 의거해 새로 쓴 자료

북조선공산당 중앙조직위원회 제1차 확대집행위원회에서 한 결론(전술함) (1945년 10월 16일)
기억에 의거해 새로 쓴 자료

* 토지문제에 대한 결정(1945년 10월 16일)
기억에 의거해 새로 쓴 자료

* 당보를 창간할 데 대하여(1945년 10월 17일)
기억에 의거해 새로 쓴 자료

다음 1945년 10월 18일의 "산업을 급속 회복 통일적 전선을 수립: 평남 인민정치위원회 주최 김일성장군 환영회 겸 가족위

---

76) 10월 14일을 만경대 생가에서 보낸 김일성은 당시 3천만 조선민족 가운데 조국해방이 곧 국토분단과 민족분열을 낳을 것이라는 예측한 사람은 없었다고 회고했다. 『김일성동지 회고록: 세기와 더불어』(계승본), 8(평양: 조선로동당출판사, 1998), 493쪽.

안회에서 한 정견발표"는 <평양민보>, 1945년 10월 20일과 한재덕, 앞의 책, 105-110쪽에 전재된 것으로 『김일성저작집』 I(1979년판)에 "새 민주주의국가 건설을 위한 우리의 과업: 평안남도 인민정치위원회에서 베푼 환영회에서 한 연설, 1945년 10월 18일"과 『김일성전집』, 2에 제목이 바뀌어 많은 수정을 거친 후 재수록되어 있다. 역시 원본을 참조할 필요가 있으며, 후일의 연설은 대부분 새로 쓰여진 것이라는 사실을 다시 한번 확인할 수 있는 자료이다.

  예술단체들을 조직할 데 대하여(1945년 10월 22일)
  기억에 의거해 새로 쓴 자료

  북조선공산당 중앙조직위원회 책임일군들과 한 담화(1945년 10월 23일)
  기억에 의거해 새로 쓴 자료

  * 현 국제국내정세와 녀성들의 과업(1945년 10월 25일)
  기억에 의거해 새로 쓴 자료

  남조선공산주의운동 앞에 나선 당면과업에 대하여(1945년 10월 25-26일)
  기억에 의거해 새로 쓴 자료

  민주주의 새 조선을 우리 손으로 건설하자(1945년 10월 28일)
  기억에 의거해 새로 쓴 자료

창덕학교 교원들과 한 담화(1945년 10월 28일)
기억에 의거해 새로 쓴 자료

농업기술자들과 한 담화(1945년 10월 28일)
기억에 의거해 새로 쓴 자료

* 민주청년동맹을 조직할데 대하여(1945년 10월 29일)
기억에 의거해 새로 쓴 자료

새 조선의 믿음직한 기술인재가 되라(1945년 11월 1일)
기억에 의거해 새로 쓴 자료

북조선체육동맹의 당면과업에 대하여(1945년 11월 1일)
기억에 의거해 새로 쓴 자료

* 종합대학을 창설할 데 대하여(1945년 11월 3일)
기억에 의거해 새로 쓴 자료

선렬들의 애국정신을 이어받아 조선청년의 영예를 빛내이자
(1945년 11월 3일)
기억에 의거해 새로 쓴 자료

북조선공산당 중앙조직위원회 기관당세포회의에서 한 연설
(1945년 11월 3일)
기억에 의거해 새로 쓴 자료

* 민족운동자들과 한 담화(1945년 11월 5일)

기억에 의거해 새로 쓴 자료

진정한 인민적 예술을 창조하자(1945년 11월 7일)
기억에 의거해 새로 쓴 자료

로동조합 중앙지도기관을 결성할 데 대하여(1945년 11월 9일)
기억에 의거해 새로 쓴 자료

* 건국도상에 가로놓인 난관을 뚫고 나가자(1945년 11월 10일)
기억에 의거해 새로 쓴 자료

문화인들은 민족문화건설에 매진하라(1945년 11월 11일)
기억에 의거해 새로 쓴 자료

* 진정한 인민의 정부를 수립하기 위하여(1945년 11월 15일)
기억에 의거해 새로 쓴 자료

* 평양학원을 창립할 데 대하여(1945년 11월 17일)
기억에 의거해 새로 쓴 자료

* 건국사업에서 인테리들 앞에서 나서는 과업(1945년 11월 17일)
기억에 의거해 새로 쓴 자료

대학기성회 발기인들과 한 담화(1945년 11월 18일)
기억에 의거해 새로 쓴 자료

북조선민주녀성동맹 창립에 즈음하여(1945년 11월 18일)
기억에 의거해 새로 쓴 자료

* 현시기 남조선청년운동의 과업(1945년 11월 19일)
기억에 의거해 새로 쓴 자료

평양시인민위원회 부위원장과 한 담화(1945년 11월 20일)
기억에 의거해 새로 쓴 자료

소금공급사업을 잘할 데 대하여(1945년 11월 21일)
기억에 의거해 새로 쓴 자료

소채를 많이 생산하자(1945년 11월 21일)
기억에 의거해 새로 쓴 자료

대동군내 중학교설립관계 일군 및 교원들과 한 담화(1945년 11월 22일)
기억에 의거해 새로 쓴 자료

* 애국적청년들은 민주주의기발아래 단결하라(1945년 11월 26일)
기억에 의거해 새로 쓴 자료

신의주시내 상공인, 의사, 기독교인들과 한 담화(1945년 11월 26일)
기억에 의거해 새로 쓴 자료

* 해방된 조선은 어느 길로 나갈 것인가(1945년 11월 27일)
기억에 의거해 새로 쓴 자료

국경경비대를 조직할 데 대하여(1945년 11월 27일)
기억에 의거해 새로 쓴 자료

공산당원들의 역할을 높이자(1945년 11월 27일)
기억에 의거해 새로 쓴 자료

학생들은 진리를 위하여 투쟁하라(1945년 11월 28일)
기억에 의거해 새로 쓴 자료

* 새 조선의 항공대를 창설하자(1945년 11월 29일)
기억에 의거해 새로 쓴 자료

인민대중을 위하여 헌신복무하자(1945년 11월 29일)
기억에 의거해 새로 쓴 자료

보안국장에게 한 훈시(1945년 12월 2일)
기억에 의거해 새로 쓴 자료

흥남비료공장 로동자 및 지도일군들과 한 담화(1945년 12월 6일)
기억에 의거해 새로 쓴 자료

체신국장과 한 담화(1945년 12월 7일)
기억에 의거해 새로 쓴 자료

* 학생들은 민주조국건설에 적극 이바지하여야 한다(1945년 12월 7일)
기억에 의거해 새로 쓴 자료

북조선로동조합총련맹의 당면과업(1945년 12월 7일)
기억에 의거해 새로 쓴 자료

철도경비대를 조직할 데 대하여(1945년 12월 7일)
기억에 의거해 새로 쓴 자료

 위에 열거된 연설들과는 달리 원래 연설문은 있었으되 후일 가필된 대표적인 것은 비교적 장문의 연설인 "북조선공산당 각급 당단체들의 사업에 대하여: 북조선공산당 중앙조직위원회 제3차확대집행위원회에서 한 보고," 1945년 12월 17일, 『김일성전집』 2, 407-419쪽이다. 최초판본은 (태성수 편,) 『당의 정치노선 及 당사업 총결과 결정 : 당문헌집』(一)(평양: 정로출판사, 1946년 8월 13일), 1-10쪽이다. 제목도 원래는 "북부조선당 공작의 착오와 결점에 대하야: 조공 북조선분국 중앙 제3차 확대집행위에서의 보고"[77]로 되어 있었다. 『김일성선집』, 제1권, 1954년판, 1-12쪽;

---

77) 국사편찬위원회 편, 『북조선관계사료집 : 조선노동당자료』, I(서울: 국사편찬위원회, 1986), 1-9쪽에 그대로 전재했는데 10월 11일로 오기되어 있음. 김광운 박사는 해방 후 최초로 간행된 당문헌집에 조공북조선분국 제1차와 2차 확대집행위원회의 보고와 결론이 없으므로 북한에서는 해방 직후부터 문헌을 선택적으로 공개·삭제하는 태도를 보였다고 분석했다. 김광운, "북한 권력구조의 형성과 간부충원(1945. 8~1947. 3)," 한양대학교 박사학위논문, 1999, 5쪽. 이 당시 김일성이

『북한연구 자료집』, 제1집, 28-37쪽에 다소의 표현들이 첨가되어 재수록되었다. 조공 북조선분국 다음에 중앙이라는 표현을 부기 했는데, 이는 물론 '분국의 중앙'이었지만 서울의 당중앙에 맞서는 '또 하나의 중앙'이라는 평가도 가능케 하여 후일 『김일성전집』 등에서 북조선공산당 중앙조직위원회라는 표현을 낳게 한 것이라고 할 수 있다. 부제에서 조공 북조선분국이라는 표현은 아직 사용했으나 제목은 "북부조선당 공작의 착오와 결점에 대하여"로 수정하여 '북부조선당'이라는 '분국'에 비해 독립적인 명칭을 부각시켰다. '북조선공산당'이라는 표현은 당시로서는 공식명칭은 아니었으나 태성수가 1946년 편집한 책의 내용 중에는 나오는 것으로, 보아 자신들의 조직을 칭하는 통칭으로는 지나가면서 쓰기 시작했음을 알 수 있다. 공식적으로는 1946년 1월 2일[78])과 29일에도 '분국'이라는 용어가 계속 쓰였으며, 1947년에 간행된 책에 의하면 1946년 3월 6일에 이르러서야 '북조선공산당'이라는 당의 공식명칭이 쓰이기 시작했다.[79]) 1946년 5월 19일

건 아니건 보고와 결론은 했다. 그런데 이때 김일성이 아직 당의 책임자가 아니었으므로 그의 권위가 인정되지 않는 상태에서 발언을 했으므로 공개되지 않았던 것으로 추정된다. 그렇지만 1차의 것은 비록 가명이었지만 이미 공개되었고 후일의 저작류에 1~2차의 것이 왜곡·가필된 상태에서 공간되었다.

78) 조선공산당 북조선분국 등, "조선에 관한 소미영 3국외상 모스크바 회의의 결정에 대하여," 1946년 1월 2일, 『북한연구 자료집』, 제1집 (서울: 고려대학교 아세아문제연구소, 1969), 606쪽.

79) 북조선민전 편, 『민주건국에 있어서 북조선민전의 역할』(평양, 1947), 3, 8, 33쪽. 북한공산당의 조직형태 변화에 대해서는 다음에 나와 있다. 이승현, "북조선노동당의 형성과 그 의미," 연세대 대학원

의 소미공동위원회 휴회에 대한 성명서에서도 북조선공산당 중앙위원회라는 표현이 공식명칭으로 사용되었다.[80] 또한 1946년 7월 29일 북조선노동당 창립대회에서는 명실상부하게 '북조선공산당과 조선신민당의 합당'이라는 표현이 남과 북에서 동시에 쓰였다.[81]

조선공산당 북조선'분국'이라는 명칭이 후일 당의 공식명칭 면에서 변화되었다. 조공 북조선'중앙국'(북로당 2차 당대회: 1948년 3월), 조선공산낭 북조신조직위원회(조선로동당 제3차 대회의 총결보고에서 김일성이 사용: 1956년 4월[82]; 1967년에 간행된 『김일성저작선집』, 1, 10쪽에는 '조선공산당 북조선조직위원회'라는 표현을 쓰기도 함), 북조선공산당 중앙조직위원회('북조선공산당단체'라든가 '북조선공산당 조직위원회'라는 표현은 12월 17일의 연설을 실은 1954년 『김일성선집』, 1권에서도 공식명칭이나 통칭으로 나온다[83]; 당창건 20주년 기념보고, 1965년 10월 10일[84]; 당중앙에 대해 더 자율적이며 중

　　북한현대사 연구회 편, 『북한현대사』, I(서울: 공동체, 1989), 74-135쪽.
80) 북조선공산당 중앙위원회, "소미공동위원회 휴회에 대한 북조선공산당 성명서," 1946년 5월 19일, 『북한연구 자료집』, 제1집(서울: 고려대학교 아세아문제연구소, 1969), 611쪽.
81) 민주주의민족전선 편, 『조선해방 1년사(서울: 문우인서관, 1946), 456쪽.
82) 『조선노동당대회자료집』, 제1집(서울: 국토통일원 조사연구실, 1988), 342쪽.
83) 김일성, "북조선공산당단체들의 사업에 있어서의 착오와 결점에 대하여," 1945년 12월 17일, 『김일성선집』, 제1권(평양: 조선로동당출판사, 1954), 20쪽; 『북한연구 자료집』, 제1집(서울: 고려대학교 아세아문제연구소, 1969), 34쪽.

앙의 권위를 가지는 표현임) 등으로 바꾸어 불렀던 것이다.[85] 잠시나마 형식적으로는 분국의 위치에 있었던 사실을 지우기 위해 호칭을 변경했다고 할 수 있다.

그런데 12월 17일의 연설은 조공 북조선분국 책임비서의 자격으로 김일성이 행한 연설이다. 3차 집행위원회에서 비로소 책임비서로 선출되었던 것이다.[86] 마지막 우리의 과업(원래는 우리과업으로 되어 있었음) 부분에 "1. 현단계에 있어서 북조선공산당의 전반 정치 및 실지활동은 모든 반일 민주주의당들과 정치적 단체들의 넓은 연합의 기초 위에 뿔조아민주주의정권을 수립함에 방조를 주어야 될 것이다. 북조선에 정치 및 경제생활을 속히 정돈할 과업실행에로 도시와 농촌대중의 실지사업을 돌리면서 반일 민주주의당과 단체들과의 통일전선을 만방으로 강화시켜야 될 것이다"에서 '뿔조아민주주의정권'을 '통일적 민주주의정권'이라고 수정했으며 이러한 정권을 수립하기 위한 '정치 경제 문화적 민주기지'를 만들자고 적고 있는 등 상당한 가필이 진행되었다. 이 당시 북조선분국의 노선은 부르주아민주주의 혁명단계를 표방한 박헌영의 노선에 추수하는 것이었으며 민주기지노선은 표방되지 않았다.[87] 『김일성저작선집』, 제1권, 1967년판,

---

84) <로동신문>, 1965년 10월 11일.

85) 김남식, 『남로당연구』(서울: 돌베개, 1984), 59쪽.

86) 김준엽·김창순, 『한국공산주의운동사』, 제5권(서울: 고려대학교 아세아문제연구소, 1976), 376-377쪽; 한임혁, 『김일성동지에 의한 조선공산당 창건』(평양, 1961), 55쪽; 스칼라피노·이정식, 『한국공산주의운동사』, 2, 한홍구 역(서울: 돌베개, 1986), 428쪽.

87) 민주기지론으로 이해될 수 있는 표현이 공개적으로 처음 언급된 것은 1948년 3월 28~29일에 개최된 "북조선로동당 제2차대회에서 진술

10-21쪽에 "북조선공산당 각급 당단체들의 사업에 대하여: 조선 공산당 북조선조직위원회 제3차확대집행위원회에서 한 보고"라는 제목으로 교열과 대폭 수정을 가한 후 재수록되었으며, 분국이라는 표현은 비로소 사라졌고 조공 북조선조직위원회라는 다소 애매한 표현도 북조선공산당이라는 표현과 병기해 사용했다. '통일적 민주주의정권'이나 '민주기지'라는 표현은 1954년 판본과 같이 계속 사용되었으며, 이 두 표현은 다음 판본에도 그대로 계승되었다. 『김일성저작집』, 1979년판, 1, 476-490쪽; 『김일성전집』, 2, 407-419쪽에 부제 중에 '북조선공산당 중앙조직위원회'로 바꾸고 재수록했다. 북조선공산당이라는 표현이 완전히 자리를 잡게 되었던 것이다.

12월 17일자 문건의 원래 판본 초두에는 "쏘련의 영웅적 붉은 군대는 우리 인민에게 자유와 독립을 가져왔다. 그는 우리 조국의 영토에서 일본제국주의를 영원히 구축하였다. 그리하여 우리 민족은 영원히 행복을 누리게 되었다. 우리는 붉은군대와 그의 지도자 쓰딸린 동무가 우리에게 준 형제적 방조를 언제든지 잊을 수 없다"고 나와 있다. 1954년판에도 약간의 교열과 세련화만 가해졌을 뿐 내용 면에서 대체로 일치하고 있다. 1967년판

한 당중앙위원회 사업결산 보고와 결론"이었다. 그 전인 1946년 8월 29일에 행한 "모든 것은 민주역량 준비를 위하여"에서 "오늘 북조선은 조선의 민주주의개혁의 책원지가 될 뿐만 아니라 전동방에 있어서 민주주의 발원지의 역할을 하고 있는 것입니다"라는 표현을 사용하기는 했다. 그런데 북한주둔 소련군 25군 군사위원 레베데프 육군 소장에 의하면 민주기지노선은 소련이 추구했던 방향이었다는 것이다. 박길용·김국후, 『김일성 외교비사』(서울: 중앙일보사, 1994), 18-20쪽.

『김일성저작선집』, 1, 10쪽에도 배열상 약간의 수정이 있었으나 소련이 해방을 가져다주었다는 표현은 전혀 손대지 않았다. 그런데 『저작집』과 『전집』에서는 "조선인민은 쏘련의 영웅적 붉은 군대의 방조 밑에 우리 조국강토에서 일본제국주의자들을 몰아내고 자유와 독립을 쟁취하였습니다. 해방된 조선인민 앞에는 광명한 앞길이 열리게 되었습니다. 우리는 위대한 쏘련인민과 붉은군대와 쓰딸린동지가 우리에게 준 형제적 방조를 언제든지 잊지 않을 것입니다"라고 표현해 소련의 방조 밑에 조선인민이 독립을 쟁취했다고 적고 있다. 타율적 해방의 성격을 부정하고 '쟁취한 해방론'을 설파하고 있는 것이다.

『김일성전집』에 수록된 12월 18일부터 27일까지의 연설은 모두 후일에 쓰여진 것으로 다음과 같다. 별표 한 부분은 『김일성저작집』 등에 이미 수록된 것이다.

  * 당의 공고화를 위하여(1945년 12월 18일)
    기억에 의거해 새로 쓴 자료

    담배 생산과 공급사업을 잘할 데 대하여(1945년 12월 18일)
    기억에 의거해 새로 쓴 자료

    출판보도사업을 건전하게 발전시킬 데 대하여(1945년 12월 20일)
    기억에 의거해 새로 쓴 자료

    서조선석탄관리국 책임일군들과 한 담화(1945년 12월 20일)
    기억에 의거해 새로 쓴 자료

* 허헌 선생에게(1945년 12월 20일)
기억에 의거해 새로 쓴 자료

노사까 산조일행과 한 담화(1945년 12월 21일)
기억에 의거해 새로 쓴 자료

* 민족통일전선문제에 대하여(1945년 12월 22일)
기억에 의거해 새로 쓴 자료

남포시 책임일군들과 한 담화(1945년 12월 26일)
기억에 의거해 새로 쓴 자료

* 평안남도 당단체들 앞에서 나서는 과업에 대하여(1945년 12월 27일)
기억에 의거해 새로 쓴 자료

북조선체육동맹 총무부장에게 준 지시(1945년 12월 27일)
기억에 의거해 새로 쓴 자료

그런데 『김일성저작집』, I(1979년판); 『김일성전집』, 2에 실린 "학생동맹을 민주청년동맹에 합칠 데 대하여: 학생청년들에게서 받은 질문에 대한 대답, 1945년 12월 28일"은 "학생은 민청에로! 근로청년과의 결합이 있을 뿐: 김일성장군 민청강좌에서 연설"[88]이 원본이다. 윤문 정도나 어색한 표현에 대한 수정의

---

88) 출전: <평양민보>, 1945년 12월 30일; 한재덕, 앞의 책, 121-122쪽

차원에서 손질이 이루어졌을 뿐 왜곡의 정도나 가필이 비교적 덜한 연설이다. 이렇게 정치적 의미가 별로 부각되지 않을 주제에 대해서는 가필이 무시될 수 있을 정도이다. "모든 연설이 왜곡되었다"는 주장에 대한 예외적 사례라고 할 수 있다. 이종석 박사는 1994년 7월 6일 김일성의 연설 "사회주의경제건설에서 새로운 혁명적 전환을 일으킬 데 대하여," 『김일성저작집』, 44(평양: 조선로동당출판사, 1996)를 평양 목란비데오에서 1994년에 나온 기록영화 『위대한 생애의 1994년』의 현장담화 녹화장면을 비교한 후 김일성의 생생한 육성은 저작집에 큰 가감없이 어투만 바뀌어 실려 있다고 평가하면서, 김일성 저작의 **事後** 가필 정도가 우리가 상상하는 것보다 미약한 것으로 추측된다고 주장했다.[89] 그런데 본 연구자가 보기에는 이종석 박사의 사례분석은 정권의 기틀이 확고해진 후기의 저작에는 해당되지만, 소련의 방조하에 남쪽 공산주의자들로부터 독립을 시도하던 초기 정권확립기의 저작에는 가필 정도가 큰 것이 우세한 사례이고, 가필 정도가 적은 것은 위와 같은 비정치적 논술에 해당하는 예외적 케이스라고 할 수 있다.

12월 29일부터 말일까지의 다음 연설들은 모두 후일 가필된 것이다.

　　농림국장에게 한 훈시(1945년 12월 29일)

　　에 전재. 원자료에는 일자 미상. 『김일성저작집』의 재수록 부분에서 추정.

89) 이종석, 『새로 쓴 현대북한의 이해』(서울: 역사비평사, 1999), 57-58쪽.

기억에 의거해 새로 쓴 자료

* 서울신문 기자들이 제기한 질문에 대한 대답(1945년 12월 29일)
기억에 의거해 새로 쓴 자료

조선문제에 관한 모스크바 3국외상회의 결정에 대하여(1945년 12월 31일)
기억에 의거해 새로 쓴 자료

예를 들어 마지막 자료는 모스크바3상회의 결정을 지지하는 입장의 연설인데, 이렇게 이른 시기에 이미 이런 성명을 냈다는 것은 사실이 아니며 '후일의 역사에 의한 정당화이며 수정'이라고 할 수 있다.

5. 맺음말

북한현대사 연구자가 김일성의 연설 등을 1차자료로 간주하면서 왜곡되기 전의 원본을 구하지 못한다면, 북한의 의도에 의해 '조작된 사료'에 몰입하여 객관적 연구를 하지 못할 위험성이 있다. 따라서 원본자료를 구득해야 할 필요성이 절실하다고 할 것이다.

본 연구에서는 이러한 필요성을 절감하면서 원본과 가장 가까우며 덜 가필된 문헌자료를 통해 해방 직후 북한의 역사를 객관적으로 조명하는 데 도움을 주고자 하였다. 그렇다고 이들 자료만을 보면 북한현대사가 완성될 수 있다는 것은 아니다. 이 자료 외에 다른 자료들을 검색해야 한다. 예를 들면 해방 직후 1946년 초 이전에 나온 <평양민보> 등의 신문과 百家爭鳴식 잡지들을 발굴해야 하며 러시아 등의 해외자료와의 비교가 이루어져야 객관적인 역사에 더욱 다가설 수 있을 것으로 판단된다.

1945년 12월 김일성이 북한의 최고지도자로 부상한 후(특히 1946년 2월 북조선임시인민위원회 위원장으로 취임한 후)에는 일종의 연설문 작성자(speech-writer)가 대동되었을 가능성이 있으며, 이후의 문건은 자신이 쓴 것이 아니라 대필한 것을 한번 교열하고 읽는 수준이었을 가능성이 크다. 이후의 문건이 비교적 장문으로 작성되어 있었다는 데서 그럴 개연성이 큰 것으로 추측된다. 또한 1946년 4월 10일 조선공산당 북조선분국 제6차 확대집행위원회에서 책임비서의 자격으로 행한 보고 "토지개혁사업의 총결과 금후과업"90)에서부터 복잡한 통계수치가 많이 인용되고 있는데91) 이도 대필의 가능성을 보여주는 사례이다. 이후 장문의 원고에서는 거의 예외 없이 수치가 인용되어 김일성이 숫자를 좋아하는 것으로 간주되기도 하는데,92) 이는 경제적 영역인

---

90) 『당의 정치노선 及 당사업 총결과 결정』, 25-43쪽.

91) 공산당의 사회적 성분(노동자: 30%, 농민: 34%, 지식분자·상업가 및 기타 성분 : 36%)과 같은 단순한 수치 인용은 12월 17일 연설에서 시작되었다.

92) 이는 '구체적이고 생생한 사례 제시'의 차원에서 이해되기도 하며 3, 4행을 넘지 않은 간결한 문체도 '수령의 문풍'에 추가된다. 한홍구, "북한 주요문헌 해제," 214-215쪽; 언어학연구소 편, 『위대한 수령 김일성동지의 혁명적 문풍』(평양: 사회과학출판사, 1976).

하부구조·토대를 중시하는 공산주의적 세계관의 반영으로 볼 수도 있고, 스피치 라이터가 경제학적 지식이 풍부했던 것으로 추정할 수도 있다. 이렇게 초기의 대필가가 수치를 많이 인용하다 보니까 대필가가 잠시 바뀌거나 교체된 이후에도 계속 그렇게 했을 가능성이 있으며, 그러다 보니까 결과적으로 수치를 좋아하게 된 것은 아닌가 한다.

따라서 1946년 2월 이후의 문건과 그 이전의 자료가 1946년 2월 이후에 간행된 것은 그 간행 연도가 뒤로 갈수록 가필도·왜곡도가 큰 방향으로 나아간 것으로 판단해도 무리가 없을 것으로 추정된다. 또한 1946년 이후의 신년사, 당대회 등 공식 행사의 보고문 등 격식이 있는 자료의 경우 연설문 작성자가 대필했을 가능성이 크므로 이들 자료보다 원고 없이 현지에서 즉흥적으로 회합한 경우(주체사상 등장 이후의 용어로 '현지지도')의 연설 원본이 더 가치가 있는 것이라고 할 것이다.

그런데 어느 시대의 선집류라고 해도 소련과의 친선관계를 부정한 경우는 없었다. 단지 소련의 해방자적 역할을 부인하고 김일성부대의 활동을 부각시켰다든가 혹은 '스탈린만세'와 같은 구호를 삭제하는 정도에서 수정이 이루어졌다. 이것은 주체적 해방론에 입각한 수정이었는데, 그렇다고 소련군이 진주한 사실을 완전히 부인하지는 못했다.[93] 소련 점령기를 살았던 세대가

---

93) "노동법령 초안을 발표하면서: 북조선임시인민위원회 확대위원회 석상에서," 1946년 6월 20일, 김일성, 『조선민주주의인민공화국 수립의 길: 중요보고집』(평양: 민주조선사, 1947년 11월 1일), 61쪽; "로동법령 초안에 대하여: 북조선임시인민위원회 제8차회의에서 한 연설," 1946년 6월 20일, 『김일성저작집』, 2, 261쪽; 『김일성전집』, 3, 471쪽에

아직 살아 있으며 소련 진주의 역사가 남아 있으므로 그렇게 부인하려 해도 불가능했을 것이다. 이런 면에서 가장 중요한 수정은 소련과의 관계에 관련된 것인데, 발표 당시에는 소련과의 관계가 형제관계로 묘사되다가 비교적 대등한 관계로 수정되었던 것이다. 또한 남한의 공산당, 노동당과 관련 있는 언급은 거의 모두 북한 우위로 수정되었다고 할 수 있다. 혁명과 건설의 진전과 관련하여 과거에는 중요한 문제로서 자세히 언급되었지만, 편집 당시에는 부각시킬 필요가 없는 문제들은 크게 축약되었다. 이는 역사를 현재의 입장에서 해석하고 합리화하는 입장이므로 바람직한 것은 아니지만 그들 나름대로의 역사관을 보여주는 사례이다. 예를 들면 반종파투쟁이 격렬하게 전개되던 1950년대의 문건들에는 ML파, 화요회계, 북풍파, 서상파(서울·상해파) 등을 구체적으로 지적하여 그들의 행적이 상세하게 고발되어 있었지만, 후일에는 종파·사대주의자라고 간단히 취급되었다. 이는 물론 더러운 파벌투쟁에 직접 가담했던 자신들의 부끄러운 과거를 은폐하기 위한 의도에서 수정된 것이라고 볼 수도 있지만, 1960~70년대를 거치면서 당의 조직·사상적 통일이 크게 진전되어 종파·사대주의자들에 대한 비판이 더 이상 反面教師로서의 의의를 갖고 있지 않기 때문인 것으로도 볼 수 있다. 요인의 행적 중 과거에는 비판되었다가 나중에 복권되어 요직에 오른 인사의 경우는 비판분이 삭제된 경우(1950년 12월 당중앙위원회 3차 전원회의 연설에서 무정, 김일, 최광, 임춘추의 과오

수록된 원고 모두에서 '쏘련군대가 진주하고 있는' '유리한 조건'에 대한 언급이 나온다. 이 부분에서는 왜곡이 그렇게 심한 것은 아니다.

에 대한 비판 부분 중 후일 간행된 자료에서는 김일, 최광, 임춘추 등이 삭제됨)도 있었다.

　선집류가 대폭 수정되기는 했어도 기본내용 전체가 완전히 손질된 예는 그렇게 많지 않은 것도 사실이다. 1948년 이후 자료 발표 당시의 원문은 해당 시기의 <로동신문>, 『근로자』와 이듬해의 『조선중앙년감』 등에서 확인할 수 있다. 시간이 가면 갈수록 왜곡과 가필의 정도가 비교적 적어지는 추세를 보이는데, 이는 확고힌 체제구축과 대필가가 수정할 필요가 없을 정도의 치밀한 능력이 발휘된 소치라고 할 수 있다.

참고문헌

가. 1차자료

7. 북한측 자료

ㄱ) 신문
<로동신문>(북조선로동당 기관지), 1946년 9월 1일~.
<봉화>(조선공산당 평남도당 기관지), 1945년 10월 14일~1945년 10월 31일.
<민주조선>, 북조선(임시)인민위원회 기관지, 1946년 6월~.
<전진>(북조선신민당 기관지), 1946년~.
<정로>(조선공산당 북조선분국 기관지), 1945년 11월 1일~.
<조선신문>(북조선주둔 소련군 기관지), 1946년 2월~.
<평양민보>(평남인민정치위원회 기관지), 1945년 10월~.

ㄴ) 잡 지

『근로자』, 1946년 10월~.

『인민』, 1946년 11월~.

ㄷ) 단행본

김일성, 『김일성선집』, 1·2·3·4권, 평양: 조선로동당출판사, 1954·1953· 1953·1953.

_____, 『김일성저작선집』, 1, 평양: 조선로동당출판사, 1967.

_____, 『조국의 통일독립과 민주화를 위하여』, 제1권, 평양: 국립인민출판사, 1949.

_____, 『창립일주년을 맞이하는 북조선로동당』, 평양: 로동당출판사, 1947.

『김일성장군의 주장』, 평양: 노농사, 1947.

내무성 문화국 편, 『쏘련의 대외정책: 1949~50년 동기전투 정치훈련기간(하사 및 전사조) 정치상학 교재』, No. 18, [평양]: 내무성 문화국, 1950.

_____, 『조선문제 해결에 있어 민주와 반민주와의 투쟁: 정치상학교재』, No. 15, [평양]: 내무성 문화국, 1949. 6.

북조선로동당 중앙본부 선전선동부, 『선전원수책』, 제5, 6, 8, 10, 11, 12호, 1947.

『불멸의 자욱을 따라』, 1, 평양: 조선로동당출판사, 1978.

쓰몰렌스끼, 『조선임시인민정부의 창설에 대한 문제에 관하여 기타』, 평양: 인민출판사, 1946.

오기섭, 『모스크바삼상회의 조선에 관한 결정과 반동파들의 반대투쟁』, 평양: 로동당출판사, [1946].

_____, 『북조선토지개혁법령의 정당상』, 평양: 북조선노동연맹, 1946.

『위대한 수령 김일성동지 전기』, 1, 평양: 조선로동당출판사, 1982.

『위대한 수령 김일성동지 혁명력사 주요년대표』, 평양: 조선로동당출판사, 1983.
『인민의 념원을 지니시고』, 평양: 조선로동당출판사, 1972.
『인민의 자유와 해방을 위하여』, 평양: 조선로동당출판사, 1977.
조선로동당 중앙위원회 직속 당력사연구소, 『조선로동당력사교재』, 평양: 조선로동당출판사, 1964.
『조선로동당략사』, 평양: 조선로동당출판사, 1979.
『조선로동당 투쟁사』, 평양: 조선로동당출판사, 1958.
조선민주주의인민공화국 과학원 역사연구소, 『조선통사』(하), 번인판, 동경: 학우서방, [1958].
조선중앙통신사 편, 『조선중앙년감』, 1949년판, [평양]: 조선중앙통신사, 1949.
_____, 『조선중앙년감』, 1950년판, [평양]: 조선중앙통신사, 1950.
『조선해방과 북조선의 민주발전』, [평양]: 출판사 불명, [1947].
주영하, 『북조선로동당 창립 1주년과 조선의 민주화를 위한 투쟁에서 그의 역할』, 평양: 로동당출판사, 1947.
최창익, 『8·15 이전 조선민주운동의 사적고찰』, 평양: 혁신출판사, 1946.
한설야, 『김일성장군 개선기』, 평양: 민주조선사, 1947.
_____ 편, 『반일투사연설집』, 평양: 8·15해방 1주년기념 중앙준비위원회, 1946.
한임혁, 『김일성동지에 의한 조선공산당 창건』, 평양: 로동당출판사, 1961.
『항일무장투쟁 전적지를 따라』, 평양: 조선로동당출판사, 1960.
『해방후 4년간의 국내외 중요일지: 1945. 8~1949. 3』, [평양]: 민주조선사, 1949.
『해방후 조선』, [평양]: 조선민주주의인민공화국 내무성 보안간부학교, 1949.

ㄴ. 소련측 자료

Soviet Union, Ministry of Foreign Affairs, ed., *The Soviet Union and the Korean Question: Documents*, London: Soviet News, 1950.

Василевский, Александр Михаилович, *Дело всей жизни: Воспоминания*, Москва, 1974.

Внотвченчо, Леонид Николаевич, *Победа На дальнем Востоке: Военно-Исторический Очерк о боевых действиях Советских воиск в августе-сентябре 1945 г.*, Москва, 1966.

Зорин, Алексей Евдокимович, *Освободительная миссия на Востоке*, Москва, 1976.

Иванова, В. И., и другие., *Во нмя Дружбу с Народом Кореи: Воспоминания и статия*, Москва, 1965.

Малиновский, Родион Яковлевич, и другие., *Окончательный историко-мемуалный очерк о разгроме империалристической Яронии в 1945 году*, Москва, 1966.

Мерецков, Кирил Афанасиевич, *На службе жизни: страницу Воспоминания*, Москва, 1968.

Освобождение КОРЕИ: ВОСПОМИНАНИЯ И СТАТЬИ, Москва: НАУКА, 1976;『조선의 해방』, 서울: 국토통일원, 1988; 소련과학아카데미 편,『레닌그라드로부터 평양까지: 조선해방에 있어 소련장성 11인의 회고록』, 서울: 함성, 1989.

ОТНОШЕНИЯ СОВЕТСКОГО СОЮЗА С НАРОДНОЙ КОРЕИ: 1945~1980, Москва: НАУКА, 1981;『소련과 북한과의 관계, 1945~1980: 문헌 및 자료』, 서울: 국토통일원, 1987.

안드레이 그로미코,『그로미코 회고록』, 박형규 역, 서울: 文學思想社, 1990.

ㄷ. 남한측 자료

김기석 편,『북조선의 현상과 장래』, 서울: 조선정경연구사, 1947.
경남대학교 극동문제연구소 편,『북한자료집 김정일 저작선』, 서울: 경남대학교 극동문제연구소, 1991.
고려대학교 아세아문제연구소 편,『북한연구 자료집』, 제1집, 서울: 고려대학교 아세아문제연구소, 1969.
국사편찬위원회 편,『북한관계 사료집』, I-XXXII, 과천: 국사편찬위원회, 1982~1999.
_____,『자료 대한민국사』, I-IV, 서울: 국사편찬위원회, 1968~1971.
김남식·이정식·한홍구 엮음,『한국현대사 자료총서』, 전 15권, 서울: 돌베개, 1985.
김명시, "해외투쟁의 혈투사," <해방일보>, 1945년 12월 28일.
김오성,『지도자 군상』, 서울: 대성출판사, 1946.
김천영 편,『연표한국현대사』, 서울: 한울림, 1985.
<독립신보>, 1946년~1947년.
돌베개 편집부 편,『북한 '조선로동당'대회 주요문헌집』, 서울: 돌베개, 1988.
<동아일보>, 1946년 8월 13일.
민주주의민족전선 편,『조선해방일년사』, 경성: 문우인서관, 1946.
박희영,『해방이후 조선내 주요일지』, 서울: 현대문화프린트사, 1946.
『數字에서 볼 수 있는 朝鮮革命의 性格』, [서울]: 前衛社, [1946].
『신천지』,(1946년 3월).
조선통신사 편,『조선연감』, 1947년판, 서울: 조선통신사, 1946.
_____,『조선연감』, 1948년판, 서울: 조선통신사, 1947.
<청년해방일보>, 1946년 8월 22일.

<해방일보>, 1945년~1946년.

ㄹ. 미국측 자료

U.S. Department of State, *North Korea: A Case Study in the Techniques of Takeover*, Department of State Publication 7119, Far Eastern Series No. 103, Washington, D.C.: U.S. Government Printing Office, 1961.

ㅁ. 일본측 자료

小此木政夫・徐大肅 監修, 鐸木昌之・坂井隆・古田博司 編, 『資料 北朝鮮研究』, I 政治・思想, 東京: 慶應義塾大學出版會, 1998.
森田芳夫, 『朝鮮終戰の記錄: 米ソ兩軍の進駐と日本人の引揚』, 東京: 巖南堂書店, 1964.

ㅂ. 중국에서 출간된 자료

『朝鮮勞動黨簡史』, 北京: 人民出版社, 1987.

나. 2차자료

ㄱ. 국 문

ㄱ) 저 서
고당기념사업회 편, 『고당 조만식 회상록』, 서울: 조광, 1995.
고태우, 『북한의 종교정책』, 서울: 민족문화사, 1988.

공산권문제연구소 편,『북한총람 '45~'68』, 서울: 공산권문제연구소, 1968.
공산권연구실 편,『북한공산화과정연구』, 서울: 고려대학교 아세아문제연구소, 1972.
과학원역사연구소 편,『조선통사(하)』, 1958년판, 서울: 오월, 1989.
극동문제연구소 편,『북한전서』, 전 3권, 서울: 극동문제연구소, 1974.
김갑철,『북한 정치이데올로기 분석: 주체사상을 중심으로』, 서울: 서향각, 1977.
김남식,『남로당연구』, 서울: 돌베개, 1981.
김병연 편,『평양지』, 서울: 평남민보사, 1964.
김일평 외,『북한체제의 수립과정: 1945~1948』, 서울: 경남대학교 극동문제연구소, 1991.
김정기,『북한의 대남전략을 해부한다』, 서울: 재일한국신문사 한국지사, 1970.
김정원,『분단한국사』, 서울: 동녘, 1985.
김창순,『북한15년사』, 서울: 지문각, 1961.
_____,『역사의 증인』, 서울: 한국아세아반공연맹, 1956.
박동운,『북한통치기구론』, 서울: 고려대학교 아세아문제연구소, 1964.
방인후,『북한 '조선노동당'의 형성과 발전』, 서울: 고려대학교 아세아문제연구소, 1967.
북한연구소 편,『북한총람』, 서울: 북한연구소, 1983.
서대숙,『북한의 지도자 김일성』, 서주석 역, 서울: 청계연구소, 1989.
송남헌,『해방30년사』, I, 서울: 성문각, 1975.
_____,『해방3년사』, 전 2권, 서울: 까치, 1985.
엄수현,『북한의 인민민주주의혁명론』, 서울: 병수사, 1986.
양호민,『북한의 이데올로기와 정치』, 1, 서울: 고려대학교 아세아문제연구소, 1967.
_____,『북한의 이데올로기와 정치』, 2, 서울: 고려대학교 아세아문제

연구소, 1972.
오영진, 『소군정하의 북한』, [부산]: 국민사상지도원, 1952.
유성철·이상조 증언, 한국일보사 편, 『증언 김일성을 말한다』, 서울: 한국일보사, 1991.
이명영, 『권력의 역사』, 서울: 성균관대학교 출판부, 1983.
이종석, 『새로 쓴 현대북한의 이해』, 서울: 역사비평사, 2000.
임동원, 『혁명전쟁과 대공전략』, 서울: 양서각, 1967.
정진위, 『북방 3각관계: 북한의 대중·소관계를 중심으로』, 서울: 법문사, 1985.
한근조, 『고당 조만식』, 서울: 태극출판사, 1978.
한재덕, 『김일성을 고발한다』, 서울: 내외문화사, 1967.
_____, 『북괴공산당을 폭로한다』, 서울: 공산권문제연구소, 1983.
_____, 『한국의 공산주의와 북한의 역사: 공산주의 이론과 현실 비판 전서』, 제5권, 서울: 내외문화사, 1965.
홍성준 편, 『고당 조만식』, 서울: 평양민보사, 1966.

ㄴ) 논 문
강원식, "해방 직후 소련의 한반도 정책구상," 『아시아문화』, 8(1992).
김갑철, "북한지역의 소비에트화과정: 동구패턴과의 비교연구," 『북한』, 1975년 9월.
김광운, "북한 권력구조의 형성과 간부충원(1945. 8~1947. 3)," 한양대 사학과 박사학위논문, 1999.
김남식, "북한의 공산화 과정과 계급노선," 공산권연구실 편, 『북한공산화과정연구』, 서울: 고려대학교 아세아문제연구소, 1972.
_____, "조선노동당 연구," 서울: 국토통일원, 1977.
김용복, "해방 직후 북한의 정권기관에 관한 연구," 서울대 정치학과 석사학위논문, 1987.
김준엽, "북한의 인민민주주의 혁명노선과 대남전략," 국토통일원,

1976.

김창순, "분단국가 성립과정의 고찰: 김일성의 권력장악과정," <대학신문>, 1986년 10월 13일자.

_____, "소련군정시대,"『북한』, 1987년 1월, 78-91쪽.

김학준, "소련의 극동정책과 김일성정권,"『신동아』, 1987년 9월, 666-681쪽.

박수일, "북한쏘비에트화의 전술적 성격,"『자유아카데미논총』, 제7집(1987년 9월), 117-139쪽.

박일성, "조선노동당의 출현과 그 배경,"『자유공론』, 1983년 10월.

박창희, "소련의 대북한정책, 1945~1951,"『미소연구』, 창간호(1987), 195-225쪽.

배원달, "북한의 공산화과정에 관한 연구," 석사학위논문, 영남대 대학원, 1987.

서대숙, "북한의 계획적 소비에트화," 토마스 J. 하몬드 편,『공산주의의 정권장악유형: 공산주의 비판역서』, 극동문제연구소 역, 서울: 극동문제연구소, 1977, 441-454쪽.

_____, "북한의 북한소비에트화 전략분석,"『북한연구』, 53(1976).

_____, "소련의 북한소비에트화 정책과 북한의 위성국가화," 한국전쟁연구 심포지엄, 1987년 6월 15일~16일.

양호민, "북한의 쏘베트화,"『북한의 이데올로기와 정치』, I, 서울: 고려대학교 아세아문제연구소, 1967, 55-109.

_____, "맑스레닌주의당의 창건과 이데올로기투쟁: 조선공산당 북조선분국의 조직과 노선," 고려대학교 아세아문제연구소 편,『북한정치체계 연구』, 서울: 고려대학교 아세아문제연구소, 1972.

和田春樹, "북한에서의 소련군정과 공산주의자,"『한국현대사와 미군정』, 춘천: 한림대 아시아문화연구소, 1991.

_____, "소련의 대북한정책 1945~1946," 일월서각 편집부 편,『분

단전후의 현대사』, 서울: 일월서각, 1983, 234-308쪽.
유석렬, "북한의 정치변화에 미친 소련의 영향,"『미소연구』, 창간호 (1987), 111-148쪽.
윤형섭, "해방과 북한의 대남전략,"『한국정치론』, 서울: 박영사, 1988, 88-96쪽.
이교덕, "「조선전사」 해제," 민족통일연구원, 1994.
이재봉, "북한의 소비에트화 과정분석: 라이스와 하먼드의 유형을 중심으로,"『북한』, 1982년 6월.
전현수, "소련군의 북한 진주와 대북한정책,"『한국독립운동사연구』, 9(1995).
_____, "'쉬띠꼬프일기'가 말하는 북한정권의 성립과정,"『역사비평』, 30, 1995.
정성임, "소련의 대북한 점령정책에 대한 연구: 1945. 8~1948," 이화여대 정치외교학과 박사학위논문, 1999.
진관훈, "소군정기 북한지역의 경제정책에 관한 연구," 한국정신문화연구원 석사학위논문, 1987.
커밍스, 브루스, 김일평, "북괴에 있어서의 정치조직, 민족주의, 자조정신에 대한 해석,"『미국의 대한관계자료집』, 학계편, 서울: 중앙정보부, [1974].
한재덕, "한 여당과 두 개의 관제여당: 북한공산정권과 정당의 생태,"『사상계』, 1962년 12월.

ㄴ. 영 문

ㄱ) 저 서

Beloff, Max, *Soviet Policy in the Far East, 1944~1951*, New York: Oxford University Press, 1953.
Cumings, Bruce, *The Origins of the Korean War*, Princeton: Princeton

University Press, 1981.

Dijilas, Millovan, *Conversations with Stalin*, New York: Harcourt, Brace and World Incorporated, 1962.

Ree, Erik Van, *Socialism in One Zone: Stalin's Policy in Korea, 1945~1947*, Oxford: Berg, 1989.

Scalapino, Robert A. and Chong-Sik Lee, *Communism in Korea*, Part I, Berkeley: University of California Press, 1972.

Seiler, Sydney A. *Kim Il-song 1941~1948: The Creation of a Legend, The Building of a Regime*, Lanham, MD: University Press of America, 1994.

Suh, Dae-Sook, *The Korean Communist Movement, 1918~1948*, Princeton: Princeton University Press, 1967.

ㄴ) 논 문

Lee, Chong-Sik, "Politics in North Korea: Pre-Korean War Stage," Robert A. Scalapino, ed., *North Korea Today*, New York: Frederick A. Praeger, 1963.

Lee, Chong-Sik and Ki-Wan Oh., "The Russian Faction in North Korea," *Asian Survey*, VIII (April 1968), pp.270-288.

Paige, Glenn D., "Korea," Cyril E. Black & Thomas P. Thornton, ed., *Communism and Revolution, Strategic Uses of Political Violence*, Princeton: Princeton University Press, 1964, pp.215-242.

ㄷ. 일 문

林隱, 『北朝鮮王朝成立秘史』, 東京: 自由社, 1982.

해방 직후 북한자료 해제 2
— 러시아생산 자료 —

전 현 수

1. 문제제기

1) 북한연구와 러시아자료

'20세기 최대 최후의 史庫'라 불리는 러시아에서는 사회주의 붕괴 이후 상당한 양에 달하는 북한관련 자료가 공개되고 있다. 1992년 이후 러시아의 여러 문서보관소들에서는 1965년 이전 시기 소련의 당·정·군 기관에서 생산된 대한정책 관련 외교문서, 한국공산주의운동 관련 코민테른 문서 및 소련공산당 문서, 소련군정 문서, 한국전쟁 관련 군사외교문서가 비밀 해제되어

연구자들에게 공개되었다.

자료공개는 아직 제한적이고 다분히 정치적인 고려하에 서서히 진행되고 있지만, 이미 공개된 자료만으로 볼 때도 북한역사의 상당부분을 다시 써야 할 만큼 러시아자료의 사료적 가치는 매우 높은 것으로 평가되고 있다. 소련군에 의해 북한이 해방된 이래 소련이 북한역사의 전개과정에 개입한 범위와 정도를 고려할 때, 소련의 당·정·군기관에서 생산된 북한관련 자료는 북한연구의 지평을 확대하는 데 커다란 기여를 할 것이 분명하다.

북한이나 중국에서 여전히 공식문헌들 외에는 당·정·군기관에서 생산된 1차자료를 공개하지 않고 있는 사정을 감안하면 현대북한 연구에서 러시아자료가 차지하는 의의는 결코 가볍게 볼 수 없다. 특히 소련군정이 실시되었던 해방 3년사는 소련군정 기구들에서 생산된 군정문서들은 물론이고 소련의 당·정기관에서 생산된 북한관련 문서들에 대한 연구 없이 역사적 실체를 해명하는 것이 거의 불가능하다고 할 수 있을 것이다.

2) 북한관련 러시아자료 연구현황

북한연구에서 러시아자료가 차지하는 중요성에도 불구하고 우리 학계에서 러시아자료는 아직 본격적인 학문적 탐구의 대상이 되지 못하고 있다. 1980년대 이후 한국현대사 관련 미국자료가 광범위하게 수집되어 역사연구의 중요한 사료적 원천으로 활용되고 있는 것과 비교해 보면, 우리 학계의 러시아자료에 대한 연구수준은 거의 백지상태에 가깝다고 할 수 있다.

자료결핍을 탓해 온 북한 연구자들이 러시아자료에 불감증을 드러내는 것은 일차적으로는 언어적 장벽 때문이지만, 간과할 수 없는 사실은 1차자료에 대한 엄밀한 분석을 통해 확보되는 실증적 토대나 연구사적 오리지낼리티 없이도 북한관련 연구논문을 쓸 수 있는 우리 학계의 북한연구 풍토가 러시아자료에 대한 불감증을 조장하고 있다는 것이다.

조성된 연구사적 정황을 고려할 때 북한관련 러시아자료에 대한 문헌비평은 북한관련 러시아자료의 소개라는 단순한 차원에 머무는 것이 아니다. 그것은 해방 직후 북한역사 연구에 필수적인 다양한 사료적 원천 가운데 현실적으로 가장 방대하고 일차적인 사료군에 대한 학문적 접근 및 활용을 가능하게 함으로써 역사인식의 지평을 확대하기 위한 필수적인 통과점이라 할 수 있다.

이 작업은 또한 국제적으로도 중요한 의미를 지니고 있다. 북한관련 러시아자료에 대한 문헌비평은 국제적으로도 지금까지 한 번도 시도된 바가 없다. 이 작업은 러시아 학자들에 의해 이미 오래 전에 수행되었어야 했지만 사회주의 붕괴 이전에 소련에서 이러한 유형의 학문적 활동은 불가능했다. 사회주의시대 러시아 한국학자들은 자국의 문서보관소들에 소장된 북한관련 자료에 접근할 수 없었기 때문이다.

물론 사회주의시대 소련에서 북한관련 자료에 대한 연구가 전무했던 것은 아니다. 1981년 러시아과학아카데미 동방학연구소 학자들에 의해 1945~80년 시기 소련·북한관계 문서와 자료를 모은 『소련과 인민조선의 관계』[1]라는 자료집이 출간된 바 있

---

1) 에스 엘 찌호빈스키 외 편, 『소련과 인민조선의 관계: 문서와 자료』,

다. 그러나 이것은 문서보관소들에 소장된 미공개 문서·자료를 새로 발굴한 것이 아니라, 기존에 신문·잡지에 발표된 공개문헌들을 모아 출간된 것이다.

소련의 대북한 정책형성의 산실이었던 러시아과학아카데미 동방학연구소 학자들조차도 문서보관소들에 소장된 북한관련 1차자료에 대한 접근이 제한되었던 것이다. 당·국가기구에 의한 역사자료의 독점과 역사자료의 비공개 원칙은 러시아가 가장 풍부한 북한관련 자료를 보유하고 있음에도 불구하고 가장 낙후된 북한연구 수준을 대변해야 했던 기이한 현상을 낳았다.

1992년 이후 문서보관소들이 일반 연구자들에게 공개되면서 북한관련 러시아자료에 대한 연구가 서서히 진척되고 있다. 새로운 환경에서 북한관련 러시아자료에 대한 연구에는 러시아 연구자들만이 아니라 미국, 일본 및 한국의 연구자들까지 참여하고 있다. 한국의 젊은 연구자들은 북한관련 러시아자료에 기초하여 여러 편의 박사학위논문을 제출했을 정도로 이 분야 연구에 적극적으로 개입하고 있다.[2]

1945~1980』, 모스크바: 과학출판사, 1981(С. Л. Тихвинский и др., *Отношения Советского Союза с народной Кореей. 1945~1980.* документы и материалы, ИЗДАТЕЛЬСТВО "НАУКА", МОСКВА, 1981).

[2] 강인구, "1940년대 후반 북한·소련 문화협력," 레닌그라드국립대학교 역사학 박사학위논문, 1995; 기광서, "북한 정치체제의 형성과 소련의 역할," 러시아과학아카데미 동방학연구소 역사학 박사학위논문, 1997; 백준기, "한국전쟁 후 조선민주주의인민공화국의 정치체제 형성과 소련의 역할," 모스크바국립대학교 정치학 박사학위논문, 1998; 전현수, "해방직후 북한의 사회경제개혁(1945~1948년)," 모스크바국립대학교 역사학 박사학위논문, 1998.

짧은 시기 러시아자료에 대한 연구는 소련의 대한정책, 소련 군정의 성격, 소련군정 시기 북한의 사회혁명, 한국전쟁, 전후 북한·소련관계 등의 분야에서 왜곡된 역사적 사실을 바로잡고 새로운 역사해석을 개척해 왔다. 기존의 학설과 사실적 토대는 러시아자료의 공개로 더 이상 역사의 시련을 견딜 수 없을 정도로 근본적으로 붕괴되었다.

그러나 이러한 성과에도 불구하고 러시아자료에 대한 연구는 아직 출발단계를 벗어났다고 할 수 없다. 무엇보다도 먼저 러시아자료의 공개가 전면적이지 않고 부분적이어서 전체적인 맥락에서 공개된 자료를 재구성하는 데 근본적인 한계가 있기 때문이다. 연구자들의 접근도 러시아자료를 다른 자료군과 비교·검토하여 비판적으로 활용하는 수준에 도달했다고는 할 수 없을 것이다.

이 글은 1990년대 들어와 공개되기 시작한 북한관련 러시아자료의 공개현황과 그 사료적 가치에 대한 문헌비평을 목적으로 하고 있다. 북한관련 러시아자료는 현재 시기적으로는 1969년까지 공개되어 있지만, 이 글에서는 1945~48년 소련군정 시기 소련의 당·정·군기관에서 생산된 자료로 대상시기를 제한하고 있다. 이 글에서는 특히 소련공산당, 소련각료회의, 소련외무성, 소련국방성 문서를 주요 검토대상으로 하였다.[3]

---

3) 북한관련 러시아자료의 공개현황 및 러시아자료의 사료적 의의에 대한 선행연구로는 다음을 참조할 수 있다. 졸고, "해방직후 북한사 연구의 몇가지 문제에 대하여: 러시아 대외정책문서보관소 문서들을 중심으로," 『역사와 현실』, 10호, 1993; 와닌 유리 와실리비치, 전현수 역, "러시아 대외정책문서보관소 소장 해방직후 한국관계 자료들,"

2. 북한관련 러시아자료의 범주

1) 소련공산당 문서

소련공산당 문서, 소련공산당 중앙위원회 문서는 러시아국립사회정치사문서보관소(Российский государственный архив социально-политической истории)에 소장되어 있다. 1956년에 소련공산당 중앙위원회 마르크스주의·레닌주의연구소 중앙당문서보관소(1956~1991. 3)가 창설된 이후 소련공산당 중앙위원회 사회주의이론역사연구소 중앙당문서보관소(1991. 4~9), 러시아현대사문서보관연구센터(1991. 9~1999. 3)로 명칭이 변경되었다가 1999년에 러시아국립사회정치사문서보관소로 개칭되어 현재에 이르고 있다.4)

『역사비평』, 1994년 봄.
4) 블라지미르 뻬뜨로비치 꼬즐로브, 파트리샤 케네디 그림스테드 편, 『러시아의 문서보관소: 모스크바와 쌍크뜨 뻬쩨르부르크』, 모스크바, 고문헌학센터, 1997(이하 '러시아의 문서보관소'로 약칭) (Владимир Петрович Козлов, Патриция Кеннеди Гримстед, АРХИВЫ РОССИИ, Москва, АРХЕОГРАФИЧЕСКИЙ ЦЕНТР, 1997), pp.196-204; http://www.iisg.nl/~abb/abb_b.html. ArcheoBiblioBase: Archives in Russia (이하 Archives in Russia로 약칭), Federal Archives under Rosarkhiv, pp.23-27.

이 문서보관소에는 18~19세기 유럽 사회주의운동사 자료, 코민테른 문서, 1952년까지의 소련공산당 중앙위원회 문서가 소장되어 있다. 이 문서보관소는 흔히 중앙당문서보관소라 불리고 있는 것처럼 소련공산당 중앙위원회 각 기구에서 생산된 일체의 문서를 소장하고 있다.

소련공산당 중앙위원회는 소련공산당의 최고 지도기관이자 정치적・이론적・이데올로기적・조직적 중심으로 소련의 당・국가 지도관리체계에서 핵심직인 역할을 수행하였다. 중앙위원회는 간부회, 중앙위원회 뷰로, 정치국, 조직국, 비서부 등 다양한 집단적 지도기관들로 구성되었다. 이 기관들의 회의에서는 당기관들뿐만 아니라 국가기관들이 의무적으로 이행해야 하는 결정들이 채택되었다. 중앙위원회 정치국은 소련의 당・국가체계에서 최상위기관으로 기능하였다. 정치국회의에서는 대내외정책에 대한 결정들이 채택되었고, 당・국가의 최고위간부의 인사문제를 해결하였다.[5]

소련공산당 중앙위원회 각 기관에서 생산된 일체의 문서는 '소련공산당 중앙위원회 문서군'으로 망라되어 있고, 다시 중앙위원회 각 기관 단위로 문서가 모아져 목록이 형성되어 있다. 문서군 17, 목록 3에 바로 중앙위원회 정치국 문서가 수록되어

---

5) 러시아현대사문서보관연구센터, 『편람 중앙당문서보관소 소장 문서군 및 콜렉션』, 모스크바: 블라고웨스트출판사, 1993(이하 『중앙당문서보관소편람』으로 약칭) (Российский Центр Хранения и Изучения Документов Новейшей Истории, Краткий Путеводитель, Фонды и коллекции, собранные Центральным партийным архивом, Москва, Издательство "Благовест," 1993), pp.7-8.

있다. 여기에는 1919년 4월~1941년 1월 시기에 생산된 정치국회의 의사록 1,031개의 문서철이 수록되어 있고 현재 공개상태에 있다. 1941년 2월 이후의 문서는 최근 공개를 위한 준비작업이 진행중이다.

정치국 문서이지만 사료적 가치가 한층 높은 문서는 소위 '극비자료'(Материалы Особой Папки)로 분류되어 있다. 이것은 정치국 회의자료로 정치국의 결정, 지시, 의사록으로 구성되어 있다. 회의록과 첨부자료는 현재 미발굴 상태에 있다. 48개 문서철로 구성되어 있는데, 이 속에 북한의 토지개혁, 산업 국유화, 좌익정당 합당, 미소공동위원회 등 중요 정치·경제 현안에 대한 정치국 결정이 포함되어 있다.[6]

소련공산당 중앙위원회 문서군 가운데 북한관련 자료가 가장 많은 곳은 대외정책 담당기구에서 생산된 문서철이다.[7] 대외정책 담당기구는 코민테른 해산 직후 1944년 7월 국제정보과가 조직된 이래 1945년 12월 대외정책과로, 1948년 7월 대외교섭과로, 1949년 3월 대외정책위원회로, 1952년 10월 외국공산당과의 교섭위원회로, 1953년 3월 외국공산당과의 교섭과로 그 명칭이 변경되었다. 이 조직은 소련공산당과 해외 각국 공산당·노동자당 사이의 관계확립과 확대, 국제공산주의운동 정세에 대한 정보수집과 분석, 해외 각국에서의 소비에트 선전, 소련 사회단체의 국제교섭업무를 담당하였다. 대외정책 부서의 활동가 선발과 임명도 통제하였다.[8]

---

6) 러시아국립사회정치사문서보관소 문서군 17, 목록 162, 문서철 1-48.
7) 러시아국립사회정치사문서보관소 문서군 17, 목록 128, 137, 144.
8) 『중앙당문서보관소편람』, 17쪽.

대외정책과 문서철에 수록된 자료는 대부분 소련군 총정치국, 연해주군관구 군사평의회·정치담당 부사령관·정치국이나 소련 외무상 비서부, 소련 외무성 제2극동과가 소련공산당 중앙위원회, 특히 대외정책 담당부서를 위해 작성한 문서로 이루어져 있다. 이 중에는 해방 직후 남북한의 정치정세, 특히 북한의 정치정세를 다룬 문서가 많다.

　이러한 종류의 자료로는 남북한의 정치정세 동향에 대한 일련의 보고서, 남북한 정당·사회단체의 동향에 대한 보고서가 적지 않다. 남북한 좌익정당의 활동에 대한 보고서도 자주 눈에 띈다. 이 가운데 1945년 10월 5일 평양에서 개최된 서북5도당대회 예비회의, 조선공산당 북조선분국 확대집행위원회, 장안파/재건파의 동향, 남북한 좌익정당의 합당 등에 대한 보고서는 사료적 가치가 높다.9)

　자료 중에는 남북한의 정치 지도자에 대한 평가서도 많다. 대표적인 것으로는 여운형, 김규식, 박헌영, 김일성, 김두봉 등 17명의 조선민주주의임시정부 각료 후보에 대한 평정서, 114명의 남북한 사회·정치 활동가에 대한 평정서, 북한 정당·사회단체의 지도자, 북조선행정10국의 국장, 각 도인민위원회 위원장·부위원장에 대한 평정서가 있다.10)

　대외정책과 문서철에는 해방 직후 전국적 의미를 지닌 중요한 정치적 회의의 경과를 기록한 자료집/회의록도 수록되어 있

---

9) 러시아국립사회정치사문서보관소 문서군 17, 목록 128, 문서철 47, 205.

10) 러시아국립사회정치사문서보관소 문서군 17, 목록 128, 문서철 61, 205.

다. 1945년 11월 서울에서 개최된 전국인민위원회대표자대회 자료집 및 1945년 10월 평양에서 개최된 서북5도당대회 자료집은 국한문본이다. 회의록 중에는 러시아어 번역본도 있다. 평양에서 1948년 4월에 개최된 남북조선제정당사회단체대표자연석회의 회의록, 7월에 개최된 남북조선제정당사회단체지도자연석회의 회의록, 8월에 해주에서 개최된 남조선인민대표자대회 회의록은 러시아어 번역본이다.11)

4월 남북연석회의 회의록은 국한문 판본을 쉽게 접할 수 있지만, 7월 남북연석회의 회의록은 국한문 판본이 아직 학계에 보고된 바 없다. 러시아어 번역본("조선의 독립을 위해 투쟁하는 남북조선제정당사회단체지도자연석회의 회의록")은 현재로서는 이 회의에 대한 유일한 기록으로 남한 단독선거 이후 남북한 좌파의 정세인식과 대응방향을 보여주는 중요한 자료이다.

이 회의록은 1948년 6월 28일 평양에서 개최된 예비회의, 7월 2~5일에 진행된 본회의 관련자료로 구성되어 있다. 본회의 관련자료에는 남한 단독선거 실시와 관련하여 조성된 정치정세와 통일방안에 대한 박헌영, 홍명희, 이영의 보고와 조선민주주의인민공화국 헌법 실시에 대한 김일성의 보고 및 이에 기초한 결정서가 포함되어 있다. 회의록에는 또한 연석회의 종료 후 7월 7일 평양에서 개최된 남북조선제정당사회단체지도자협의회의 경과와 이 협의회에서 채택된 남조선인민대표대회 대의원 선거준비위원회의 구성안도 수록되어 있다.

정치문제와 관련된 자료는 이 밖에도 조선최고인민회의 선거

---

11) 러시아국립사회정치사문서보관소 문서군 17, 목록 128, 문서철 615, 616.

총괄보고, 조선임시정부의 내각구성에 대한 쉬띄꼬브의 제안서, 조선민주주의인민공화국 헌법초안에 대한 소련외무성의 논평과 결론 등 사료적 가치가 높은 것이 많다. 북한의 당·행정기관·정당·사회단체의 간부양성을 위해 단기간 존속했던 정치학교, 강습소 및 상설적인 민족간부 양성학교의 활동을 전해 주는 일련의 조사보고서도 있다.12)

  문서철에는 또한 미국의 대극동정책, 북한의 토지개혁에 대한 논설이 실린 소련공산당 중앙위원회 정보국 소식지와 북한주재 소련대외문화교류협회의 연간 사업보고서가 수록되어 있다. 조선공산당과 북조선임시인민위원회 및 소련군정 지도자들에게 테러를 가할 목적으로 조직된 비밀단체의 지도자로 소련군 정보기관에 적발된 김구 임시정부의 전 내무성 정보과장 대리 김정의의 심문조서도 흥미로운 자료이다.13)

  중앙위원회 산하 여타 기구에서 생산된 문서 중에도 북한관련 자료를 일부 확인할 수 있다. 조직국 문서 중에는 전국인민위원회대표자대회의 경과에 대한 보고서와 북한과 소련 사이의 경제협력과 무역확대에 대한 소련 각료회의 산하 위원회의 조사보고서가 수록되어 있다.14) 선전선동국 문서 중에도 북한 주민에 대한 소비에트 선전을 위해 소비에트 신보를 발간하는 문제를 다룬 보고서와, 북한주재 소련전보통신(따스) 지부의 활동

---

12) 러시아국립사회정치사문서보관소 문서군 17, 목록 128, 문서철 205, 998, 1173.
13) 러시아국립사회정치사문서보관소 문서군 17, 목록 128, 문서철 205.
14) 러시아국립사회정치사문서보관소 문서군 17, 목록 121, 문서철 401, 682.

보고서가 수록되어 있다.15)

국제정보과 문서철에는 해방 직후 북한에 파견된 소련 한인, 소위 해방 직후 북한 공산주의진영에서 '소련파'를 형성한 '소비에트 고려인'들의 신상명세서가 수록되어 있다. 잘 알려져 있는 것처럼 이들은 북한의 당·정·군기관에서 활동하며 해방 직후 북한 국가형성과정에서 중요한 역할을 수행하였다.16)

러시아국립사회정치사문서보관소에 소장된 북한관련 자료와 관련해서 주목해야 하는 것이 코민테른 집행위원회 문서군이다. 이 문서군에는 코민테른 지부, 각국 공산당의 문서 컬렉션이 있다. 이 속에 1919~46년 시기 생산된 247개 문서철로 구성된 조선공산당 문서 컬렉션이 있다. 여기에 해방 직후 북한의 좌파정치사 연구에 필수적인 조선공산당 북조선분국 자료가 포함되어 있다.

북조선분국 자료 중에는 우선 당문헌집을 들 수 있다. 북조선공산당중앙위원회명의로 발간된 『黨의 政治路線及黨事業總結과 決定(黨文獻集 二)』(1946. 8. 13, 정로사출판부)에는 북조선공산당 중앙 제7차 확대집행위원회 문서("노동법령 실시와 당단체의 과업에 대한 보고," 허가이; "노동법령 실시와 당단체의 과업에 대한 결정서"; "春期播種에 대한 報告," 이순근; "春期播種에 대한 決定書")와 북조선공산당 중앙위원회 제20차상무위원회 문서("농업현물세에 관한 決定書," 1946. 7. 1)가 수록되어 있다.17)

---

15) 러시아국립사회정치사문서보관소 문서군 17, 목록 125, 문서철 426, 427.

16) 러시아국립사회정치사문서보관소 문서군 17, 목록 144, 문서철 78-89.

1946년 5월 1일 北朝鮮五一紀念共同準備委員會가 출간한 자료집 『팟쇼·反民主分子의 正體』에는 1946년 2~4월 조선공산당 북조선분국 기관지『正路』에 게재된 사설, 논설, 기사가 모아져 있는데, 이것은 모두 모스크바삼상회의의 조선문제에 대한 결정, 신탁통치 실시를 반대하는 미국과 남한의 우익세력(이승만, 김구, 김규식 등) 및 조만식을 중심으로 하는 북한의 우익세력을 비난하는 내용으로 가득 채워져 있다.[18]

북조선분국 자료 가운데 주목힐 만한 것은 북조선공산당 각 道黨部에서 정기적으로 발간한 기관지이다. 북조선공산당 함경남도당부 기관지『옳다』, 북조선공산당 강원도당부 기관지『앞으로』, 북조선공산당 함북도당부 기관지『咸北正路』, 북조선공산당 평안북도당부·신의주시당부 기관지『바른발』이 모아져 있다. 특히『옳다』는 1945년 말부터 1946년 초까지 가장 많은 분량이 남아 있다.[19]

북조선 각도 인민위원회 및 사회단체의 기관지도 적은 양이지만 눈길을 끈다. 문서철에는 함경북도인민위원회 기관지『새길신문』, 강원도인민위원회 기관지『강원인민보』, 황해도인민위원회 기관지『자유황해』, 평북도인민위원회 기관지『평북신보』, 북조선농민연맹 기관지『북선농민신문』, 북조선직업총동맹 기관지 『북부로동자신문』, 조선민주청년동맹북조선위원회 기관지『청년』이 수록되어 있다.[20]

---

17) 러시아국립사회정치사문서보관소 문서군 495, 목록 135, 문서철 207.
18) 러시아국립사회정치사문서보관소 문서군 495, 목록 135, 문서철 210.
19) 러시아국립사회정치사문서보관소 문서군 495, 목록 135, 문서철 216.
20) 러시아국립사회정치사문서보관소 문서군 495, 목록 135, 문서철 217.

러시아국립사회정치사문서보관소에 소장된 북한관련 자료와 관련해서 마지막으로 언급해 두어야 할 것이 바로 소련국방위원회 문서군이다.[21] 소련 국방위원회는 1941~45년 제2차 세계대전 시기 일체의 국가권력이 집중된 비상시의 최고국가기구로 기능하였다.[22] 국방위원회는 소련각료회의 기능이 회복되는 1946년 초까지 소련군의 극동전 참전, 조선 해방, 일본군 항복접수, 대북한 점령정책 수립 및 집행 등 여러 분야에서 최고의 의사결정기구로 활동하였다.

현재 공개된 문서 중에는 북한관련 자료가 눈에 띄지 않지만, 소련군정 문서에는 국방위원회 산하에 조선그룹이 설치되어 종전 직후부터 1945년 말까지 북한에 위치한 일제의 군수공업·중공업 기업체의 처리문제를 담당하였다고 기록되어 있다. 1945년 9월 소련 국방위원회 전권대표 사부로브 대장이 지휘하는 조선그룹은 북한의 주요 중공업 기업소를 등록하고 그 상태에 대한 구체적인 조사활동을 수행하기 위해 소련의 여러 경제부처에서 80명의 전문가를 차출하여 북한 각지에 파견하였다. 조선그룹은 이후 전문가들이 더 보충되어 그 성원이 138명으로 확대되었다. 조선그룹의 활동은 1945년 11월 초에 기본적으로 종결되었고, 조선그룹에 속한 소련 전문가는 북한주둔 소련군사령관 휘하에 새로 조직된 북한산업 고문관 젤레즈노브 대좌의 그룹으로 인계되었다. 사부로브가 지도한 조선그룹의 활동은 북한 공업발전에 거대한 영향을 끼쳤다. 조선그룹은 조사활동 결과에 기초하여 중공업에 대한 상세한 기술·경제적 개관을 작성하였고, 이

---

21) 러시아국립사회정치사문서보관소 문서군 644, 목록 1, 문서철 1-463.
22) 『중앙당문서보관소편람』, 60쪽.

자료에 의거하여 중공업의 복구·가동을 위한 구체적인 대책을 제안하였다. 조선그룹의 제안은 이후 북한의 중공업 기업소들의 복구·가동을 위한 소련정부 차원의 정책수립에 기초자료로 활용되었다.23)

2) 소련각료회의 문서

소련각료회의 문서는 러시아연방국립문서보관소(Государственный архив Российской Федерации)에 소장되어 있다. 이 문서보관소에는 1917년 혁명 이후 러시아 중앙정부 기구(소련 인민위원회의, 각료회의, 최고인민회의 상임위원회 등) 및 중앙정부 기구 산하에 조직된 상설적·임시적 전문위원회(통화위원회, 정원위원회 등)에서 생산된 일체의 문서가 소장되어 있다. 혁명 이전 제정러시아 내무성 문서, 제정러시아 고위관리(외무상, 외무부상, 내무상 등)의 개인문서 및 1917년에서 현재까지 소련의 한 공화국으로서의 러시아 정부기관에서 생산된 일체의 문서도 소장되어 있다.24)

소련인민위원회의·소련각료회의 문서군에는 천문학적인 분량의 소련인민위원회의·각료회의의 결정·지시·회의의사록이 수록되어 있다. 이 문서군에는 또한 소련인민위원회의·각료회

---

23) 졸고, "산업의 국유화와 인민경제의 계획화: 공업을 중심으로," 『현대북한연구』, 2권 1호(경남대학교 북한대학원, 지식공작소), 1999, 77-80쪽 참조.

24) 『러시아의 문서보관소』, 137-145쪽; Archives in Russia, Federal Archives under Rosarkhiv, pp.3-8.

의의 성원이었던 각 상(相)의 비서부에서 생산된 문서와 소련인 민위원회의·각료회의 총무처에서 생산하거나 정리된 문서가 수록되어 있다.

국립문서보관소로 이관된 각료회의의 결정·지시는 정치문제에 대한 것이 빠져 있고 경제문제에 대한 것만으로 구성되어 있다. 경제문제에 대한 결정·지시도 '극비자료'는 빠져 있다. 국립문서보관소로 이관되지 않은 각료회의의 결정·지시는 러시아연방정부의 관청문서보관소(Архив Правительства РФ)에 소장되어 있다. 이 문서보관소는 일반 연구자에게 공개되어 있지 않다. 한편 러시아연방대외정책문서보관소에도 각료회의의 결정·지시가 소장되어 있지만 이 역시 업무 참고용으로만 활용되고 있을 뿐 일반 연구자에게는 공개되지 않고 있다.[25]

소련인민위원회의·소련각료회의 문서군 내에서도 비밀등급이 높은 결정·지시는 일반문서철 목록과는 다른 총무처 비선 목록(목록 끝에 а, б 기호가 붙는다)으로 별도로 분류되어 있다. 1945~52년 시기 소련인민위원회의·각료회의 총무처 문서철에 북한관련 자료가 집중적으로 수록되어 있다.[26] 이 문서철에는 소련인민위원회의·각료회의에서 채택된 개개의 결정·지시가 매건마다 독립된 문서철로 생산되어 있다. 결정·지시가 채택되기 전의 각종 초안 및 조사보고서도 첨부자료로 수록되어 있다.

공개된 문서철에는 북한의 경제문제와 관련된 자료가 많다.

---

25) 1997년 러시아연방기록관리청 문서활용국장 빠블로바 떼, 에프(Павлова Т. Ф.)에게서 청취.

26) 러시아연방국립문서보관소 문서군 р-5446, 목록 47а, 48а, 49а, 50а, 51а, 80а, 81б, 82б.

북조선중앙은행에 대한 차관제공, 북조선중앙은행의 북조선임시인민위원회 이관, 북한주둔 소련 적군·해군함대 제부대 및 제기관의 경비지출 절차, 소련군사령부 군표의 발행, 1947년 12월 북한의 화폐교환, 소련군 및 소련 정부기관 소유의 구화폐 교환 절차, 화폐교환 이후 북조선인민위원회 예산을 통한 북한주둔 소련군의 경비지출 등에 대한 문서철이 그것이다.

공개자료에는 교육문제와 관련된 문서철도 간혹 눈에 띈다. 즉 김일성종합대학에 대한 시청각교재·교육자재·문헌 제공, 김일성종합대학에 대한 소련인 교수·강사의 파견, 북한 대학생의 소련 유학, 북한 대학생·연구생의 소련 고등교육기관 유학과 관련한 조소 양국 정부의 협정체결 문제를 다룬 결정·지시가 그것이다. 소련의 경제전문가·공업기사·영화기사의 북한 파견문제를 다룬 결정·지시도 공개 문서철에 포함되어 있다. 일부에 지나지 않지만 조선문제에 대한 소련 정치고문기구의 구성, 조선문제에 대한 미소공동위원회 소련 대표단의 구성, 북한주재 소련대사관의 구성, 북한주재 따스통신 지부개설 등 정치문제를 다룬 문서철도 존재한다.

소련대외문화교류협회 문서군에는 소비에트 선전, 소비에트 문학예술 및 과학기술 문헌보급, 영화상연 및 예술공연, 문화인사 교류 등 소련대외문화교류협회의 활동을 전해 주는 방대한 문서가 수록되어 있다. 특히 동양인민공화국과 문서철에 북한관련 자료가 많다. 여기에 소련대외문화교류협회 북한지부의 활동 및 조소문화협회와 그 지부의 활동, 조소 문화교류, 조소 문화인사의 교류 등에 대한 상당한 양의 자료가 수록되어 있다.[27]

---

27) 러시아연방국립문서보관소 문서군 5283, 목록 18, 문서철 208-261.

출판과 문서철에도 북한관련 자료가 적지 않다.[28]

동양인민공화국과 문서철에는 조선공산당 북조선분국 기관지 『正路』가 1945년 11월 1일 창간호부터 1946년 5월 19일 제91호까지 수록되어 있다.[29] 중간에 결실이 거의 없이 신문 원본이 모아져 있고 보관상태도 비교적 양호한 편이다. 『正路』는 북조선분국 연구에 필수적인 사료로서 오랫동안 북한 연구자들의 관심의 대상이 되어 왔는데, 강인구 박사에 의해 학계에 최초로 그 존재 사실이 소개되었다.

소련전보통신(따스) 문서군에는 1944~65년 시기 따스통신의 외신 보도문이 수록되어 있다. 이곳에는 상당한 양에 달하는 북한관련 따스통신 보도문이 제1부(1946~50년), 제2부(1951~65년)로 나누어져 수록되어 있다. 해방 직후 북한에서 발행된 신문자료가 아직 광범위하게 공개되지 않은 사정을 감안하면 매일 매일의 북한관련 뉴스를 전해 주는 귀중한 사료적 가치를 지닌다고 할 수 있으며, 특히 소련의 북한 연구자에게는 북한 신문의 독해를 대체해 줄 자료로서 의미를 지닌다고 하겠다.[30]

소련각료회의 국가대외문화교류위원회 산하 소련정보국(Совинформбюро) 문서군에는 1947~59년 시기 북한주재 소련정보국 대표부의 활동을 전해 주는 정기보고서와 왕복문서가 수록되어 있다. 소련정보국 북한대표부는 북한에서의 소비에트 이데올로기 선전을 위한 기구로서 특히 소련 문헌의 번역·출판에 많은 노력을 기울였다.[31]

---

28) 러시아연방국립문서보관소 문서군 5283, 목록 23.
29) 러시아연방국립문서보관소 문서군 5283, 목록 18, 문서철 208.
30) 러시아연방국립문서보관소 문서군 4459, 목록 24.

3) 소련외무성 문서

소련외무성 문서는 러시아연방대외정책문서보관소(Архив внешней политики Российской Федерации)에 소장되어 있다. 이 문서보관소는 러시아연방외무성 외교사료국의 소속기관으로 관청문서 보관소에 속한다. 1928년 소련 외무인민위원부 정책문서보관소(1928~46)로 출발하여 소련대외정책문서보관소(1946~91)로 명칭이 바뀌었다가 1991년부터 현재 이름으로 불리고 있다.

문서보관소에는 1917년 이후 시기 외무인민위원부·외무성 기록이 소장되어 있다. 소장자료는 크게 ① 외무상·외무부상 비서부 문서, ② 해외주재 외교대표부(대사관, 공사관, 총영사관, 영사관) 문서, ③ 국제회의 문서, ④ 외교관들의 개인문서, ⑤ 조약, 협정, 기타 외교문서, ⑥ 사진, ⑦ 외국문서 마이크로필름, ⑧ 소련각료회의 정령으로 구성되어 있다.[32]

이 문서보관소는 1990년 이전에는 외국인뿐만 아니라 자국인 연구자에게도 공개되지 않았다. 1990년 소련각료회의 결정에 따라 문서보관소는 3년 안에 공개 문서보관소로 전환될 것이 규정되었다. 30년 미만의 문서는 공식적으로 접근이 불가능하다. 30년 이상의 문서에 대한 비밀해제작업이 진행되어 왔지만, 여전히 3분의 2 가량의 문서가 아직 비밀해제가 완료되지 못하였다.

---

31) 러시아연방국립문서보관소 문서군 8581.
32) 『러시아의 문서보관소』, 222-225쪽; Archives in Russia, *Archives under Federal Agencies other than Rosarkhiv*, pp.4-6.

1998년경 1917~65년 시기 문서가 재평가되었다. 그러나 모든 문서군이 다 비밀해제된 것은 아니다. 특별한 범주의 기록, 예를 들면 대사관들의 암호전문과 연간보고서는 비밀해제가 되지 않았다. 1947년까지의 대화록은 비밀해제되었지만, 1947년 이후의 대화록은 아직 공개되지 않았다. 비공개문서에 대한 접근을 위한 특별한 예외, 집단연구 프로젝트나 국제적인 자료집 출간 준비 등을 위해서는 종종 비공개문서에 대한 접근을 허용하는 예외적인 조치가 취해지기도 한다. 소장자료에 대한 종합적인 안내서는 아직 출간된 바 없다.[33]

소련외무성은 소련공산당 중앙위원회 정치국과 함께 대외정책의 방향을 최종적으로 조율한 소련의 정부기관이다. 때문에 외무성 문서는 소련의 대한정책사 연구에서 가장 중요한 위치를 점한다고 할 수 있다. 문서보관소에는 소련외무성 극동과, 제1극동과, 제2극동과, 극동과 조선문제에 대한 보고부, 서울주재 소련총영사관, 북한주재 소련민정청, 북한주재 소련군사령관

---

[33] 러시아연방대외정책문서보관소의 역사와 소장 기록물에 대한 안내는 다음을 참조 할 것. 소콜로브 블라지미르 와실리예비치, "러시아연방 대외정책문서보관소 역사가들에게," 『근현대사』, 1992년 4호, 156-165쪽. 이 논문은 문서보관소 소장을 지낸 저자에 의해 집필된 문서보관소의 역사와 소장 기록물에 대한 촤초의 진지한 설명을 담고 있다. Holts-mark, Sven G. and Sokolov, Vladimir Vasil'evich, "Note on the Foreign Policy Archive of the Russian Federation," CWIHP Bulletin 3 (Fall 1993). 이 논문은 암호전문을 포함하여 문서보관소 소장자료의 구성에 대한 유익한 정보를 제공해 주고 있으며, 비밀해제작업에 대한 설명을 얻을 수 있다. 대외정책문서보관소는 인터넷을 통한 부분적인 접근이 가능하다. http://www.mid.ru/arch_info.htm.

정치고문기구, 북한주재 소련대사관, 소련외무성 외무상/외무부상 비서부 등에서 생산된 방대한 자료가 소장되어 있다.

외무상 몰로또브 비서부 문서군에는 미소공동위원회 소련대표단의 활동과 관련된 자료가 가장 많다. 문서군에는 상당한 양에 달하는 미소 양군사령부 대표회의 관련자료(소련대표단에 하달된 소련정부 지시, 대표회의 결정집, 대표회의 총괄보고), 제1・2차 미소공동위원회 관련자료(공동위원회 회의보고, 1・2차 공동위원회 총괄보고, 공동위원회 휴회 대책보고 등), 미소공동위원회가 진행된 시기 서울에서 발행된 신문에 게재된 미소공동위원회 관련기사 스크랩(러시아어 번역)이 모아져 있다.[34]

이 문서군에는 1947년 4월 8일~10월 9일 소련외무성이 미국대사관과 교환한 왕복서한이 수록되어 있다. 이 서한은 미소공동위원회의 진행 및 조선민주주의임시정부의 수립과 관련하여 몰로또브와 마샬이 주고받은 서한과 관련된 것이다. 문서군에는 1947년 9~10월 소련외무성이 영국대사관 및 중국대사관과 수교한 왕복서한도 수록되어 있다. 이 서한은 1947년 9~10월 몰로또브와 마샬이 주고받은 왕복서한 사본의 전달과 관련된 것이다.[35]

이 밖에도 문서군에는 소련의 신문에 게재된 논설, 기사가 스크랩되어 있다. 즉 1947년 9월 29일~10월 5일 <쁘라브다>에 게재된 미소 양국군대의 철수에 대한 논설과, 미소공동위원회의

---

34) 러시아연방대외정책문서보관소 문서군 06, 목록 8, 문서함 39, 문서철 634, 637, 638, 639, 640, 641, 642; 목록 9, 문서철 875, 877.

35) 러시아연방대외정책문서보관소 문서군 06, 목록 9, 문서함 59, 문서철 879, 880, 881.

사업에 관한 1947년 5월 22일~12월 10일 <쁘라브다>, <이즈베스찌야>의 보도자료가 편집되어 있다.36) 이 자료는 1948년에 소련외무성이 간행한 자료집『소연방과 조선문제』(МИД СССР, *СОВЕТСКИЙ СОЮЗ И КОРЕЙСКИЙ ВОПРОС. ДОКУМЕНТЫ, МОСКВА, 1948*)에 모두 수록되어 있다.

몰로또브 문서군에는 소련·북한관계를 조명해 주는 문서도 수록되어 있다. 북조선인민위원회와 경제협정 및 상품교역협정을 체결하는 문제, 북한의 화폐교환 실시, 항공로 개설과 이용에 관하여 북조선인민위원회와 협정을 체결하는 문제, 북조선 주민을 소련의 고등교육기관에 받아들이는 문제, 북조선에 소련 경제전문가를 파견하는 문제 등에 관련된 자료가 여러 곳에서 발견된다.37)

외무부상 븨쉰스키 비서부 문서군에도 미소공동위원회 관련 자료가 많다. 미소공동위원회 소련대표단에 하달된 소련정부의 훈령은 미소공동위원회에서 소련측이 취해야 할 정책방향을 규정한 것으로 이용빈도가 높다. 미소 양군사령부 대표회의 의사록과 결정집도 사료적 가치가 높다. 븨쉰스키 문서군에는 남북한의 정치정세 및 정당사회단체에 대한 보고서들과 함께 북한의 정치문제·북조선인민회의 특별회의 소집, 조선민주주의인민공화국 임시헌법 초안, 조선정부의 수립 등에 대한 보고서들도 자주 보인다.38)

---

36) 러시아연방대외정책문서보관소 문서군 06, 목록 9, 문서함 59, 문서철 882, 883.

37) 러시아연방대외정책문서보관소 문서군 06, 목록 9, 문서함 59, 문서철 884, 885, 886, 888, 889.

외무부상 말리크 비서부 문서군에는 경제관계 자료가 많다. 일제 소유의 공업기업소를 토대로 조소합작주식회사를 설립하는 문제, 소련정부가 북조선중앙은행과 북조선인민위원회에 제공한 차관을 상환하는 문제, 북한에서 유통중인 화폐(소련군사령부 군표)의 교환문제 등에 대한 소련각료회의 정령 초안이 수록되어 있다. 말리크 문서군에는 북한의 토지개혁법령과 노동법령에 대한 소련정부의 검토자료도 포함되어 있다.[39]

프로핀테른 의장을 역임했던 외무부상 로소프스키 비시부 문서군에는 1945년 12월 소련군 총정치국장 쉬낀이 로조프스키에게 보낸 북한의 정치정세에 대한 보고서가 있다.[40] 이 보고서는 소련군 총정치국의 북한정세 인식 및 점령정책 방향을 선명하게 보여주는 것으로 연구자들 사이에서 자주 인용되는 문서이다.

양적으로 가장 많은 북한관련 자료가 수록되어 있는 것이 조선문제에 대한 보고부(Референтура) 문서군이다. 리피렌뚜라는 소련외무성 조직체계에서 특정국가를 담당하는 소규모 부서를 말한다. 소련외무성에서 조선문제를 담당한 부서는 1945년 말까지는 제2극동과였고, 1946년 이후에는 제1극동과로 바뀌었다. 제1극동과나 제2극동과에는 조선문제를 담당하는 소규모 집단이

---

38) 러시아연방대외정책문서보관소 문서군 07, 목록 11, 문서함 18, 문서철 280, 319, 320, 321.

39) 러시아연방대외정책문서보관소 문서군 018, 목록 8, 문서함 6, 문서철 80, 81; 목록 7, 문서함 17, 문서철 65.

40) 러시아연방대외정책문서보관소 문서군 013, 목록 7, 문서함 4, 문서철 46.

존재했는데, 제1극동과와 제2극동과에서 생산된 조선관련 문서는 나중에 모두 조선문제에 대한 보고부 문서군으로 재분류되었다. 이 문서군은 1918~28년, 1945년 이후 시기를 포괄하고 있는데, 현재 공개된 문서철만도 1,580개에 달한다. 이 문서군에 수록된 문서철은 북한의 정치, 경제, 사회, 문화, 보건위생, 대외관계 등 북한사회의 전반에 관련된 것들이다.[41]

이 문서군에는 소련외무성 제1극동과가 편집한 『조선에 대한 주요 문서자료집』(관용, 대외비)이 수록되어 있다. 이 자료집은 1953년 6월부터 시작되어 매년 1권씩 편찬되었는데, 현재 1978년까지 접근이 가능하다. 이 자료집은 정치, 경제, 문화, 과학기술, 스포츠 등의 차원에서 전개된 북한·소련관계와 관련된 신문보도 자료 및 잡지게재 논설 등 공간자료를 묶은 것이다. 이 자료집은 공간자료를 총망라한 것으로 북한·소련관계 연구에 매우 유용하다.

조선에 대한 미소공동위원회 소련대표단 비서부 문서군은 1946~48년 시기 생산된 384개의 문서철로 구성된 방대한 문서군이지만 부분적으로만 공개되어 있다. 현재로서는 제1·2차 미소공동위원회 회의의사록, 남한의 모든 정치적 색조를 대표하는 각종 신문의 스크랩(러시아어 번역), 미소공동위원회에 남한의 정당·사회단체가 제출한 답신서 등이 접근 가능하다.[42]

북한주재 소련민정청 문서군은 1995년 41개의 문서철만이 공

---

41) 러시아연방대외정책문서보관소 문서군 0102, 목록 1, 3, 6, 7, 9, 10, 11, 12.

42) 러시아연방대외정책문서보관소 문서군 382, 문서철 1-352, 문서군 0382, 문서철 1-32.

개되었다. 외무성문서보관소에 독립된 문서군으로 형성되어 있
는 민정청 문서군은 민정청장 비서부, 민정청 각부, 각도 소련
군경무사령부, 산업고문관기구 등에서 생산된 문서다. 이처럼
이 문서의 생산주체는 외무성 기구가 아니라 소련군정 기구인
것이다. 이 문서는 소련군사령관 예하에 설치된 조선문제에 대
한 정치고문기구(외무성 기구)에서 수집하여 외무성을 경유하여
독립된 문서군으로 형성된 것으로 보인다.

민정청 문서군에는 소련외무성 조선문제에 대한 정치고문기
구에서 생산된 문서가 일부 포함되어 있다. 1946년 10월 6일자
'김일성과 번스의 대담기록' 및 '조만식과 번스의 대담기록',
『조선 정치경제 개관, 1947년』, 『조선역사 관계 논설집』, 『조선
의 전래와 풍습』, 『서울신문 개관』 등이 그것이다.43) 이 자료
는 정치고문기구가 조선문제의 해결을 위한 미소 교섭에서 소
련정부의 현지 대표기구로 활동하고 있음을 보여주고 있고, 소
련외무성의 대한정책 판단을 보조하기 위해 남북한의 정치경
제 상황에 대한 포괄적인 정보수집과 정리작업을 수행했음을
보여준다.

공개된 민정청문서 중에는 경제관계 자료가 태반을 차지하고
있다. 경제관계 자료로서 우선 주목되는 것은 『북한의 정치경제
상황에 대한 보고서』 시리즈이다. 이 보고서 시리즈는 제목과는
달리 정치문제가 차지하는 비중이 매우 적고 경제문제에 많은
지면이 할애되어 있다. 이 보고서 시리즈에는 연도별·분기별
인민경제 각 부문의 동향이 포괄적으로 검토되고 있다.44)

---

43) 러시아연방대외정책문서보관소 문서군 0480, 목록 4, 문서함 5, 문
서철 1, 2, 3.

경제관계 자료 중에는 인민경제 각 부문별 보고서도 적지 않다. 인민경제 각 부문에 대한 자료 중에는 공업에 대한 자료가 가장 많다.『북조선의 공업에 대한 조사보고, 1948년』은 612쪽에 달하는 방대한 보고서이다. 이것은 북한주재 소련민정청 산업고문관 꼬르꿀렌꼬 대좌의 직접적인 지도와 편집하에 산업고문단 소속의 소련 기술자·기사들이 산업부문별로 자료를 수집·가공하여 작성한 집단적인 조사보고서이다.45)

공개자료 중에는 북한의 정당·사회단체·통일전선 관련자료도 적지 않은 양을 차지하고 있다. 정당·사회단체의 창립대회에서 채택된 최초의 강령·규약(한글본), 집행위원 혹은 지도부의 명단과 당원수·맹원수·조합원수 통계 등이 포함되어 있다.46) 또한 1947년 7월 미소공동위원회에 제출할 답신서 작성을 위해 소집된 북조선 정당·사회단체의 중앙위원회·도위원회 총회보고, 1948년 1월, 3월, 10월 현재 황해도 내 각 정당·사회단체의 각급 위원회의 수와 당원·맹원수에 대한 자료, 북조선 민주주의민족통일전선 중앙위원회 창립대회 보고, 남북조선제정당사회단체대표자협의회, 남북조선제정당사회단체지도자협의회 보고 등도 수록되어 있다.47)

---

44) 러시아연방대외정책문서보관소 문서군 0480, 목록 2, 문서함 1, 문서철 4, 5; 목록 2, 문서함 2, 문서철 7; 목록 3, 문서함 3, 문서철 9, 10, 11.

45) 러시아연방대외정책문서보관소 문서군 0480, 목록 4, 문서함 12, 문서철 36.

46) 러시아연방대외정책문서보관소 문서군 0480, 목록 3, 문서함 3, 문서철 5.

47) 러시아연방대외정책문서보관소 문서군 0480, 목록 4, 문서함 6, 문

정당·사회단체 관련자료 중에는 북한의 종교단체, 특히 개신교회의 동향에 대한 보고가 자주 보인다. 이것은 주로 제2차 미소공동위원회 시기 북한 기독교회의 동향을 보여주는 자료이다. 민정청기구에서 작성된 "북한의 기독교회의 활동에 대한 보고," "1947년 6월 6일 조만식의 전비서 송씨와 이그나찌예프의 면담 기록," "기독교 우파의 동향에 대한 보고," "1947년 6월 14일 기독교 우파 지도자들과의 면담 보고," "북한의 종교와 종교단체에 대한 보고," "북조선기독교도연맹 소직실립 신청서, 강령, 목표, 규약," "조선기독교자유당 강령 정책" 등이 대표적이다.[48]

민정청문서 가운데 양적으로나 질적으로 가장 주목할 만한 것은 1948년 12월에 완성된 『북한주재 소련민정청 3개년사업 총괄보고, 1945년 8월~1948년 11월』이다. 이 보고서는 민정청장 레베제브의 지도하에 보도국장 까둘린 중좌와 라디오방송 편집국장 그루지닌 중좌가 함께 작성한 것이다. 이 보고서는 1945년 8월에서 1948년 11월까지 3년여에 걸친 소련군정 시기 북한사를 제1권 정치편(346쪽)과 제2권 경제편(246쪽)으로 나누어 총괄하고 있다.[49]

   서철 9.
48) 러시아연방대외정책문서보관소 문서군 0480, 목록 3, 문서함 3, 문서철 6; 목록 4, 문서함 6, 문서철 9.
49) 러시아연방대외정책문서보관소 문서군 0480, 목록 4, 문서함 14, 문서철 46, 47.

4) 소련국방성 문서

소련국방성 문서는 러시아연방국방성중앙문서보관소(Центральный архив Министерства обороны Российской Федерации)에 소장되어 있다. 이 문서보관소는 1936년 국방인민위원부의 문서과로 출발하여 1947년 국방성문서보관소로 재조직되었다. 1975년 문서보관소는 모든 군기관의 중앙문서보관소의 지위를 획득하였고, 명칭도 소련국방성 중앙문서보관소(1975~1992)로 변경되었다. 1992년 한동안 독립국가연합 연방군 중앙문서보관소(1992. 1~1992. 6)로 불리다가, 러시아연방국방성중앙문서보관소로 개칭되어 현재에 이르고 있다.

문서보관소에는 1958년까지의 소련군의 일체 문서와 제2차 세계대전 발발 시기부터 전후 시기까지를 포괄하는 영구보존 가치를 지닌 소련·러시아연방 국방성 문서가 보존되어 있다. 문서보관소는 소련군 최고지휘기관의 문서와 국방성, 연방군 총사령부, 해군을 제외한 각군 총사령부, 모든 종류의 특수부대 사령부의 문서와 총정찰국 문서가 보관되어 있다. 소장 문서군의 편성은 군조직 자체의 편제(군관구, 전선, 군, 사단, 단위 부대)를 따르고 있다.

1918~40년 시기의 赤軍 기록은 러시아국립군사문서보관소에 소장되어 있다. 최근 30년간의 총사령부 기록은 총사령부의 특별문서고에 소장되어 있다. 제2차 세계대전 시기의 국방위원회 기록은 러시아국립사회정치사문서보관소에 소장되어 있고, 최고총사령관의 명령서는 러시아연방대통령문서보관소에 소장되어

있다.50)

　국방성문서보관소에는 가장 많은 양의 북한관련 자료가 소장되어 있다. 이 문서보관소는 외국인 연구자의 접근이 가장 곤란한 곳 가운데 하나이다. 외국인 연구자는 문서보관소에서 직접 작업할 수 없고 소련군총사령부 역사문서관리국을 통해 간접적으로 자료를 입수해야 한다. 자료공개(비밀해제) 절차는 대단히 까다롭고 장기간의 시일이 요구된다. 현재 7만여 쪽에 달하는 소련군정문서, 한국전쟁 관련자료, 조소군사협력 관련자료가 공개되었다.

　다양한 소련군 기구에서 생산된 문서들의 구성(문서군 형성)을 정확히 파악해 내는 일은 쉽지 않다. 북한관련 문서군의 전체목록은 물론 각 문서군의 문서철 목록도 아직은 일반 연구자에게 공개하지 않고 있기 때문이다. 공개된 자료의 양도 빙산의 일각에 지나지 않고, 공개자료의 출처 확인, 문서군·목록·문서철의 명칭 및 번호도 현재로서는 대단히 만족스럽지 못한 상황이다.

　소련군총사령부 역사문서관리국이 확인해 준 공개자료의 출처와 함께 문서보관소 소장 문서군의 편성이 군조직 편제를 따르고 있는 점을 고려하면, 현재 그 존재가 확인된 문서군은 연해주군관구 사령관 비서부, 연해주군관구 군사평의회, 연해주군관구 정치국, 연해주군관구 조선위원회, 25군 사령관 비서부, 25군 군사평의회, 25군 정치부, 북한주재 소련민정청, 북조선 각도 경무사령부 등이다.

---

50) 『러시아의 문서보관소』, 230-233쪽; Archives in Russia, *Archives under Federal Agencies other than Rosarkhiv*, pp.8-11.

연해주군관구 사령관 비서부 문서군은 북한의 주요 정치경제 현안과 관련하여 민정청 지도부가 작성하여 군관구 사령관과 정치담당 부사령관에게 보낸 문서로 구성되어 있다. 예를 들면 1947년 1월 3일~1948년 8월 24일 시기 북한의 정치경제 문제에 대한 왕복문서 문서철에는 북한의 화폐개혁, 북조선로동당 제2차대회, 북조선천도교청우당 제2차대회, 남북조선제정당사회단체대표자연석회의, 조선최고인민회의 선거, 북조선인민회의 제6차회의 등과 관련된 각종 보고서가 수록되어 있다.[51]

이 문서군에는 또한 서울의 라디오방송 녹취록, 서울에서 발행되는 각종 신문의 기사내용을 주요 사안별로 번역·편집한 서울신문 개관, '남조선 동지들'(남조선로동당 지도부: 필자)로부터 수취한 정보보고 등도 매우 커다란 부분을 차지하고 있다. 방송 녹취록이나 신문 개관은 일간보고의 주기를 띠고 있고, 정보보고는 주요 현안이 제기될 때마다 보고를 받는 부정기 보고의 형태를 취하고 있다.[52]

연해주군관구 군사평의회에서 생산된 문서 중에는 우선 군사평의회의 결정·지시를 들 수 있다. 이것은 대부분 군부대의 운영과 관련된 것이지만, 북한의 정치경제 상황에 중대한 영향을 끼친 결정·지시도 적지 않다. 만주와 북한에서 소련군의 급양을 위한 식료품의 조달, 북조선임시인민위원회로 일제 소유의 산업기업소 및 은행의 이관, 북조선임시인민위원회가 채택할 산업국유화 법령 초안, 북조선임시인민위원회로 소련군의 관할하에 있는 일본인 소유재산의 이관 등에 대한 결정·지시가 그것

---

51) 러시아국방성중앙문서보관소 문서군 142, 목록 432240, 문서철 9.
52) 러시아국방성중앙문서보관소 문서군 142, 목록 540934, 문서철 4.

이다.53)

군사평의회 결정·지시에는 25군 군사평의회가 연해주군관구 군사평의회에 제출한 보고도 포함되어 있다. 민정청장 로마넨꼬가 연해주군관구 군사평의회 위원 쉬띄꼬브에게 보낸 1946년 9월 28일자 여운형의 김일성 방문에 대한 보고와 로마넨꼬와 여운형의 대담기록은 남북한 좌익정당의 합당 및 좌우합작운동의 전개를 이해하는 데 유익하다.54)

연해주군관구 정치국 문서군에는 조선 해방 직후 1945년 9~10월 시기 제1극동전선군 정치국과 제1극동전선군 사령관 바실레프스키 원수 비서부에서 작성된 소련군 점령지역의 정치경제 정세, 해방 직후 조선공산주의 운동정세 등에 대한 일련의 보고서가 수록되어 있다. 점령 직후 북한의 정치동향에 대한 최초의 보고서로서 향후 소련군의 점령정책 수립에 중요한 역할을 하게 된다.55)

이 문서군에는 연해주군관구 정치국에서 작성하여 소련군 총정치국에 제출된 북한의 주요 정치경제 현안—모스크바 결정을 지지하는 집회와 시위, 조선공산당 북조선분국 제6차 확대집행위원회, 북한의 라디오방송, 북조선인민회의, 1946~47년 북조선 인민위원회 선거 등에 대한 보고서도 수록되어 있다. 연해주군관구 정치국은 25군 정치부와 소련민정청의 협력하에 정기적으로 북한의 정치경제 상황에 대한 보고서를 작성하여 소련군 총정치국에 제출하고 있다.56)

---

53) 러시아국방성중앙문서보관소 문서군 379, 목록 532092, 문서철 2.
54) 위와 같음.
55) 러시아국방성중앙문서보관소 문서군 32, 목록 11306, 문서철 682.

문서군에는 소련군 총정치국장 쉬낀이 국방상 불가닌에게 제출한 일련의 보고서도 수록되어 있다. 이것은 북조선임시인민위원회의 창설문제, 조선공산당 중앙위원회(박헌영)의 재정지원 요청, 조선민족 간부양성학교의 창설 등 정치적으로 매우 민감한 사안을 다루고 있다. 소련군 총정치국에서 작성된 1946년 2월 28일 평양에서 개최된 3·1운동 27주년 기념집회에 대한 보고서는 사안의 민감성(집회에 참석한 소련군 지도부와 북조선임시인민위원회 지도부에 수류탄이 투척) 때문에 소련외무성에 회람되기도 하였다.57)

이 문서군에는 조선과 만주에 위치한 敵軍 부대 및 주민에 대한 선무활동을 위해 연해주군관구 정치국이 제작한 다양한 종류의 성명서, 전단, 포스터가 모아져 있다. 또한 조선 해방에 참여한 소련군 장교를 위한 편람 『조선, 1945년』과 『소련군 경무사령관을 위한 편람, 1945년』이 모아져 있다. 경무사령관을 위한 편람은 북한의 도·시·군에 설치된 경무사령부의 법률적 지위, 정치적·행정경제적·사법적 권한을 규정한 지침적 성격을 갖는 중요한 문서이다.58)

25군 정치부 문서군에는 25군 참모장 뻰꼬프스키가 작성하고 25군사령관 치스차꼬브와 군사평의회 위원 레베제브가 승인한 1945년 10월 30일자 일련의 對日戰 보고서―"소련 제25군의 전투활동일지, 1945년 8월 9~19일,"59) "소련 제25군의 전투활동일

---

56) 러시아국방성중앙문서보관소 문서군 127, 목록 468007, 문서철 4.
57) 위와 같음.
58) 러시아국방성문서보관소 문서군 32, 목록 11318, 문서철 196.
59) 러시아국방성문서보관소 문서군 379, 목록 11019, 문서철 8.

지 첨부자료,"60) "소련 제25군의 일본군 격멸 전투활동보고"61) 등이 수록되어 있다. 이 자료는 이후 다양한 종류의 대일전 관련 논저 및 대일전 참가자의 회상기 집필의 기초사료가 되었다.

이 문서군에는 대주민 정치사업과 관련하여 생산된 문서, 즉 정치부 제7과(대주민 사업부서)의 월간 사업보고서가 많다. 정치부의 특별 선전활동과 관련하여 생산된 문서도 적지 않다. 북한 거주 일본주민과 전쟁포로들에 대한 사업, 수형자들에 대한 정치사업, 조선어 라디오방송 활동, 일제의 반농사상과 그 근절대책, 조선어 정기간행물 검열사업 등에 대한 보고서가 바로 그것이다.62)

북한주재 소련민정청 문서군은 가장 방대한 북한관련 자료를 집적하고 있는 문서군이다. 북조선 각도 임시인민위원회 대표자회의 문서철은 해방 직후 북한 정치정세의 동향을 밝혀 주는 귀중한 자료이다. 이 자료에는 소련군사령관 치스짜꼬브의 개회사, 대회에서 공포된 1945년 10월 10일자 소련군사령관의 명령서, 각도 인민위원회 대표자 명단, 북조선 지방자치기관 조직의 기본원칙, 북조선 도시 주민과 소련군사령부 비축을 위한 농산물 조달문제에 대한 농업분과의 제안서, 대표자회의 토론 기록, 북조선 보안기관 조직 및 사업의 기본방침, 25군 사령관과 군사평의회에서 작성한 대표자회의 총괄보고 등이 포함되어 있다.63)

---

60) 러시아국방성문서보관소 문서군 379, 목록 11019, 문서철 9.
61) 러시아국방성문서보관소 문서군 379, 목록 11019, 문서철 28.
62) 러시아국방성중앙문서보관소 문서군 379, 목록 578927, 문서철 3.
63) 러시아국방성문서보관소 문서군 주북한소련민정청, 목록 433847, 문서철 1.

북조선행정10국의 조직과 활동에 대한 자료도 적지 않다. 산업국, 교통국, 농림국, 재정국, 상업국, 체신국, 교육국, 보건국, 사법국, 보안국의 활동과 이에 대한 검열자료가 적지 않다.64) 이 자료 또한 관련문헌이 거의 존재하지 않는 상황을 고려하면 사료적 가치가 높다. 행정10국 자료 중에는 1945년 11월 1일~12월 31일 시기 사법국·보안국 관련자료가 많이 공개되어 있다. 사법국 관련자료에는 사법국 직원명단, 소련군사령부 고문 쉬찌닌이 사법국에 하달한 명령서, 쉬찌닌이 작성한 북조선 사법국·재판기관·검찰기관 조직과 사업의 기본원칙, 북한에서 폐기되는 법령에 대한 소련군사령관 명령서 등이 포함되어 있다.65)

　　보안국 관련자료에는 북조선보안국장 명령서, 체포구금 문서 수속과 심리절차 및 여타 심리문서 수속에 대한 임시규칙, 구금장·체포장·체포요구서·압수수색영장·석방장 양식, 북조선보안기관의 조직과 사업에 대한 임시규정, 석방명령서·수색조서·구속지령서·검속조서·구속조서 양식과 검속구속 및 심문방법, 심문서에 대한 임시훈령서, 북조선보안기관 조직 및 사업요강, 보안기관조직 계통도, 북조선보안기관의 구조와 기능(초안) 등이 모아져 있다.66)

---

64) 러시아국방성문서보관소 문서군 주북한소련민정청, 목록 343253, 문서철 9.

65) 러시아국방성문서보관소 문서군 주북한소련민정청, 목록 343253, 문서철 2.

66) 러시아국방성문서보관소 문서군 주북한소련민정청, 목록 343253, 문서철 3.

북조선임시인민위원회 창설을 위해 1946년 2월 7~8일 평양에서 개최된 북조선 제정당·사회단체 각도 군인민위원회 대표자협의회 자료도 중요한 의미를 지닌다. 이 자료에는 25군 군사평의회가 승인한 대표자협의회 추진계획 및 지원계획, 대표자협의회 의사일정과 김일성의 개회사, 협의회 참석 정치활동가 명단 및 약력, 협의회에서 채택된 소련군사령관 치스짜꼬브에게 보내는 서한 및 서명부 등이 포함되어 있다.67)

북조선인민위원회 선거관련 자료도 적지 않다. 1946년 11월에 실시된 도·시·군인민위원회 선거와 1947년 2월 실시된 면·리 인민위원회 선거관련 자료로 구성되어 있다. 인민위원회선거는 민정청 정치담당 이그나찌예프가 총괄하였다. 선거관련 자료는 선거관계 법령, 선거관련 보고요령, 선거총괄 보고요령, 선거결과 조사보고 등 이그나찌예프가 각도 경무사령관에게 하달한 각종 지시, 각도 경무사령관이 이그나찌예프에게 올린 보고 및 민정청 차원에서 작성된 선거총괄보고 등으로 구성되어 있다.68)

산업국유화 관련자료도 상당한 분량에 달한다. 일본국가·일본인 소유의 산업기관을 북조선임시인민위원회에 인계하는 산업국유화 관련자료는 현재 1개 문서철만이 자주 활용되고 있지만,69) 관련 문서철은 수십 개에 달한다. 전체적으로 산업국유화

---

67) 러시아국방성문서보관소 문서군 주북한소련민정청, 목록 106546, 문서철 7.
68) 러시아국방성문서보관소 문서군 주북한소련민정청, 목록 106546, 문서철 8, 10.
69) 러시아국방성문서보관소 문서군 주북한소련민정청, 목록 102038, 문서철 3.

관련자료는 산업기관의 각 도별, 각 공장별 인수인계서와 인수인계 시설·장비·물자 대장 및 인수인계 사업의 총괄보고서 등으로 구성되어 있다.

문서군에는 북한주민의 동향에 대한 보고서 문서철도 존재한다. 이 문서는 주로 이그나찌예프가 25군 군사평의회에 제출하기 위해 작성한 것이다. 이러한 부류의 문서로는 1946년 3월 6~19일 시기에 작성된 토지개혁의 실시와 주민동향이라는 일일정보보고가 대표적이다. 이 밖에도 노동자·사무원의 노동법령, 농업현물세 법령, 남녀평등권 법령, 산업국유화 법령 등 민주주의적 개혁조치에 대한 주민의 반응을 정리한 보고서도 많다. 모스크바 결정에 대한 북한주민의 반응과 같은 북한주민의 정치동향에 대한 보고서도 눈에 띈다.[70]

민정청 문서군에는 경무사령부 사업보고 문서철이 압도적인 부분을 점하고 있다. 이 문서철은 각도의 경무사령관이 소련군 민정담당 부사령관에게 보낸 각도 경무사령부의 사업보고로 이루어져 있다. 이 보고는 대부분 월간보고의 형태를 띠고 있다. 또한 이 문서철에는 이그나찌예프가 각도 경무사령부 사업보고를 취합하여 민정청장에게 보낸 경부사령부 사업보고 발췌도 포함되어 있다.

경무사령관 사업보고는 정치, 경제, 사회, 문화, 보건의료, 종교 등 도내의 거의 모든 문제에 대해 포괄적으로 매월 변화상황을 정리하여 보고하는 형태를 취하고 있다. 또한 토지개혁, 산업국유화, 화폐개혁 등 시기적으로 중요한 현안이 제기될 경

---

[70] 러시아국방성문서보관소 문서군 주북한소련민정청, 목록 102038, 문서철 2.

우 이 문제에 대한 집중적인 보고의 형태를 취하고 있다.[71]

평안남북도, 함경남북도, 황해도, 강원도 등 북한의 6개 도에 설치되어 있던 각도 경무사령부와 각도 경부사령부 관할하에 있는 각군 경무사령부에서 생산된 문서는 각도 경무사령부 문서군으로 독자적인 문서군을 형성하고 있다. 이 문서군은 상급기관이 하급기관에게 하달한 명령·지시 및 하급기관이 상급기관에 상신한 사업보고로 구성되어 있다.

예를 들면 평안북도 소련군경무사령부 문서군은 민정청에서 평안북도 경무사령부에 하달한 명령·지시 및 도 경무사령부가 각군 경무사령부에 하달한 명령·지시, 도내 각군 경무사령사령관이 도 경무사령관에게 보낸 군 경무사령부 사업보고 및 도 경무사령관이 북한주둔 소련군 민정담당 부사령관에게 보낸 도 경무사령부 사업보고,[72] 주민들의 정치경제·사회문화 생활, 위생방역 상황, 사회경제개혁 실시 등에 대한 각군 경무사령부의 보고 등 주요 사안별 특별보고로 구성되어 있다.[73]

문서보관소에는 25군사령관 비서부와 25군 군사평의회에서 생산된 문서도 존재한다. 북한주둔 소련군사령관 명령서[74]와

---

71) 러시아국방성문서보관소 문서군 주북한소련민정청, 목록 102038, 문서철 1; 목록 106546, 문서철 3, 4; 목록 343253, 문서철 9; 목록 343254, 문서철 2.

72) 道 경무사령부 사업보고는 주로 半月間의 주기를 띠고 있지만, 郡 경무사령부 사업보고는 월간/반월간 등 주기가 일정하지 않다.

73) 러시아국방성중앙문서보관소 문서군 평안북도소련군경부사령부, 목록 536317(1945년), 536318(1946년), 536865(1947년), 537804(1948년) 참조.

74) 러시아국방성문서보관소 문서군 379, 목록 11034, 문서철 22.

25군 군사평의회 결정75)이 바로 그것이다. 소련군사령관 명령서는 1945년도 것만이 공개되었고, 군사평의회 결정은 1946년도 것만이 공개되었다. 이 문서들이 각각 독립된 하나의 문서군으로 형성되어 있는지는 분명하지 않다.76)

이 밖에도 문서보관소에는 연해주군관구 조선위원회 문서군이 존재한다. 조선위원회의 조직적 위상은 분명하지 않다. 다만 1945년 9월 20일자 스탈린 지령에 북한에서의 민정업무에 대한 일체의 지도감독 권한을 연해주군관구 군사평의회 위원 쉬띄꼬브에게 위임하고 있는 점으로 보아 쉬띄꼬브 지휘하에 조선위원회가 조직되어 활동한 것으로 보인다.77) 쉬띄꼬브의 특별보좌관 끄라프초브도 이 조직의 존재 사실을 증언한 바 있다.78) 이 위원회에서 생산된 문서는 방대한 규모에 달한다. 1997년 말 조선위원회의 일부 문서가 공개되었지만 검토하지 못하였다.

---

75) 러시아국방성문서보관소 문서군 25군, 목록 532092, 문서철 1.

76) 국방성문서의 문서군 형성 원칙을 고려할 때 이 문서들이 각각 독립된 문서군으로 형성되어 있을 가능성이 높다. 그러나 현재로서는 확인이 불가능하다. 러시아국방성 총사령부 역사문서관리국을 경유하여 공개된 소련군정문서의 출처에는 이 문서들이 각각 독립된 문서군으로 형성되어 있지 않고 다른 문서군에 수록되어 있다. 이것은 착오일 가능성이 높다.

77) 러시아국방성문서보관소 문서군 148, 목록 3763, 문서철 111, 92~93쪽.

78) 1995년 끄라프초브에게서 청취.

3. 북한관련 러시아자료의 의의

1) 역사적 사실의 복원

　지금까지 미군노획문서는 북한연구에서 가장 일반적인 사료적 원천으로 활용되어 왔다. 미군노획문서의 공개와 더불어 북한연구가 시작되었다고 할 수 있을 정도로 북한 연구자들은 미군노획문서의 분석에서 연구를 시작하였다.
　그러나 미군노획문서는 일차사료로서 간과할 수 없는 결함을 내포하고 있다. 미군노획문서는 공개적인 발표를 위해 생산된 경우에는 대부분 이데올로기적인 검열을 거친 공식문헌이어서 역사적 실체에 대한 객관적인 서술보다는 이데올로기적 지향이 과도하게 반영되어 그 활용에 매우 신중한 태도가 요구되고 있다. 뿐만 아니라 노획문서는 시기적으로도 단절이 심하여 해방 3년사 전체를 포괄하지 못하고, 내용적으로도 사회생활의 다양한 측면을 반영하지 못해 정치·경제의 제한된 분야에서만 부분적으로 활용이 가능한 형편이다.
　물론 미군노획문서 가운데도 북한의 당·국가기구에서 대중적 공개를 목적으로 생산되지 않은 일차사료적 성격을 지닌 자료도 적지 않은 것이 사실이다. 당대회 자료집, 당회의 문헌집, 인제군당 회의록 같은 자료는 행위주체의 지향을 정확히 보여주는 일차사료로서 매우 귀중한 의미를 지니고 있다.

그러나 대중적 공개를 목적으로 생산되지 않은 미군노획문서라 할지라도 행위주체의 주관적인 이데올로기적 지향이 배제되어 있다고 할 수 없다. 오히려 사태의 전개를 주체적이고 내재적인 요인에 과도하게 의거해서 해석하려는 경향이 강하다. 이러한 해석방식은 확실히 해방 직후 북한사회의 변화·발전에 거대한 영향을 끼친 외적 변수인 소련군정과 소련의 역할을 과소평가하는 것으로 귀결되고 있다.

미군노획문서의 장단점을 고려할 때 러시아자료가 지닌 의의를 더욱 분명히 인식할 수 있다. 소련군정 문서는 군정통치의 직접적인 당사자가 생산한 1차자료로서 정책의 기획·실행·전개·결과에 이르는 사태발전의 전 과정이 망라되어 있다. 자료의 내용구성이라는 측면에서도 정치, 경제, 사회, 문화, 보건의료, 문학예술 등 사회생활의 거의 모든 측면이 총체적으로 포괄되어 있다. 시기적으로도 단절 없이 해방 3년사에 대한 중단 없는 서술을 가능하게 할 만큼 생산문서의 양이 풍부하다.

물론 러시아자료는 불가피하게 소련정부의 국가적 이익을 강하게 반영하고 있지만, 북한의 정치세력을 군정통치의 파트너로 인정한 조건에서 이들과 협의하며 사태를 풀어 나갔던 군정통치 메커니즘이 여과 없이 사료에 반영되어 있어 해방정국 북한사회의 변화·발전에 중요한 역할을 한 내외적 요인이 고르게 포착되어 있다고 할 수 있다.

러시아자료는 한마디로 해방 직후 북한사회 발전의 역사적 실체를 복원한다는 점에서 획기적인 의미를 지니고 있다. 북한의 당·정기관에서 생산된 1차사료가 공개되지 않는 한 해방 직후 북한사회 발전의 실체적 진실을 해명하는 데 부동의 사료적 지위를 점하게 될 것이다. 물론 러시아자료가 전가의 보도는 아니다. 러시아자료는 다양한 사료적 원천 가운데 하나인 것에 불과하며, 이 때문에 다른 종류의 사료와 결합해서 비교·검토하며 읽혀야 그 진정한 가치가 빛날 것이다.

2) 이데올로기적 편향성

위에서도 언급했지만 러시아자료에도 적지 않은 결함이 내포되어 있다. 무엇보다도 먼저 러시아자료는 냉전적 사고가 내재화되어 있다. 러시아자료에는 미소의 대한정책을 시종일관 민주 대 반민주로 대별하는 경향이 강하다. 미국은 침략자, 제국주의, 약탈자로 묘사되고 있는 반면 소련은 해방자, 프롤레타리아국제주의의 화신, 원조자로 묘사되어 있다. 특히 소련의 대한정책과 소련군의 역할이 시종일관 프롤레타리아국제주의에 입각한 사심 없는 형제적 원조자, 해방자적 역할로 묘사되고 있다. 정치세력에 대한 평가도 이분법적으로 단순하게 도식화되어 있다. 좌우 정치세력은 진보 대 반동으로 대별되고, 종교세력, 특히 기독교세력에 대한 적개심이 강하게 노출되어 있다. 이것은 분명 역사적 실체규명을 방해하는 것으로 비판적 접근이 요구되는 점이다.

러시아자료의 이데올로기적 편향과 관련하여 지적해 두어야 할 것은 러시아자료 일반에서 보이는 용어법이다. 러시아자료에 자주 등장하는 '민주주의적' 혹은 '민주적'이라는 용어는 '사회주의적 혹은 사회주의 지향'의 의미를 지닌다. '민주적'이라는 용어는 또한 '소련에 우호적인, 친소적인' 이라는 뜻을 갖는다. 때문에 특히 정치세력에 대한 평가와 관련한 이 용어법도 역시

주의를 요하며 사료비판이 필요한 부분이다.

　러시아자료는 기술적으로도 적지 않은 결함을 내포하고 잇다. 경제통계의 경우 그 자체로서 논리적인 정합성을 지니고 있지 못한 경우가 허다하다. 상호간의 모순된 통계가 무수히 존재한다. 한국의 인명, 지명의 러시아어 표기도 통일성을 결여하고 있다. 인명과 지명이 서로 다른 방식으로 표기되는 경우가 비일비재하다. 표기의 정확성이 부족하고 한국의 인명·지명을 일본식으로 발음하고 이것을 다시 러시아어로 표기한 경우도 적지 않다. 이 때문에 확인이 불가능한 경우가 적지 않다.

　러시아자료의 적지 않은 부분이 필사문서라는 점도 사료의 독해와 활용이라는 점에서 많은 곤란을 가중시키고 있다. 소련군정기구에서 생산된 문서의 경우 도 이상의 단위에서 생산된 문서는 대체로 타이핑되어 있으나, 도 이하 단위에서 생산된 문서는 대부분 필사문서의 형태를 취하고 있다. 기록자의 난해한 필체 때문에 적지 않은 자료의 독해가 불가능하다.

1960~70년대 주체사상의 체계화과정과 북한사료의 변조양상
— 김일성 저작물의 담론구조와 그 독법 —

강 광 식

1. 문제의 제기

북한연구의 일차적 과제는 사실과학으로서의 학문적 실증성을 높이는 데 있고, 궁극적으로는 민족통일의 평화적 실현이라는 규범과학으로서의 실천적 목적에 기여하는 것이라고 할 수 있다. 그러나 이러한 과제를 수행하는 데 있어서는 현실적으로는 물론이고 이론적으로도 심각한 난관이 개재한다. 북한이라는 연구대상의 특수성으로 인하여 방법론상 여러 모로 복잡한 문제가 제기되기 때문이다.

　우선 북한연구에서는 그 체제의 성격상 경험적 실증연구가 원초적으로 제약을 받는다. 연구대상인 북한사회 자체가 대내외적으로 엄격히 통제되는 유례없는 폐쇄사회이기 때문이다. 그리고 이에 수반하여 여기서는 경험적 실증연구에 필요한 자료의 수집 자체가 쉽지 않은 데다가 수집된 자료 역시 그 신빙성을 판별하기가 쉽지 않기 때문이다.

　북한연구에서는 또한 연구자의 시각 역시 심각한 난관을 조성한다. 북한연구는 특히 우리에게 운명적으로 규범과학의 대상일 수밖에 없거니와, 따라서 여기서는 연구자 스스로가 설정하는 규범적 입장이나 이데올로기적 시각 여하에 따라 연구의 객관성을 유지하는 일이 알게 또는 모르게 훼손될 수 있기 때문이다. 종래의 반공주의적 시각이 북한사회의 부정적 측면만을 의도적으로 들추어냄으로써 북한연구의 객관성을 크게 훼손시킨 것으로 비판되었던 것도 이 때문이며, 80년대 이후 이른바 '북한 바로알기 운동'의 일환으로 각광을 받게 된 '내재적 시각' 역시 긍정적 척도로만 북한을 보려는 또 다른 맹목성으로 인하여 비판을 받고 있는 것도 이 때문인 것이다.[1]

---

[1] 연구시각에 관한 일련의 논의로서 특히 주목되는 것으로는 다음의 문헌을 들 수 있다. 송두율, "북한사회를 어떻게 볼 것인가," 송두율, 『현대와 사상: 사회주의·현대민족』(서울: 한길사, 1990); 강정구, "연구방법론," 강정구 편, 『북한의 사회』(서울: 을유문화사, 1990); 이종석, "북한연구방법론: 비판과 대안," 『역사비평』, 1990년 가을호; 강정인, "북한연구방법론: 내재적 접근법에 대한 비판적 성찰," 『동아연구』, 제26집(1993); 이종석, "북한연구의 진전을 위한 일제언: 연구방법과 문헌분석을 중심으로," 서울대학교 대학원자치회 편, 『반시대』,

그러나 이 문제에 관한 최근의 방법론적 논의에서 보면 다음과 같이 고무적인 대안이 제시되고 있음을 주목할 필요가 있다. 그 중에서 이 논문의 목적과 관련하여 특히 주목되는 것은, 자료문제에 관한 한 극히 한정된 범위 내에서나마 '공간문헌'을 대상으로 한 세련된 분석기법으로써 극복할 수 있다는 것이다. 예컨대 Samuel S. Kim에 따르면, 체계적이고 실증적인 북한연구를 어렵게 하는 주요인으로 지적되는 예의 연구자료 제약에서 벗어나기 위해서는 연구자가 우선 접근이 용이한 '공간문헌'을 통해 일종의 '장난감 짜맞추기'식으로 유용한 자료를 복원시킬 필요가 있다고 강조한다. 그러나 북한문헌의 대부분을 차지하는 공간문헌들에는 수사적 표현과 고도의 은유성이 내재하기 때문에, 修辭에 기초해서 실재를 구성하는 방법론적 함정에 빠질 우려가 있다는 것이다. 따라서 북한연구에서는 "규범적·개념적·이론적 地圖의 안내 없는 단순한 서술은 지적 경계선을 확장시키는 데 거의 공헌할 수 없다"는 점이 특별히 유념되어야 한다는 것이다.2) 이종석 역시 같은 문제의식에서 '공간문헌'을 통한 자료복원의 필요성을 강조하는 한편으로 그것을 정확히 읽어내는 세련된 독해법이 요구된다고 역설한다. 그는 북한의 '공간문

창간호(1994); 이종석, "북한연구 어떻게 할 것인가," 『현대북한의 이해: 사상·체제·지도자』(서울: 역사비평사, 1995); 최완규, "북한적 정치현상의 올바른 이해를 위하여: 연구시각·자료·이론틀," 『북한은 어디로: 전환기 북한적 정치현상의 재인식』(마산: 경남대학교출판부, 1996).

2) Samuel S. Kim, "Research on Korean Communism: Promise versus Performance," *World Politics*, Vol. XXXII, No. 2(Jan. 1980), pp.289-307.

헌'에 대한 '오독과 천박한 해석'에서 벗어나기 위해서는 무엇보다도 연구자 스스로 문헌의 성격을 파악하고 의미를 해석하고 맥락을 분석해 내는 세련된 기법이 요구된다고 전제하고, '내재적 연관성과 합법칙성을 연구'하는 '실사구시'적 연구방법으로서 '공간문헌'에 대한 '담화분석'의 실례를 보여주고 있다.3)

이상의 논의를 통하여 체계적이고 실증적인 북한연구에서 필수적으로 요구되는 '공간문헌' 분석의 유용성과 분석기법상의 유의점에 대해서 개략적으로 살펴보았거니와, 이 논문에서는 북한의 '공간문헌'을 대표하는 김일성 저작 문헌자료의 讀法에 주안점을 두고 북한사료의 變造4)양상을 살피되, 특히 '주체사상'의 형성·체계화과정과의 관련에서 집중적으로 고찰하려고 한다. 따라서 이 논문에서는 우선 '주체사상' 대두 이후 4차례의 김일성 저작물 편찬과정에서 추진된 수정·증보작업에 주목하여 편찬시기별로 어떤 변조양상을 보여주게 되었는지를 차례로 살피게 될 것이다.

북한의 '공간문헌'에서 특정 사건이나 개념에 대한 서술이 편

---

3) 이종석, "북한연구의 진전을 위한 일제언: 연구방법과 문헌분석을 중심으로," 서울대학교 대학원자치회 편, 『반시대』, 창간호(1994), 293-312쪽; 이종석, "북한문헌의 담화분석," 『현대북한의 이해: 사상·체제·지도자』(1995), 25-47쪽.

4) 여기서 말하는 '變造'라는 말은 사전적인 의미로는 '(문서 따위의) 형태·내용 등을 고쳐 만든다', '(이미 이루어진 문서 따위를) 가공하여 고쳐 만든다'는 뜻을 나타내는 용어로서, 여기서는 특히 '원작을 손질하여 다시 고치어 짖는다'는 '改作', '바로잡아서 고친다'는 '修正', '사실에 맞지 않거나 사실에 없는 일을 사실인 것처럼 꾸민다'는 '捏造' 등의 의미를 두루 포괄하는 용어로 사용한다.

찬시기에 따라 커다란 편차를 나타내는 것은 주지의 사실이다. 이러한 현상은 물론 사회주의국가 공통의 일반적 현상으로서 권력구조상 중요한 변동이 있을 때마다 과거에 대한 해석이 바뀌는 것은 오히려 당연시되는 일이지만, 북한의 경우에는 그것이 김일성 지배체제의 구축과정과 불가분의 관련 속에서 진행되어 왔다는 것이 특징이다. 이러한 맥락에서 이종석은 북한의 문헌자료에서 발견되는 간행 시기별 서술의 편차를 다음과 같이 세 가지 수준으로 대별해서 설명하고 있다. 그 하나는 김일성 지배체제의 강화에 따른 '서술의 변화'이며, 다른 하나는 이른바 '주체사관'의 확립과정에 따른 '담화체계의 변화'이고, 그리고 끝으로 혁명단계의 발전과정에 따른 '담화내용의 변화'가 그것이다.5) 여기에서 이 논문의 목적과 관련하여 우리의 주목을 끄는 것은 두 번째이다. 북한의 주요 문헌자료들은 주체사상의 대두와 더불어 역사의 주체적 해석에 주력하여 1960년대 이후 부분적으로 서술체계를 바꾸기 시작한 이래 1970년대에 이르러 주체사상의 사회역사 원리인 '주체사관'이 등장하면서 서술체계 전체가 근본적으로 바뀌게 되었기 때문이다.

그런데 여기에서 다시 주목되는 것은 이러한 '주체사관'의 논리체계하에 북한의 역사서술이 자주성 실현의 관점에서 서술되도록 하는 데 그치지 않고, 특히 '지도와 대중의 결합'을 강조하는 이른바 '혁명적 수령론' 이후 수령의 활동 역사에 대한 극단적인 찬미 속에서 역사적 사실 자체를 과장·변조하는 단계에까지 이르게 되었다는 점이다. 8·15해방에서의 소련의 역할이

---

5) 이종석, "북한문헌의 담화분석," 『현대북한의 이해: 사상·체제·지도자』(역사비평사, 1995), 34-38쪽.

삭제되고 김일성이 지휘했다고 하는 항일유격대의 역할이 전면에 부각되는가 하면, 그 연장선상에서 수령의 언설을 총체적으로 규범화하고 경전화하여 '유일사상체계'로 연결시키고 있는 것이 그 예이다. 그리하여 주체사상은 이를 계기로 유일체제의 합리화를 위한 권력의 담론수준으로 변질되어 이후 북한체제의 성격을 규정하는 절대적인 요인으로 작용하게 되었던 것이다. '담화체계의 변화'와 더불어 '담화내용' 자체가 질적으로 바뀌는 그야말로 고도의 변조양상을 보여주게 된 것이다.

  이 논문에서는 바로 이러한 맥락에 유의하여 1970년대 이후 김일성 저작물의 변조양상을 살피게 될 것이다. 따라서 여기서는 체계적으로 심화된 주체사상체계의 틀에 맞추어 필요시되는 문헌을 '만들어 내는' 새로운 변조양상의 구명에 역점을 두게 될 것이다. 이를 위하여 여기서는 예컨대 1972년에 간행이 재개된 『김일성저작선집』(제2집) 이후의 편찬사업에서 엿볼 수 있듯이, 문헌이나 문구를 첨삭하는 방식의 수정작업보다는 실재성이 불명한 문건을 새로 만들어 내거나 또는 편찬체계 자체를 주체사상체계의 이론적 틀에 맞추어 필요시되는 문건들을 대폭 보강하는 것과 같은 새로운 편찬방식에 주목하되, 이와 병행해서 조직적으로 추진된 『철학사전』·『정치용어사전』·『김일성동지의로작색인』등의 편찬·보급사업과 연관된 경전화 양상의 구조적 메커니즘을 살피는 데 주력하게 될 것이다. 그리하여 이 논문에서는 궁극적으로 주체사상 내지 김일성 저작물에 내재하는 특유의 문법체계와 담론구조가 어떤 것인지를 구명함으로써 북한의 '공간문헌'을 올바로 읽는 데 도움이 되는 讀法의 제시에 기여하려고 한다.

2. 주체사상의 대두와 김일성 저작물의 단계별 변조양상(Ⅰ):
편찬단계별 첨삭·수정내용의 분석

　북한에서 주체확립의 문제는 1955년 12월 28일 김일성이 당 선전선동 일꾼들 앞에서 한 "사상사업에서 교조주의와 형식주의를 퇴치하고 주체를 확립할 데 대하여"라는 연설을 통하여 처음으로 제기한 이후 여러 방면에 걸쳐 꾸준히 강조되다가 1962년 12월에 이르러 주체사상이라는 표현으로 제기되었다.[6] 중소분쟁과 주체노선의 확립, 자주적 민족경제 노선의 추구 등으로 대표되는 이 시기의 주체사상은 당시 북한이 처하고 있던 국제적 여건과 내적 요구를 해결하기 위한 북한사회주의의 생존전략을 나타낸 것으로 평가된다.

　그러나 이러한 성격의 주체사상은 그후 1967년을 기점으로 크게 굴절되기 시작하였다. 김일성 개인숭배의 전면화와 유일사상체계의 확립, 그리고 이를 위한 당내 숙청을 통해서 북한사회에 일대 사회·문화적 지각변동을 가져왔던 1967년을 계기로 주체사상은 크게 변모하기 시작하였다. 그리고 그 변모의 내용은 사상창시의 집체성이 강조된 '우리당의 혁명사상'에서 개인 독점을 의미하는 '김일성동지의 혁명사상'으로의 전환이었으며, '맑

---

6) "1952년 당중앙위원회 제5차 전원회의의 력사적 의의," <로동신문>, 1962년 12월 19일.

스-레닌주의의 조선 현실에의 창조적 적용'을 벗어나 김일성주의로 치달린 '보편적 사상이론'으로의 굴절·격상이었다.7) 북한 지도부는 1968년부터 주체사상을 '가장 정확한 맑스-레닌주의'로 규정하는 양상을 보여주다가 1969년의 '혁명적 수령관'의 제기를 통해 '수령사상'의 절대화를 시도하는 단계를 거쳐 1974년에는 급기야 김일성주의를 공식적으로 천명하는 데까지 이름으로써 결정적인 굴절양상을 드러내게 되었던 것이다. 그리고 이러한 일련의 사태전개가 김일성 저작물의 편집·체계화과정을 통해 그 구체적인 실체를 드러내게 되었음은 두말할 나위가 없다.

김일성 저작물은 해방 이후 여러 간행물에 산발적으로 수록되어 있었던 것8)을 한국전쟁 직후 『김일성선집 1판』으로 집성하여 편찬한 이래 『김일성선집 2판』, 『김일성저작선집』, 『김일성저작집』 등의 재편찬과정을 거치면서 체계적으로 집대성되었다. 이 과정에서 수록된 문건의 첨삭이 이루어지기도 하고 수록된

---

7) 이종석, "주체사상과 유일체제," 『현대북한의 이해: 사상·체제·지도자』(역사비평사, 1995), 69쪽.

8) 대표적인 자료집은 다음과 같다. 즉 『조선민주주의인민공화국 수립의 길』(평양: 북조선인민위원회 선전부, 1947); 『민주주의인민공화국 수립을 위하여』(평양: 노동당출판사, 1948); 『조국의 통일과 독립과 민주화를 위하여: 김일성 위원장의 중요 보고집 2집』(평양: 북조선인민위원회, 1948); 『조선민주주의인민공화국 수립의 길』(평양: 북조선로동당 중앙본부 선전선동부, 1948); 『조국의 통일독립과 민주화를 위하여』, 전2권(평양: 국립인민출판사, 1949); 『조국의 통일독립과 민주화를 위하여』(평양: 조선로동당출판사, 1951); 기타, 『조선중앙년감』(49년판)·(51-52년판)·(54-55년판).

문건 중 그 내용이 삭제되거나 또는 수정·보완되기도 하였다. 따라서 김일성 저작물에 대한 총체적인 인식을 위해서는 체계화된 완결판이라고 할 수 있는『김일성저작집』전체에 대한 체계적 인식과 더불어 거기에 수록된 문헌들이『김일성선집』이나 『김일성저작선집』 등 이전의 편찬과정에서 어떠한 변조양상을 보여주었는지를 비교·검토할 필요가 있다. 이러한 맥락에서 이하에서는 김일성 저작물의 변조양상을 주체사상 대두 전후의 차이와, 특히 그 체계화과정에서의 단계적 변화에 주목하여 차례로 살펴보기로 한다.9)

---

9) 김일성 저작물의 편찬과정 및 수정내용에 관해서는 이미 상당한 수준의 연구축적이 이루어져 있다. 대표적인 선행연구로는, ① 조재관,『김일성선집 수정과정 분석』(서울: 국토통일원, 1975. 5), ② 국토통일원 조사연구실 편,『김일성선집 수정과정 분석』(서울: 국토통일원, 1975. 7), ③ 조재관, "김일성선집 수정과정 분석," 국토통일원 조사연구실 편,『김일성연구 논총』(서울: 국토통일원, 1976), 169-243쪽, ④ 중앙정보부 편,『김일성선집의 내용변조에 관한 분석(1): 1949년도판과 1954년도판의 비교연구』(서울: 중앙정보부, 1978), ⑤ 중앙정보부 편,『김일성선집의 내용변조에 관한 분석(2): 1954년판과 1960년판, 1963년판의 비교분석을 중심으로』(서울: 중앙정보부, 1978), ⑥ 김태서,『김일성선집 수정내용 분석』(서울: 국토통일원 조사연구실, 1979), ⑦ 이창하,『김일성저작집 수정내용 분석』(서울: 국토통일원, 1982), ⑧ 김병로, 『김일성저작 해제』(민족통일연구원, 1993. 7), ⑨ 김병로, "김일성, 일성성문건 해제," 북한연구소 편,『북한학보』, 제18집(1994), 169-200쪽 등을 들 수 있다. 여기서는 주체사상의 형성·체계화과정과의 연관성에 주안점을 두고 이들 선행연구에서의 분석내용들을 대조·검토하여 변조양상을 정리하였다. 선행연구들 중에서 특히 김병로의 "문헌해제"는 김일성 저작물의 편

1) 『김일성선집 1판』(1953~54)에서의 주요 변조양상

한국전쟁이 종료될 무렵인 1953년 5월에 간행되기 시작한 『김일성선집 1판』은 1945년 12월부터 1953년 5월까지의 기간에 발표된 김일성의 주요 연설문과 담화문 134편을 수록하고 있다. 여기서는 문맹퇴치와 사상교육사업의 일환으로 1949년부터 시행된 '한자사용 폐지'정책을 반영하여 국한문 혼용이었던 선행 저작을 모두 한글로 수정한 것이 특징이며, 내용상으로는 다음 몇 가지 주목되는 수정사항을 보여주고 있는데 그것은 주체사상 등장 이후의 것과 홍미로운 대조를 이룬다.

(1) 프롤레타리아 국제주의노선의 강조와 민족자주노선의 도외시

『김일성선집 1판』에서의 수정내용 중에 우선 주목되는 것으로는, 중국과 소련을 중심으로 한 프롤레타리아 국제주의노선을 옹호하는 입장을 의도적으로 드러내 원문과 다른 문구를 첨삭하고 있다는 사실이다. 예컨대 "8·15해방 2주년 평양시 기념대회에서 한 보고"(1947. 8. 14)라는 문건의 경우에서 보면, 『조선중앙연감』(49년판)에 수록된 원문에서 '쏘·미·영 연합국 인민들'

찬과정 전체를 조감하는 전제에서 각 단계의 수정내용을 체계적으로 살피고 있는 만큼, 여기서도 가장 중심적인 준거가 되었거니와, 따라서 여기서는 준거사항마다 일일이 각주를 달지 않았음을 밝혀 둔다.

로 표기되었던 문구를 '쏘련인민들과 그의 위대한 영도자 쓰딸린 대원수'로 수정을 가하고 있으며, "력사적인 민주선거를 앞두고"(1926. 11. 1), "민주주의 림시정부 수립을 앞두고 조선청년들에게 고함" (1947. 6. 23) 등의 문건에서 '연합국군대'에 의해서 해방되었다는 당초의 원문 내용이 '쏘련의 영웅적 군대' 또는 '쏘련군대'에 의해서 해방된 것으로 수정되고 있는 것이다. 이러한 사정은 물론 북한이 8·15해방을 연합국의 승리에 의한 것으로 평가했다가 1948년을 전후하여 소련의 결정적 역할에 의한 것으로 평가를 바꾸게 된 것을 반영하는 것이기도 하지만 한국전쟁을 겪은 직후의 정세를 반영한 것이라고 할 수 있다. 예컨대 "1951년을 맞이하면서 전국민들에게 보내는 신년사"(1951. 1. 1)의 경우를 보면 『조선중앙년감』(51~52년판)에서 "중국인민은…… 조선인민군 총사령부 지휘하에"라고 했던 당초의 표현에서 '조선인민군 총사령부 지휘하에'라는 문구를 삭제하는 수정을 가하고 있는 데서도 확인할 수 있다.

프롤레타리아 국제주의노선을 강조하려는 북한 지도부의 편집의도는 당시 민족자주노선을 표방하여 소련의 스탈린과 심각한 갈등관계에 있었던 유고슬라비아와 티토에 관한 언급에서도 확인할 수 있다. 예컨대 "8·15해방 2주년 평양시 기념대회에서 한 보고"(1947. 8. 14)와 "1949년을 맞이하면서 전국민에게 보내는 신년사"(1949. 1. 1)에서 보면 "유고슬라비아 인민의 영도자인 '찌또' 원수"라는 문구와 '유고슬라비아'라는 국명 자체가 삭제됨으로써 민족자주노선에 대한 관심이 의도적으로 도외시되고 있기 때문이다.

(2) 남로당 유격대활동의 축소

다음으로 주목되는 내용상의 수정사항으로는 한국전쟁 기간 중에 지리산 일대 등지에서 활약했던 남로당의 유격대활동 내용이 축소되고 있는 점이다. 예컨대 "신화사, 주 조선분사 대리사장, 류계량 동지에게 준 몇 가지 문제에 대한 회답"(1951. 2. 11)이라는 문건에서 보면, 『조선중앙년감』(51~52년판)에 실린 당초의 원문과는 달리 박종근 유격대와 길원팔 유격대(경상남도 일원), 리현상 유격대(지리산 일대), 윤상철과 김용암 부대들(충청남북도 일원)의 활동내용이 의도적으로 삭제된 채 단순한 유격대활동이 있었던 것으로 언급되고 있을 뿐이다.

2) 『김일성선집 2판』(1960~64)에서의 주요 변조양상

1960~64년에 발간된 『김일성선집 2판』은 1945~59년간에 발표된 김일성의 연설문과 담화문 124편을 수록하고 있는데, 이 중 31편은 『김일성선집 1판』에서 발췌하고 있다. 여기서는 "표현상 수정을 가한 부분도 있지만 개별저작들은 내용상으로도 약간의 보충 또는 수정이 가하여졌다"는 편집자의 언급[10]에서도 엿볼 수 있듯이, 주요 용어는 물론 문장 전체를 세련되게 수정[11]하는

---

10) 『선집 2판』, 서문.

11) 용어수정 사례로서는 예컨대 '적은 기한'→'짧은 기한'과 같이 문맥에 맞는 용어로 바꾸고 있는 것 이외에 '민중'→'인민', '일본침략주의'→'일본제국주의', '미국인'→'미제' 등과 같이 계급주의 사상성을

한편으로 내용에 있어서도 필요한 문건을 대폭적으로 추가하는 등 전체적인 체계성을 고려하여 수정을 가하고 있는 것이 특징이다. 주목되는 내용수정 사례를 살피면 다음과 같다.

(1) 김일성정권의 정당성 확보를 위한 관련문건의 정돈

『김일성선집 2판』에서 우선 주목되는 편집내용 체계상의 특

나타내는 용어로 바꾸고 있는 것이 주목된다. 그리고 문장수정사례로는 문장을 전후 문맥에 맞게 다듬고 있는 것 이외에 다음 몇 가지 예에서 보는 바와 같이 문건의 제목을 세련되게 수정하고 있는 것이 주목된다.

 ○ 제목의 단순한 정제: "조선임시정부 수립을 앞두고 20개조 정강 발표"(46. 3. 23)→"20개조 정강," "민주주의 림시정부 수립을 앞두고 조선청년들에게 고함"(46. 6. 23)→"미래의 조선은 청년들의 것이다," "북조선 림시인민위원회 산업, 철도, 운수, 체신 등의 국유화에 관한 법령발표에 제하여 조선인민에게 고함"(46. 8. 10)→"중요산업의 국유화는 자주독립국가의 기초," "력사적인 민주선거일을 앞두고 조선인민에게 고함"(46. 11. 1)→"력사적인 민주선거를 앞두고" 등.

 ○ 새 제목 추가, 원제목의 부제화: "각도 선전관계 책임자 련석회의에서 한 연설"(47. 9. 7)→"민주조선 건설에서의 선전일꾼들의 임무와 역할에 대하여: 각도 선전관계책임자 련석회의에서 한 연설," "김일성종합대학 창립 한돐기념대회에서 한 연설"(47. 10. 1)→"새 조선의 우수한 민족간부가 되기 위하여 배우고 또 배워야 한다: 김일성종합대학 창립 한돐기념대회에서 한 연설," "조선인민군 최고사령관 호소문"(50. 12. 9)→"평양시 해방에 즈음하여: 조선인민군 최고사령관 호소문," "조선인민군 최고사령관 호소문"(51. 1. 5)→ "서울시 해방에 즈음하여: 조선인민군 최고사령관 호소문" 등.

징은 재수록된 31편과 새로 추가된 문건들이 기본적으로 김일성정권의 정당성 확보를 위해 필요시되는 문건들의 체계화에 주안점을 두고 있다는 점이다.

그 중에서 우선 "새 민주주의 국가건설을 위한 우리의 과업," "인민정치위원회는 진정한 인민의 정권기관으로 되어야 한다," "우리 당이 걸어온 길과 몇 가지 과업에 대하여" 등 새로 추가된 정권활동 관련문건들은 정권의 정통성 논거로서의 활용가치를 고려한 것이라고 할 수 있으며, 재수록된 문건 중에서 예컨대 "20개조 정강"(46. 3. 23)의 경우, '자유독립국가'로 규정했던 원문을 '자주독립국가'로, '자유독립'을 '완전독립'으로 세련되게 고치고 '민주정체'라는 표현을 아예 삭제하고 있는 예는 대남관계를 염두에 둔 체제적인 고려임이 분명하며, 그리고 1956년 8월 종파사건에 연루된 연안파 인사를 비롯해서 김두봉과 같은 반김일성파 인사들의 이름을 『김일성선집 2판』에서 모두 삭제하는 한편으로, 종래 반동분자·매국도당으로 비난해 오던 김구에 대하여 긍정적인 재평가[12]를 내리고 있는 것이나, 특히 김일성의 항일무장투쟁 활동내용을 새삼스럽게 들춰내 혁명전통으로 강조하고 있는 것은 김일성정권의 정통성을 민족사적 차원으로까지 확대시키려는 의도를 나타낸 것으로 보아야 할 것이다.

(2) 김일성 항일무장투쟁 활동의 공식적 부각과 '주체' 개념의 등장

주체사상의 체계화과정과의 관련에서 특히 주목되는 것으로

---

12) 『김일성선집 2판』, 1, 116쪽; 『김일성선집 2판』, 2, 138쪽, 162쪽 등.

는 위에서 잠시 언급되었듯이 『김일성선집 2판』에서 처음으로 김일성의 항일무장투쟁 활동을 혁명전통의 핵심사례로서 새삼 부각시키고 있다는 사실이다. 이러한 사실은 종래의 어느 문헌집에서도 찾아볼 수 없었던 것인데, "목전 조선정치정세와 북조선림시인민위원회의 조직에 관하여"(46. 2. 8)라는 문건에서 "1930년대 초부터 국내외에서 치열히 전개된 항일무장투쟁은 우리 인민이 일제를 반대하여 불굴의 투쟁을 전개하였다는 것을 여실히 보여줍니다"라는 문장을 첨가함으로써 그의 항일무장활동을 역사적 사실로 공식화하면서 이를 혁명전통의 핵심사례로 부각시키기 시작하였던 것이다.

그리고 여기에서 다시 주목되는 것은 주체확립의 문제를 사상적 차원에서 공식적으로 표방하고 있다는 점이다. 구체적인 예로서 "사상사업에서 교조주의와 형식주의를 퇴치하고 주체를 확립할 데 대하여"(55. 12. 28)라는 문건을 수록하고 있는 것을 지목할 수 있는데, 이를 통해서 북한 지도부는 중·소간 갈등의 틈바구니에서 독자노선을 추구하기 위한 돌파구를 찾는 한편으로 소련파·연안파 숙청의 정당성 근거를 확보하는 일석이조의 정책수요에 대처하고 있는 것이다. 앞에서도 잠시 살폈듯이, 『조선중앙년감』(54-55년판)에 등재되어 있었던 정부 대표단의 명단[13]에서 56년 8월의 종파사건에 연루된 윤공흠과 58년의 천도교청우당 정리과정에서 숙청된 주황섭 등 반김일성파 인사들의 명단이 『선집 2판』에서 모두 삭제된 것도 같은 맥락에서 이해될 수 있는 조치임에 틀림이 없다.

---

13) 『조선중앙년감』(54-55년판)(평양: 1954), 22쪽.

(3) 소련의 역할에 대한 신중한 평가

대외노선과의 관련에서 주목되는 수정사항으로는 『김일성선집 1판』에 대대적으로 수록되어 있었던 소련 내지 스탈린 찬사 관련문건들이 무려 21편이나 『김일성선집 2판』에서 삭제되고 있다는 점이다. 물론 이들 중에서 예컨대 "쓰딸린 대원수에게 보낸 서한"(48. 9. 21)이나 "모쓰크와 야로쓰라브 역두에서 진술한 연설"(49. 3. 3) 등과 같이 노골적으로 스탈린에 대한 찬사를 늘어놓았던 문건들이 삭제된 것은 당시 사회주의권에서 확산추세에 있던 스탈린 격하운동에 비추어 충분히 납득될 수 있는 조치였다고 할 수 있지만, 1949년 3월에 체결된 "조쏘 량국간의 경제적 및 문화적 협조에 관한 협정" 관련 담화문 4편이 모두 삭제되어 있는 것은 단순히 '스탈린찬사' 관련문건이라는 사유만으로는 납득하기 어려운 조치로서 거기에는 대외노선의 자주성 확보를 위한 탈소련 의도가 결부된 것이라고 할 수 있을 것이다. "북조선 도, 시, 군 인민위원회를 결속하면서"(47. 2. 20)에서 "쏘련인민의 우의적 방조 아래서 전체 인민들의 열성적 노력에 의하여 머지 않은 장래에 완전독립국가를 건설할 것이며," "우리 민족은 단지 자치할 능력이 있을 뿐 아니라," "가장 신뢰할 만한 가장 민주주의적인 쏘련국가와 린접하였으며" 등의 문구를 삭제하고 있는 것도 같은 예에 해당한다고 할 수 있다.

그러나 여기에서 다시 주목되는 것은, 문건의 성격이나 전후 문맥의 흐름에 비추어 '자주성'을 표방하는 문제와 직접적인 연관 없이 객관적인 역사적 사실을 나타내는 대목에 있어서는 '해방자로서 소련'의 역할을 사실로서 인정하는 신중한 태도를 보여주고 있다는 점이다. "3·1운동 27주년을 맞이하며"(46. 3. 1)라는 문건의 경우 "우리 민족을 해방한 쏘련군대 만세"라는 당초의 문구의 일부를 수정하여 "우리 민족의 해방자인 쏘련군대 만세"로 바꾼 것이나, 또는 "8·15해방 1주년 기념보고"(46. 8. 15)라는 문건에서 보여주고 있는 것처럼 "오늘은 일본 강도들한테서 우리 조선민족이 영원히 해방된 력사적 기념일입니다"라는 당초의 문구에 수정을 가하여 "오늘은 우리 조선민족이 위대한 쏘련군내의 영웅적 투쟁에 의하여 일본제국주의자들의 압박에서 해방된 지 1년이 되는 력사적 기념일입니다"라고 하여 '쏘련군대의 영웅적 투쟁에 의하여'라는 보다 적극적인 표현을 추가하는 데 그치지 않고 "오늘 국제무대에서는 쏘련을 선두로 하는 민주진영의 위력이 계속 공고화되고 있다"는 표현을 첨가시킴으로써 소련의 위상을 크게 부각시키고 있는 것이다.

3) 『김일성저작선집』(1967~87)에서의 주요 변조양상

1967년은 앞에서도 잠시 언급되었듯이 주체사상이 크게 굴절을 보여주게 된 전기에 해당하거니와, 이 시기부터 김일성 개인숭배가 전면화되고 이른바 유일사상체계의 확립이라는 통치권력의 요구에 따라 김일성주의 이데올로기로 줄달음치게 되었음은 주지의 사실이다. 그리고 이러한 사정이 『김일성저작선집』의 편집구도에 그대로 반영되었음은 두말할 나위가 없다.

1967년부터 발간되기 시작한 『김일성저작선집』은 『김일성선집 2판』으로부터 47편의 문건을 재수록하는 한편으로 60년대 이후의 새로운 문건을 추가하여 총 202편의 문건을 수록하고 있는데, 그중 『김일성선집 1판』부터 계속해서 수록된 문건은 발췌된

6편의 문건을 포함하여 모두 15편에 지나지 않는다. 1967~68년 간에 최고인민회의나 당대회 관련문건을 중심으로 편집한 제1~4권을 먼저 출간하고 있고, 주체사상체계의 이론화단계로 지목되는 1972년부터는 경제·사회분야를 비롯한 여러 분야에도 두루 역점을 두는 새로운 편집체계로 간행을 재개하여 제5~9권을 차례로 내놓고 있다.14) 전체적인 편집구도상의 특징 이외에 특히 눈에 띄는 내용상의 수정사항을 간추리면 다음과 같다.

(1) 자주노선의 체계적 표방

『김일성저작선집』에서 특히 주목되는 수정내용을 파악하기 위해서는 무엇보다도 먼저 거기에 수록된 문건들 자체가 선별과정에서부터 원초적으로 내용체계에 대한 취사선택 과정을 거친 것임을 감안할 필요가 있다. 앞에서 전체적인 편집구도상의 특징을 살핀 이유도 바로 여기에 있다. 60년대 이전의 문건들 중에 극히 한정된 문건만이 『김일성저작선집』에 재수록되었음은 앞에서 이미 언급된 바 있거니와, 60년대 이후 문건들의 경우에서도 예외일 수 없는 선별기준이 이른바 인민위원회 활동과 노동당 업적의 기반을 이루고 있는 이른바 '자주성'으로서 그것은 곧 '혁명'과 '건설'에 관한 모든 문건에 공통적으로 결부되어 있는 공유의 원칙으로 강조되고 있다. 이러한 사정은 예컨대 기본노선을 상징적으로 대변하던 이른바 "프롤레타리아국제

---

14) 1972년에 제5권(68~70), 1974년에 제6권(71~73), 1978년에 제7권(74~77), 그리고 제8권(78~81)의 경우는 발간연도가 불명이나 제9권(82~86)은 1987년에 나왔다.

주의 기치에 더욱 충직하자"(49. 12. 15)는 당초(『선집 1판』)의 명제가 『김일성선집 2판』에서 "맑스-레닌주의와 프롤레타리아 국제주의원칙에 더욱 충직하자"로 수정되었다가 『김일성저작선집』에서 완전히 삭제되고 있는 데서 단적으로 입증되고 있다.

자주노선의 표방이 특별히 부각되고 있는 경우는 분야의 성격상 대외관계와 경제건설에 관한 문건에서 찾아볼 수 있다. 우선 대소관계의 예를 보면, 위에서도 잠시 살펴보았듯이 "8·15해방 1주년 기념보고"(46. 8. 15)라는 문건의 경우 『김일성선집 2판』에서 소련의 역할에 힘입은 것임을 강조하는 문구를 특별히 첨가했던 것과는 달리 『김일성저작선집』에서는 첨가했던 문구를 제외시켰고, 그리고 70년대 말의 『김일성저작집』에 이르러서는 '쏘련군대의 영웅적 투쟁에 의하여'라는 문구조차 아예 삭제하는 조치를 취하고 있는 것이다. "8·15해방 10주년 경축보고"(55. 8. 15), "모든 힘을 조국의 통일독립과 공화국 북반부에서의 사회주의건설을 위하여"(55. 4) 등의 문건에서 '위대한 쏘베트 군대에 의하여'라는 문구를 삭제한 것이나 또는 "조선민주주의인민공화국 정부의 당면과업에 대하여"(62. 10. 23)라는 문건에서 소련인민에 대한 수식어로 붙였던 '위대한'이라는 표현을 삭제한 것도 같은 맥락에서 취해진 조치라고 할 수 있다. 그리고 이러한 편집의도는 대소정책 관련 경제건설 전략에도 결부되고 있음을 확인할 수 있다. 『김일성선집 2판』에 수록된 "건설사업에서의 혁신을 위하여"(56. 1. 30)에서 여러 번 사용했던 '쏘련을 향하여 배우자'는 구호를 삭제하고 있는 것은 그 대표적인 예가 될 것이다.

그런데 여기에서 다시 주목되는 것은 『김일성저작선집』의 편집의도에서 두드러지게 나타나는 '탈소련화'의 강조가 자칫 '친

중국적'인 것으로 오해되지 않도록 부심하고 있다는 점이다. 이 점은 1955년 12월에 김일성이 당 선전선동 일꾼 앞에서 행한 유명한 연설 "사상사업에서의 교조주의와 형식주의를 퇴치하고 주체를 확립할 데 대하여"라는 문건에서 『선집 2판』 이래 친중국적 표현을 삭제함으로써 '주체'의 의미가 단순한 '탈소련화'에 그치지 않고 '자주노선'으로서의 '주체'임을 강조하고 있는 데서 확인할 수 있다.

(2) 김일성유일체계의 지향

『김일성저작선집』의 수정내용에서 드러나는 또 다른 특징 중의 하나는 위에서 살펴본 '자주노선'을 체계화하려는 문헌구성의 연장선상에서 김일성 유일체계를 세우려는 의도를 보여주고 있다는 점이다. 예컨대 『김일성선집 2판』에 재수록되어 있는 47편 문건들의 내용체계를 보면 거의 예외 없이 김일성의 업적이 두드러진 것에 국한하고 있으며,[15] 60년대 이후 문헌들의 경우에서 보면 김일성의 지도에 의한 경제건설의 성과를 나타내는 문건의 수록에 초점을 두는 등 김일성의 영도에 의한 혁명과 건설의 성과를 부각시키는 데 각별한 관심을 쏟고 있는 것이다. 그리하여 이러한 사정은 1974년 이른바 "당의 유일사상체계 확

---

15) 상대적으로 김일성의 역할이 별로 두드러지지 않은 3·1운동이나 8·15해방의 경우는 이러한 맥락에서 편집의도에 적합하지 않은 것으로 판단되어 "3·1운동 27주년을 맞이하며"(46. 3. 1)와 "8·15해방 1주년 기념보고"(46. 8. 15) 등의 문건은 아예 수록대상에서 제외되었던 것이다.

립의 10대원칙"이 발표되어 모든 출판물과 강연, 보고, 토론에서 "언제나 수령님의 교시를 정중히 인용하고 그에 기초하여 내용을 전개"16) 해야 한다는 지시가 내려진 이후 가일층 심화되는 양상을 보여주게 되었던 것이다.

4) 『김일성저작집』(1979~92)에서의 주요 변조양상

『김일성저작집』은 이른바 '온 사회의 주체사상화'를 위하여 사회 각 분야에 주체사상을 파급시킨다는 김정일의 취지와 주도하에 체계화되었다.17) 따라서 『김일성저작집』이 1972년부터 발간작업이 재개된 『김일성저작선집』(제5~9권)과 더불어 전적으로 주체사상체계의 구도에 입각해서 편집이 이루어지게 되었음은 두말할 나위가 없다.

『김일성저작집』에는 기본적으로 『김일성선집 1, 2판』과 『김일성저작선집』에 수록된 김일성의 연설문과 담화문 309편을 포함,

---

16) 조선로동당 중앙위원회, "당의 유일사상체계 확립의 10대원칙"(평양: 조선로동당 중앙위원회, 1974), 37-38쪽.

17) 이와 관련해서 『조선중앙년감』에서는 "친애하는 김정일동지께서는 『김일성저작선집』 편찬에 이어 『김일성저작집』을 낸 데 대하여 몸소 발기하시고 저작집 출판에 나서는 모든 문제를 풀어 주시었다"고 기록하고 있다. 그리고 이 책의 서문에서는 "주체사상으로 일관되어 있으며 정치, 경제, 사회문화, 군사 등 각 분야의 기본적인 사상과 논리를 담고" 있다고 밝히고 있다. 그리하여 『저작집』은 현재 북한에서 주체사상의 총서로서 혁명과 건설을 위한 주민들의 학습교재로 사용되고 있다.

모두 1,228편을 수록하고 있는데, 재수록된 309편 중에서 『김일성저작선집』에 수록되어 있던 202편 모두가 재수록되었지만, 『김일성선집 2판』의 편집과정에서 탈락된 28편과 『김일성선집 2판』에 수록되었다가 탈락된 5편, 그리고 『김일성선집 2판』까지 계속 수록되었다가 『김일성저작선집』에서 탈락된 1편은 제외되었다.18) 그리고 여기서는 편집체계 자체가 주체사상체계와 불가분의 연관구조를 가지고 있었던 만큼, 수록문건들이 가능한 한 혁명과 건설의 모든 분야를 두루 포괄할 필요가 있었기 때문에, 재수록 문건보다 훨씬 많은 문건들이 새로 추가되게 마련이었거니와, 그 중에서도 특히 주목되는 것은 김일성의 항일무장투쟁 관련문건 20편이 처음으로 첨가되었다는 점이다. 주체사상의 체계화와 심화로 집약되는 전체적인 편집구도에 유의하여 주목되는 몇 가지 변조내용을 간추려 보기로 한다.

(1) 김일성 항일무장투쟁 활동의 역사적 사실화와 혁명전통의 부각

주체사상의 체계화작업과 관련하여 무엇보다도 주목되는 것은 위에서도 잠시 언급되었듯이 김일성이 1930~40년대에 저술했다는 항일무장투쟁 활동 관련문건 20편을 새로 수록하고 있다는 사실이다. 김일성의 항일무장투쟁 활동을 혁명전통으로 부

---

18) 『선집 2판』에서 탈락된 28편의 문건 중 21편은 노골적인 스탈린찬사와 관계된 문건이고, 『저작선집』 편집과정에서 탈락된 1편은 "맑스-레닌주의와 프롤레타리아 국제주의원칙에 더욱 충직하자"(49. 12. 15)로서 이 문건은 당초 "프롤레타리아 국제주의기치에 더욱 충직하자"로 수록되어 있던 문건이다.

각시키려는 시도는 앞서 살펴본 대로 『김일성선집 2판』의 편집 과정에서는 단순한 수정과 삽입 수준에 지나지 않는 것이었으나,[19] 여기서는 그것을 역사적 사실로 입증하고자 20편의 문건을 새로이 수록하고 있는 것이다. 이러한 편집의도는 김일성이 1930년대에 발표했다는 "조국광복회 10대강령"과 "조선공산주의자들의 임무: 조선혁명가들은 조선을 잘 알아야 한다"와 같은 문건의 내용에서 구체적으로 시사해 주고 있듯이 당시의 항일 독립운동이 김일성 중심으로 전개된 것으로 기정사실화하여 혁명전통과 더불어 민족사적 정통성의 근거로 삼으려는 데 있었다고 할 수 있다.

(2) 김일성 유일사상체계의 체제적 확산·심화

주체사상의 체계화작업과 관련하여 무엇보다도 주목할 필요가 있는 것으로는 이른바 사회주의사상의 이론적 준거가 이 『김일성저작집』에서부터 오로지 김일성 문헌에만 근거를 두는 것으로 규정하는, 말하자면 '인용학의 독점'현상이 여기서 관철되고 있다는 점이다. 『김일성저작선집』에서만 하더라도, 예컨대

---

[19] 『선집 2판』에 수록된 "목전 조선정치정세와 북조선림시인민위원회의 조직에 관하여"(46. 2. 8)라는 문건에서 보면, "1930년대 초부터 국내외에서 치열히 전개된 항일무장투쟁은 우리 인민이 일제를 반대하여 불굴의 투쟁을 전개하였다는 것을 여실히 보여줍니다"라는 문장이 새로 삽입되고 있는데, 북한 지도부는 이러한 언급과 더불어 그의 항일 무장활동을 역사적 사실로 공식화하면서 이를 혁명전통의 핵심 사례로 부각시키기 시작하였던 것이다.

"북조선공산당 각급 당단체들의 사업에 대하여," "창립 1주년을 맞이하는 북조선로동당," "민청단체들의 기본임무" 등의 문건에서 보여주고 있는 것처럼, 혁명과 건설에 관한 이론적 준거로서 『스탈린저작집』이나 『레닌전집』에서 인용한 부분을 가지고 주석을 달았으나 여기서는 거두절미하고 오직 김일성 저작만이 인용되고 있을 뿐이다.

여기에서 다시 우리의 주목을 끄는 것은 유일사상체계의 일색화를 관철시키려는 『김일성저작집』의 편집구도가 비단 여기에 그치지 않는다는 점이다. 우선 북한의 혁명과 건설의 역사에서 김일성 이외의 다른 이름이 등장하는 것이 철저히 금지된다는 점이다.[20] 예컨대 『김일성선집 2판』의 "2개년 인민경제계획의 수행은 조국통일의 물질적 담보"(49. 2. 1)라는 문건의 경우에서 보면, '아오지탄광 기사 김영목 동무는…'이라고 되어 있는 당초의 문구가 『김일성저작집』에서는 '아오지탄광의 한 기사는…' 하는 식으로 익명 처리되고 있는 것이다. 그리고 여기서 다시 주목되는 것은 유일사상체계의 확립을 위한 노력이 김일성 개인의 역할을 부각시키는 데 그치지 않고 김일성의 가계를 신성시하는 데까지 연결되고 있다는 점이다. 김일성에 의한 항일혁명전통을 부각시키는 작업에 참여하여 중요한 역할을 담당한 임춘추, 김도만 등이 『김일성 혁명력사』와 『조선력사』를 재집필하면서 김일성 일가를 혁명투쟁사에 포함시킨 것은 주지의

---

20) 북한에서는 이미 1974년부터 이른바 "당의 유일사상체계 확립의 10대원칙"을 발표하여 "언제나 수령님의 교시를 정중히 인용하고 그에 기초하여 내용을 전개"해야 한다는 당의 방침이 철저히 관철되고 있다.

사실이거니와,21) 여기서는 또한 3·1운동을 재평가하면서 김일성 가계와 연결시켜 김형직이 이 운동을 지도했고 김일성도 어렸을 때 참가한 것으로 서술하고 있는 것이다.

(3) '주체적 문풍'의 확산과 비동맹·자주노선에 대한 새로운 평가

주체사상의 체계화라는 관점에서 마지막으로 주목되는 것은 모든 문건들의 용어 사용에 '주체'의 문풍을 관철시키고 있다는 점이다.22) 『김일성저작선집』 단계까지 사용되던 '코민테른'·'소그루빠적 행동'·'반그루빠' 등의 외래어를 '국제공산당'·'분파적 행동'·'반당파' 등으로 각기 바꾸어 사용하였으며, 또한 종래 흔히 사용하던 '노동자'라는 계급주의적 용어 대신에 노동자와 농민, 사무원 모두를 포괄하는 '근로자'라는 용어가 보다 주체사상의 틀에 적합하다는 취지에서 수정해서 사용하고 있다. 그리고 문장의 내용에 있어서도 예컨대 『김일성저작선집』에 잔존해 있던 '쏘련의 조선해방'에 관한 문구를 모두 삭제하는 대신 '일제의 압제로부터 해방' 또는 '조선인민이 일제를 격멸' 등

---

21) 이 문제를 실증적으로 보다 상세히 다루고 있는 예는 김태서, 『김일성선집 수정내용 분석』(국토통일원, 1979), 43-49쪽 참조.

22) 이러한 관점의 이론적 근거 자체를 북한에서는 이른바 『혁명의 위대한 수령 김일성동지의 주체적 언어사상』에서 찾는다. 여기서 보면, 언어란 '혁명의 무기'이자 사상개조의 중요한 수단이므로 '혁명적 언어사용 기풍'을 세우는 사업은 결국 '온 사회를 주체사상화'하는 데 매우 중요한 관건이 된다는 것이다. 사회과학원 언어학연구소, 『혁명의 위대한 수령 김일성동지의 주체적 언어사상』(평양: 사회과학출판사, 1971), 142쪽.

이른바 '주체적'인 표현으로 모두 대체해서 사용하고 있는 것이다.

이러한 논조는 대외관계를 서술하는 문장에도 적용되고 있음을 확인할 수 있다. 예컨대 "북조선공산당 각급 당단체들의 사업에 대하여"(45. 12. 17)라는 문건에서 보면, "쏘련의 영웅적 붉은군대는 우리 조국강토에서 일본제국주의자들을 몰아내고 조선인민에게 자유와 독립을 가져다주었습니다"라는 문장을 『김일성저작집』에서는 "조선인민은 쏘련의 영웅적 붉은군대의 방조 밑에 우리 조국강토에서 일본제국주의자들을 몰아내고 자유와 독립을 쟁취하였습니다"로 고쳐 8·15해방이 주체적 쟁취의 소산인 것으로 논조를 바꾸고 있는 것이다.

대외관계에 관한 것으로 비록 묵시적인 것이긴 하지만 주목될 필요가 있는 사항으로 유고슬라비아의 비동맹·자주노선이 여기에서 재평가되고 있다는 점이다. 『김일성저작선집』 제2권에서 "우리 당과 우리 인민은 프롤레타리아 국제주의원칙에서 완전히 떨어져 나가 미제국주의자들에게 아부하며 그들 앞에 굴종하는 유고슬라비아 수정주의자들의 배신적 행위를 견결히 규탄합니다"라고 했던 것을 『김일성저작집』 제12권에서는 유고슬라비아를 삭제하는 입장의 전환을 보여주고 있는가 하면, "현정세와 우리 당의 과업"(66. 10. 5)이라는 문건에서는 상당한 분량의 비판논조 자체를 완전히 삭제함으로써 묵시적으로나마 유고슬라비아가 추구하는 비동맹노선에 대한 긍정적 태도를 보여주고 있는 것이다.

3. 주체사상의 체계화와 김일성 저작물의 변조양상(Ⅱ):
경전화 양상과 규범적 함의의 분석

김일성 저작물은 위에서 살펴보았듯이 한국전쟁 직후 『김일성선집 1판』이라는 집성판을 처음 선보인 이후 『김일성선집 2판』, 『김일성저작선집』, 『김일성저작집』으로 이어지는 연속적인 재편찬과정을 거치면서 체계적으로 집대성되었다. 그 중에서도 특히 『김일성선집 2판』부터는 이른바 주체확립의 문제가 대두됨에 따라서 1960년 이전에 발표된 초기문헌은 전면적으로 수정을 가하여 김일성정권의 주체성을 뒷받침하는 방향으로 변조되었다. 그리고 주체사상이 당의 공식이념을 넘어 급기야 '당 유일사상'을 지향하게 된 1967년부터는 해방 이전의 역사까지도 김일성의 항일투쟁 운동사 중심으로 해석하여 주민교육의 학습서로서 사용하였다. 자유주의적 민족운동인 3·1운동을 자주적 민중운동으로 변형시키고 이를 김일성 가계와 연결시켰으며 8·15해방에 대해서도 연합국과 소련의 결정적 역할을 삭제하여 마치 김일성의 항일무장투쟁의 결과로서 해방이 이루어진 것처럼 변조하였다. 이처럼 김일성정권의 자주성과 유일성을 유도하는 형태로 문헌을 수정한 것은 주체사상을 확대·심화시켜 체계화시키기 위한 기초작업으로서, 그것은 이른바 '주체사관'에 의한 역사 재해석의 수준을 넘어 김일성 '유일사상체계'의 확립에 궁극적인 목표가 있었다고 할 수 있다.

1970년대 이후에 편찬된 『김일성저작선집』(후편: 5~9권)과 『김일성저작집』에서는 위의 고찰에서도 보았듯이, 몇 군데 인용문구를 삭제한 것을 제외하면, 기존 저작물의 수정 사실은 발견되지 않는다. 이전 단계의 편집과정에서 주체사상의 체계화에 필요한 수정작업이 이미 완료됐기 때문이다. 여기서는 이미 체계화된 주체사상의 틀에 맞추어 결여된 문헌자료 자체를 새로 만들거나 또는 수집하여 보충하는 것[23]으로 족했기 때문이다. 그리고 향후에는 문헌자료 자체를 원초적으로 주체사상체계의 틀에 맞게 생산하기만 하면 되었기 때문에 기존 문건의 내용을 첨삭하는 수정작업은 물론 새로운 문건을 발굴하는 일도 필요 없게 되었던 것이다.

이상, 주체사상의 이론적 기초가 마련된 1970년 이후 김일성 저작물의 자료 변조양상에서 발견되는 주요 특징을 개관하여 보았거니와, 그것은 어디까지나 문헌자료 내적인 관점에서의 변조양상에 지나지 않음을 주목할 필요가 있다. 북한 지도부는 체계화된 주체사상의 틀에 맞추어 수집된 기존의 문헌자료를 집대성하는 데 주력하는 한편으로 김일성 저작물 자체를 총체적으로 규범화하여 '주체사상의 총서'이며 '혁명의 교과서'로서 경전화하는 것과 같은 문헌자료 외적인 작업에 훨씬 부심하는 양상을 보여주고 있기 때문이다. 요컨대 김일성 저작물의 변조양상이 종래와는 달리 문헌자료 자체를 변조하는 데서 벗어나 그

---

[23] 『저작집』편집시 김일성의 항일무장투쟁 관련문건 20편을 새로 발굴하여 제1권에 수록하고 있는 것은 그 대표적인 예에 해당한다. 여기서 추가된 20편의 문건들의 경우, 그 역사적 사실성을 입증할 만한 실증적 근거가 제시된 바 없음을 주목할 필요가 있다.

것을 총체적으로 규범화하고 경전화하는 방향으로 그 중심축을 전환하는 전혀 새로운 변조양상을 보여주고 있는 것이다. 이러한 맥락에서 이하에서는 주체사상의 체계화와 더불어 새로운 국면을 보여주기 시작한 김일성 저작물의 경전화 양상에 주목하여 변조양상의 전체적인 메커니즘과 그 규범적 함의를 살펴보기로 한다.

1) 주체사상의 체계적 심화와 김일성 저작물의 경전화 양상

(1) 주체사상의 체계화와 김일성 저작물의 규범화과정 및 양상

김일성 저작물이 1961년 제4차 당대회를 전후하여 북한주민들에게 학습되기 시작하였음은 주지의 사실이거니와, 1979년부터 간행되기 시작한 『김일성저작집』은 김일성 저작물이 집대성된 완결판으로서 '주체사상의 총서'이며 '혁명의 교과서'로서 숭앙되고 있다는 데 중요한 의미가 있다. 이러한 사실은 『김일성저작집』의 편찬 취지문에서도 확인할 수 있다. 즉 노동당 중앙위원회는 "김일성의 불후의 고전적 로작들에 대한 인민들의 높은 수요와 혁명발전의 새로운 요구에 따라 그의 탄생 70돌을 맞아 출판하게 된 것"이라고 전제하고, "모든 당원과 로동자들은 이 저작집을 구체적으로 깊이 연구·학습하여 김일성의 주체사상과 혁명이론으로 튼튼히 무장하고 그것을 혁명실천에 구현함으로써 온 사회를 주체사상화하는 역사적 위업을 더욱 힘있게 다그쳐 나가야 할 것"이라고 강조하고 있다. 여기에서 보면 결국 김일성의 저작들은 북한의 모든 공공집회, 연설 보고회 등에서는 물론이고 주민들의 일상 언어생활에까지도 인용해야 하는, 말하자면 '혁명과 건설'에 관한 사상·이론의 원전으로서 군림하게 되었음을 입증해 주고 있다.

그러나 여기에서 특히 유의할 필요가 있는 것은 이와 같이 김일성 저작물을 규범화하는 작업이 일조일석에 이루어진 것이 아니라는 점이다. 김일성 언설의 무오류성을 입증하기 위하여 1953년 이래 4차례에 걸쳐 조직적인 수정작업이 이루어졌음은 이미 위에서 고찰하여 보았거니와, 특히 인용학적 관점에서는 1970년의 사전 편찬사업에서부터 조직적으로 전개되기 시작하였다.

김일성 저작 문헌자료의 규범화작업은 우선 70년대 초에 간행된 『정치용어사전』(1970)·『철학사전』(1970)·『정치사전』(1973) 등의 편찬작업을 통해 구체화되었다. 그 중에서도 특히 1970년 4월에 간행된 두 사전은 그 해 11월 조선노동당 제5차 당대회에서 선언되고 1972년 사회주의헌법을 통해 제도화된 김일성의 유일지도체제의 사상적 기반을 구축하는 데 목적을 두고 있었음을 확인할 수 있다. 즉 먼저 『정치용어사전』의 간행사에서 보면, 이 사전은 "수령 김일성동지의 교시를 높이 받들고 전당에 혁명적 학습기풍이 서 있는 오늘 당의 유일사상체계를 세우기 위한 당원들과 근로자들의 학습에 도움을 줄 것"을 목적으로 간행되었으며, 수록내용에 있어서도 "수령 김일성동지의 혁명적 가정과 그이의 위대한 혁명활동 력사와 관련된 올림말들"과 더불어 "수령 김일성동지의 혁명사상과 그이의 로작학습에 필요한 올림말들"을 다루는 데 중점을 두고 있다고 밝히고 있다. 그리고 『철학사전』에서는 "모든 근로자들을 우리 당의 유일사상인 김일성동지의 위대한 혁명사상으로 튼튼히 무장"시키기 위해

"모든 간부들과 근로자들에게 천재적인 맑스-레닌주의자이신 김일성동지의 탁월한 철학사상을 해설·선전하며 맑스-레닌주의 철학의 기본원리를 해석함으로써 로동계급의 혁명적 세계관이 튼튼히 선 혁명가, 공산주의자로 육성하는 데 도움을 주기 위하여 편찬되었다"고 밝히고 있는 것이다. 그리고 이러한 일련의 사전 편찬작업과 더불어 『김일성저작선집』 편찬작업을 지휘하고 있었던 김정일은 1974년 이른바 "유일사상 10대원칙"[24]을 제시하여 그러한 조치의 사회적 확산·심화에 박차를 가하였다.

북한에서 김일성 언설의 일언일구에 대한 규범화작업이 얼마나 조직적으로 전개되어 왔는지 그 정도는 『김일성동지의 로작 색인』(1972)과 『위대한 수령 김일성동지의 로작 용어사전』(1981)

---

24) ① 김일성동지의 혁명사상으로 온 사회를 일색화하기 위해서 몸바쳐 투쟁하여야 한다. ② 김일성동지를 충성으로 높이 우러러 모셔야 한다. ③ 김일성동지의 권위를 절대화하여야 한다. ④ 김일성동지의 혁명사상을 신념으로 삼고 수령의 교시를 신조화하여야 한다. ⑤ 김일성동지의 교시집행에서 무조건성의 원칙을 철저히 지켜야 한다. ⑥ 김일성동지를 중심으로 전당의 사상의지적 통일과 혁명적 단결을 강화하여야 한다. ⑦ 김일성동지를 따라 배워 공산주의적 풍모와 혁명적 사업방법, 인민적 사업작풍을 소유하여야 한다. ⑧ 김일성동지가 안겨준 정치적 생명을 귀중히 간직하며 수령의 크나큰 정치적 신임과 배려에 높은 정치적 자각과 기술로서 충성으로 보답하여야 한다. ⑨ 김일성동지의 유일적 영도 밑에 전당, 전국, 전군이 한결같이 움직이는 강한 조직규율을 세워야 한다. ⑩ 김일성동지가 개척한 혁명위업을 대를이어 끝까지 계승하며 완성해 나가야 한다. 조선로동당 중앙위원회, "당의 유일사상체계 확립의 10대원칙"(평양: 조선로동당 중앙위원회, 1974), 37-38쪽.

을 간행·보급하고 있는 데서도 확인된다. 이와 같이 특화된 전문사전을 발간하게 된 것은 제목에서 엿볼 수 있는 의미 그대로이다. 전자는 당시까지 간행된 김일성의 모든 담화문들을 주제별로 분류하여 그 출처를 밝히는 데 주안점을 두고 있는 데 비하여, 후자는 간행사에 분명히 밝혀져 있듯이, '온 사회의 김일성동지의 혁명사상화 요구에 맞게' 당원과 근로자들을 수령의 혁명사상으로 튼튼히 무장시키기 위한 중요한 방도로서 "수령의 로작과 교시 원문 학습을 강화하여 그 기본사상과 내용은 물론 매 문장 문구에 이르기까지 거기에 담겨진 참뜻을 새기도록" 하기 위한 목적으로 간행되었다는 것이다.

이상에서 주체사상의 이론적 기초가 형성된 1970년대에 이르러 김일성의 언설이 북한에서 규범화되게 된 과정과 그 메커니즘을 살펴보았거니와, 이러한 조건하에서 북한의 모든 공식문헌이 김일성 1인에게 귀속됨은 오히려 당연한 귀결이었다. 김일성의 모든 언설들은 모두 규범화되어 신성불가침의 절대적인 권위로 정치사회 전반을 지배하며 인민대중에게는 무조건적 경배의 대상으로 인식되게 마련이었다. 따라서 김일성의 연설, 보고문, 담화문, 당정 문헌을 통해 김일성의 언설들이 주민들에게 하나의 교시·지침으로서 절대화되어 주민들을 사상적으로 지배하게 되었던 것이다. 그리하여 북한의 주요 문헌들은 1950년 전후기의 소련에서 스탈린이 무조건적으로 인용되어야 했던 '스탈린주의적 인용학'의 전례에 따라 김일성의 교시를 인용하고 있으며, 그것은 아무도 의심하거나 비판해서는 안 되는 절대적 자명성을 가진 공리의 구실을 하게 된 것이다.

(2) '유일사상체계'의 심화와 김일성 저작물의 경전화 양상

1970년대에 체계화과정을 거친 주체사상은 1980년 제6차 당대회를 거치면서 질적인 변화를 보여 주게되었다. 여기서 김일성은 '온 사회의 주체사상화'와 더불어 '그 어떤 사상'도 불허한다는 입장을 공식 선언하게 되었기 때문이다.[25] 이로써 당초 반사대주의적·자기빙이적 정책정향을 의미하던 주체사상은 1967년부터 굴절되기 시작하여 70년대의 당 공식이념으로 채택되는 단계를 거쳐 80년대에 이르러서는 급기야 당의 유일사상으로 공식화되기에 이른 것이다.

그러나 북한에서 주체사상이 마르크스·레닌주의를 능가하는 '유일사상'으로 공식 선언되기까지에는 거기에 배타적 권위를 부여하기 위한 일련의 이론화작업이 수반될 필요가 있었다. 가장 핵심적인 예로서 수령의 역사결정론을 강조하는 이른바 '혁명적 수령관'을 들 수 있거니와, 여기서 제기하고 있는 '유일사상'의 이론적 근거를 잠시 주목해 보기로 한다. 『철학사전』에 의하면, 수령은 "혁명과 건설에서 절대적 지위를 차지하는 결정적 역할을 수행하는 당과 혁명의 탁월한 영도자"이자 "인민대중의 최고 뇌수이며 통일단결의 중심"으로서 그의 지위는 절대적

---

25) "우리 당의 유일사상체계는 주체의 사상체계입니다.⋯⋯ 당 조직들은 주체사상 교양을 강화하여 모든 당원들이 주체사상을 확고한 신념으로 삼고 주체사상의 요구대로 사고하고 행동하며 주체사상밖에는 그 어떤 다른 사상도 모른다고 확고한 립장과 관점을 가지도록 하여야 합니다." 김일성, "조선로동당 6차대회에서 한 중앙위원회 사업총화보고" (1980. 10), 『김일성저작선집』, 제8권, 401-402쪽.

인 것으로 정의된다.

> 수령이 로동계급의 혁명위업 수행에서 결정적인 역할을 하는 것은 수령에 의해서만 혁명의 지도사상이 창시되고 심화·발전되기 때문이다.…… 수령은 그 누구도 가질 수 없는 비범한 예지와 과학적 통찰력을 지니고 지칠 줄 모르는 사상리론활동과 실천활동을 벌린다. 수령은 백과전서적인 지식과 끝없이 풍부한 혁명투쟁 경험을 가지고 있다.[26]

위의 인용문에서 보듯이, 수령은 인민대중의 최고 뇌수이기 때문에 "수령에 의해서만 혁명의 지도사상이 창시되고 심화·발전"되며 따라서 "로동계급의 혁명위업은 본질에 있어서 수령의 혁명위업"으로 된다는 것이다. 그리하여 '혁명적 수령관'은 바로 이와 같은 논리전개의 연장선상에서 "수령을 절대화하고 무조건 받들 것"을 규범화하는 한편으로 그것을 '혁명전사의 본분'으로까지 규정하고 있는 것이다. 혁명과 건설을 수행함에 있어서 당원들과 근로자들에게 수령의 노작들과 교시들을 깊이 연구·체득하여 그것을 지도적 지침으로 삼고 모든 사업을 전개하는 것이야말로 '혁명전사의 가장 숭고한 의무'라는 것이다. 요컨대 수령의 담화는 결국 '혁명적 수령론'에 의해 그 의미가 절대적인 것으로 평가되고 있는가 하면, 동시에 역으로 수령의 절대화작업은 수령 담화의 절대화작업에 의해 인식론적으로 구조화되고 있음을 여기서 확인할 수 있는 것이다.

이상에서 『철학사전』(1985)에 수록되어 있는 '혁명적 수령관'

---

26) 『철학사전』(1985), 377쪽.

의 의미를 살펴보았거니와, 북한 지도부는 이미 1980년대에 접어들면서 언어의 정치적 조작과정을 통해 인민대중들의 의식을 그들의 의도대로 조작하기 시작했으며 김일성에 맹신·맹종할 수 있는 '조건반사적' 인간들을 주조하기 시작하였다고 할 수 있다. 그리고 이러한 맥락에서 1985년에 내놓은 『철학사전』 개정판27)은 매우 중요한 의미를 갖는다고 할 수 있다. 그것은 김일성 유일체제를 사상적으로 공식화하는 작업인 동시에 이른바 '유일사상'의 이론적 틀이 완성되었음을 뜻하는 것이었기 때문이다. 85년판 『철학사전』에서부터 마르크스·레닌의 간접 인용마저 자취를 감추게 된 것은 이러한 맥락에 비추어 오히려 자명한 귀결이었던 것이다.

1985년에 나온 『철학사전』 개정판의 의미는 비단 '유일사상체계'의 이론적 틀이 거기에서 완결되고 있다는 데 그치지 않는다. 이 개정판에서부터 김일성 교시문의 인용과 함께 김정일 교시문이 인용되고 있기 때문이다. 이러한 사실은 70년대부터 추진되어 온 주체사상의 체계화작업이 위에서도 보았듯이 김정일의 주도하에 이루어졌음을 반증하는 것이기도 하지만, 보다 중요한 사실은 김일성과 더불어 김정일이 '인용학의 독점권'을 행사하는 절대적 지위를 계승하고 있음을 보여주고 있다는 점이

---

27) 1970년도판에 '수령'에 관한 항목이 '수령, 당, 계급, 대중의 호상관계'라는 단 하나의 항목만이 있었으나, 개정판에서는 '수령'·'수령님식 사업방법'·'수령, 당, 대중의 호상관계'·'수령에 대한 충실성'·'수령에 대한 충실성 교양'·'수령의 혁명사상'·'수령의 혁명위업'·'수령의 혁명위업 계승'·'수령의 후계자'·'수령의 유일적 령도체계' 등 모두 12개 항목에 달하고 있다.

다. 이 개정판에서 보면, 김정일은 "수령의 사상을 가장 완벽하게 체현하고 그것을 옹호·관철"할 수 있는 "탁월한 영도력과 천재적 예지를 가진 사람"으로 평가되고 있거니와,[28] 특히 주목되는 것은 개정판 수록내용 중 '수령'·'수령님식 사업방식'·'수령, 당, 대중의 호상관계'·'수령에 대한 충실성' 등 '수령'에 관한 모든 항목이 김정일의 인용문과 더불어 그에 관한 해설로 이루어져 있다는 점이다. 요컨대 수령숭배의 담론을 김정일의 이름으로 구체화함으로써 김일성 우상화를 위한 이론적 체계를 규범화하는 한편으로 자연스럽게 김정일 후계구도를 공식화하는 부수적 효과를 도모하고 있는 것이다.

어쨌든 북한에서는 1985년을 기점으로 마르크스·레닌주의를 대체하는 유일한 사상체계로서 주체사상을 격상시킴으로써 주체사상은 이전의 마르크스·레닌주의가 그랬던 것처럼 모든 사유의 준거점이 되었으며, 이에 수반하여 주체사상의 유일사상화는 그 창시자인 수령 김일성과 그 사상의 '탁월한 이론가'인 김정일의 유일적 지배를 옹호함으로써 김일성의 배타적 지배권과 개인숭배에 대한 비판의식의 원천적 차단을 도모하는 한편으로

---

[28] 『철학사전』(1985), 386쪽. 이러한 평가의 구체적 근거로서 다음의 예를 든다. 즉 김정일은 1982년 김일성 생일 70돐을 기념하는 전국 주체사상 토론회에서 발표한 "주체사상에 대하여"라는 논문을 비롯하여, "조선로동당은 영광스러운 'ㅌ·ㄷ'의 전통을 계승한 주체형의 혁명적 당이다"(1982. 10), "혁명적 수령관"(1982. 10), "맑스-레닌주의와 주체사상의 기치를 높이 들고 나아가자"(1983. 5), "주체사상 교양에서 제기되는 몇 가지 문제에 대하여"(1986. 7) 등 주체사상과 영도체계론의 체계화에 결정적으로 기여한 '주체사상의 권위자'라는 것이다.

그 저작물의 경전화를 꾀하게 되었던 것이다.『김일성저작집』이 오늘날 북한에서 '주체사상의 총서'이며 '혁명과 건설의 교과서'로서 추앙되고 있는 것도 바로 이러한 경전화 양상의 구조적 소산임은 두말할 나위가 없다.

2) 주체사상 및 김일성 저작물의 언어적 상징체계와 그 규범적 기능

북한에서 김일 성저작물은 '사회주의혁명과 건설'에 필요한 유일무이한 강령이며 주민들의 모든 일상생활에까지 지침을 제시해 주는 경전이다. 특히 북한사회를 지도하는 공무원들이나 당간부, 3대소조원들은 어디를 가든지 이 경전을 들고 다니며 사람들을 지도하고 교양시킨다. 그래서 '주체사상의 총서'요 '혁명의 교과서', '로작' 등으로 불리는 김일성 저작물은 북한사회 전체를 일사불란하게 이끌어 가는 '이정표'인 동시에 혁명과 건설의 '청사진'에 해당한다고 할 수 있다.

김일성 저작물의 체계적 집대성은 기본적으로 주체사상의 체계화과정과 궤를 공유한다고 할 수 있다. 주체사상의 대두와 더불어 그 요구에 맞추어 저작물의 첨삭·수정작업이 층차적으로 이루어지게 되었음은 주지의 사실이거니와, 동시에 주체사상 또한 그러한 과정을 거쳐 집대성된 저작물 체계의 당위적 수요에 따라 이론적으로 심화되게 되었고, 급기야는 이른바 '유일사상'으로 승격되는 양상을 보여주었기 때문이다. 그리하여 예컨대 김일성저 작물의 완결판에 해당하는『김일성저작집』은 '유일사상'의 중핵을 이루는 '혁명적 수령론'에 의해 그 의미가 절대화되는 경전화 양상을 보여 주고 있고, 이에 수반하여 유일사상체계 역시 『김일성저작집』의 경전화 작업에 의해 체제적으로 구조화되고 있음을 확인할 수 있다. 필자가 이 글에서 수록문건들의 개별적 변조양상과 더불어 구조적 차원의 변조양상에 특별히 주목할 필요가 있다고 보는 이유도 바로 이 점에 근거를 두고 있다. 개별적인 수록문건 차원에서는 별다른 변조양상이 발견되지 않음에도 불구하고, 구조적 차원에서 보면 위에서도 여러 차례 시사되었듯이 『김일성저작집』에는 실로 엄청난 자료 변조양상이 다양한 형식으로 개재되고 있음을 엿볼 수 있다. 구체적 양상의 확인을 위해서 김일성 담화를 구성하고 있는 제반 특징적인 어법(또는 문법)과 더불어 전체적인 담론구조를 차례로 살피기로 한다.

(1) '수령의 문풍'과 그 규범적 기능

김일성 담화문에서 가장 쉽게 발견되는 특징적인 어법은 통속적인 구절과 상투어를 반복적으로 사용한다는 점이다. 이러한 어법을 북한에서는 혁명성과 선전선동의 효과를 높이기 위하여 김일성이 구사하는 언어구사 방법이라 하여 이른바 '수령의 문풍'으로서 일찍부터 학습대상으로 삼아 왔다.29) 김일성에 의하

---

29) 『우리 당의 언어정책』(1976)에서 보면, "우리 당은 사회의 언어생활에 대한 옳은 기풍을 세워 나가는 데 있어서 위대한 수령님의 혁명적 문풍을 따라 배우는 것을 가장 중요한 문제로 제기하고 있다. 우리 당은 무엇보다도 먼저 모든 당원들과 근로자들 속에서 위대한 수령님의 로작들과 교시들을 깊이 연구하여…… 위대한 수령님의 혁명

면 "말은 될수록 로동자 농민이 알아들을 수 있는 그들 자신이 쓰는 쉬운 말로 해야 한다"고 강조하고, 이들이 알아듣고 깨닫지 못하는 말과 글은 대중에게 혁명의 진리를 알려줄 수 없고 대중을 교양하여 혁명과 건설을 밀고 나가기 위한 투쟁에로 조직동원할 수도 없다는 것이다.30) 요컨대 언어의 '인민성'과 '대중성' 및 '혁명성'의 원칙에 의거하여 선전선동 효과의 극대화를 도모하는 것이 '수령의 문풍'으로서 명시적으로 강조되고 있는 것이다.

(2) 담화내용의 무오류성과 그 규범적 기능

김일성 담화문이 총망라되어 있는 『김일성저작선집』이나 『김일성저작집』이 북한에서 '경전'으로 통용되고 있음은 주지의 사실이거니와, 따라서 여기에 수록되어 있는 담화문의 내용에 오류가 있을 수 없음은 자명하다. 수록문건들에 대한 연속적인 첨삭·수정작업을 통해서 세련되지 못한 표현이나 부적절한 용어와 문장은 원천적으로 여과되었기 때문이다. 그리고 모든 문건에 미만해 있는 '인용학의 독점' 현상은 이미 '수령론'을 통해 논리적 근거가 제시되어 있기 때문에 적어도 이론상으로는 모순이 극복된 것으로 간주될 것이기 때문이다.

적 문풍에 따라 배워 언어생활에 적극 구현하도록 하고 있다"고 강조하고 있다. 사회과학연구소 편, 『우리 당의 언어정책』(평양: 사회과학출판사, 1976), 43쪽.
30) 사회과학원 언어학연구소, 『혁명의 위대한 수령 김일성동지의 주체적 언어사상』(평양: 사회과학출판사, 1971), 129쪽.

그런데 여기에서 다시 주목될 필요가 있는 것은, 이러한 '무오류성'을 뒷받침하기 위한 언어 구사법으로서 추상적인 어휘와 은유적인 표현을 자주 사용하고 있다는 점이다. 예컨대 내용상으로 매우 중요한 의미를 갖는 '주체'라는 어휘도 여기에 해당한다고 할 수 있다. '주체'라는 말은 '철학적 인식의 주체'를 말하는 동시에 '사회역사의 인민주체', '반사대주의로서의 민족주체'를 의미하는 한편으로 주체사상의 핵심 개념인 '자주성'과 '창조성'의 견지를 뜻하는 다의적인 용어로 사용되고 있기 때문이다. 여기서 다의성과 함축성을 갖는 언어 구사법이 중요한 대목에서 자주 사용된다는 것은 그것이 기술적 및 논리적 언어와 상반되는 감정적 효과와 더불어 개별적이고 비판적인 식별력을 무산시키기 위한 효과에 주안점을 둔 것이라고 할 수 있다. 이 점에 대해서는 뒤에 '신화적 상징성'을 다루는 과정에서 재론하기로 한다.

'무오류성'을 뒷받침하는 언어 구사법으로서 특별히 주목되는 것으로 '구체성의 회피'를 들 수 있다. '수령의 교시' 형식으로 제시되는 김일성 담화는 그것이 어떤 사안에 관한 것이든, 예컨대 '인간은 동물(생물)이다'는 차원을 벗어나는 구체적인 언급을 회피하고, 다만 필요시되는 경우에 한하여 '해석자'의 해설을 통해 말하자면 '인간은 감정의 동물이다'는 식의 구체적인 내용을 서술하게 하는 어법을 구사한다는 사실이다. 여기서 보면 어법상 수령은 어떠한 상황조건의 변화에도 오류가 있을 수 없게 되어 있는 것이다.

(3) 담화구조의 신화적 상징성과 그 규범적 기능

앞에서 김일성 담화에서 발견되는 주요 특징적인 어법과 그 규범적 함의를 살펴보았거니와, 그것은 기본적으로 주체사상 내지 이를 문헌적으로 집대성한 『김일성저작집』을 경전화하기 위한 상징적 효과를 겨냥한 것이었다. 그러나 여기에서 다시 주목할 필요가 있는 것은 그와 같은 개별적 차원의 언어적 수단만으로는 『김일성저작집』이 가지고 있는 '주체사상의 총서'로서의 규범적 기능을 제대로 포괄하지 못한다는 점이다. 요컨대 그와 같은 언어적 수단 모두를 두루 포괄하는 전체적인 문법으로서 주체사상의 전체적 상징체계에 내재하는 담화구조를 주목해 볼 필요가 있다는 것이다.

주체사상을 하나의 상징체계라는 관점에서 볼 때 그것은 일종의 '정치신화'로서 구성되어 있음을 확인할 수 있다. 그리고 그 구성체계의 줄거리는 대략 다음과 같이 집약할 수 있다. 수천 년의 오랜 역사 속에서 인민대중은 착취계급에 의해서 자주성과 창조성이 유린되는 암흑의 시기를 경험했으며, 위대한 수령에 의해 자주성과 창조성이 실현되는 광명의 빛, 주체사상이 창시됨으로써 인민대중이 주인으로 등장하는 주체의 시대가 시작되었다. 주체의 시대는 "인민대중이 세계의 주인으로 등장하여 자기 운명을 자주적으로, 창조적으로 개척해 나가는 역사의 새 시대"[31]인 것이다. 이때 인민대중 앞에 새 역사를 열어 준 건국신화의 주인공은 다음과 같이 규정된다.

---

31) 김정일, 『영화예술론』(평양: 조선로동당출판사, 1992), 1쪽.

우리의 수령님은 일찍이 그 누구도 지닌 적이 없는 비범한 예지와 탁월한 령도력, 고매한 공산주의적 덕성을 한 몸에 체현하시고 심오한 혁명리론과 위대한 혁명실천으로 현대력사를 새롭게 개척하시고 빛내이신 로동계급의 가장 위대한 수령이시며 혁명위업에 대한 끝없는 헌신성과 인민에 대한 뜨거운 사랑으로 장구한 혁명투쟁의 전도정을 찬란히 수놓아 오신 인민의 자애로운 어버이시다.32)

　이상의 요약과 인용에서 보듯이, 스스로 혁명사상으로 자처되는 주체사상은 항일혁명 전통과 결합하여 하나의 건국신화 체계를 형성하고 있다. 여기서 신화를 구성하는 일차적 체계의 의미는 현존하는 역사 속의 김일성이며, 그 신화적 형식은 김일성에 대한 의례적 찬사, 다시 말해서 사람들이 그의 이름 앞에 붙이는 미사여구들의 운명적 특성이며, 그리고 신화의 개념은 북한체제가 자신의 고유한 것으로 만들어 버린 주체사상의 교리이며, 마지막으로 신화의 의작용 자체는 바로 신성화된 김일성인 것이다.33)

　이상에서 주체사상에 내재하는 신화적 상징체계의 기본구조

---

32) 『철학사전』(1985), 15쪽.
33) 롤랑 바르드는 그의 『신화론』에서 신화의 구성체계를 신화의 의미·형식·개념·의미작용 등으로 대별하여 스탈린의 신화조작을 설명한 바 있거니와, 여기서는 같은 준거를 김일성의 경우에 적용하여 설명한 것이다. 롤랑 바르뜨 저, 정현 역, 『신화론』(서울: 현대미학사, 1996), 75쪽; 전미영, "김일성의 정치리더십 확립과정에 있어서의 상징조작의 특징적 양상에 관한 연구: 정치언어분석을 중심으로』(미공간 논문, 1997), 93-94쪽 참조.

를 살펴보았거니와, 주체사상은 바로 이러한 근거에서 "로동계급과 인민대중의 자주성을 위한 투쟁의 가장 과학적이며 혁명적인 지도사상, 지도리론 지도방법"34)임을 스스로 자처하면서도 대중에게는 역설적으로 무조건적으로 '신념화'할 것을 호소한다.35) 사상적 신념은 인간이성에 대한 호소에서 그 정당성을 찾는 것이 통례인데, 여기서는 대중의 감정적·본능적 신념에 호소하는 특이한 양상을 보여줌으로써 신화적 사고구조의 특징을 이루고 있는 것이다.

또한 신화적 상징체계로서 주체사상의 언어구조는 다분히 주관적이고 은유적인 성격을 갖는다. 이 경우 주체사상의 언어는 암시적이고 다의적인 함축성을 띠게 마련이다. 위에서도 잠시 언급되었듯이, 주체사상의 핵심적인 단위 개념에 해당하는 '주체'라는 어휘가 철학적 인식의 주체를 말하는 동시에 사회역사의 인민주체, 반사대주의적 의미의 민족주체를 뜻하는 한편으로, 주체사상의 중핵을 이루는 자주성과 창조성의 견지를 뜻하기도 하는 매우 다의적인 함축성을 보여 주고 있는 것이다.

그런데 여기에서 다시 주목되는 것은 80년의 제6차 당대회를 계기로 이른바 '온 사회의 주체사상화'가 체제의 목표문화로 설정됨에 따라 '주체'는 판단의 대상이 아니라 판단의 준거가 되기에 이르렀다는 사실이다. 그리고 이와 동시에 '주체'가 '수령'과 동격시됨으로써 '영웅신화'를 창출하게 되었다는 점이다. '주체의 …'로 시작되는 모든 용어들이 이를 계기로 '수령의 …'로 시작되는 사업방법·혁명관·혁명위업 등의 호환성을 갖는 표

---

34) 『철학사전』(1985), 116쪽.
35) 『철학사전』(1985), 521쪽.

현으로 사용됨으로써, 말하자면 '주체'의 절대화가 곧 '주체사상'과 동일시되는 '수령'의 절대화로 이어지고 있는 것이다. 그리하여 북한에서는 바로 이러한 메커니즘 속에서 신화적 사고구조를 형성하여 수령에 대한 개인숭배와 우상화가 체제적으로 확산되는 계기를 이루게 되었던 것이다.

3) 주체사상 및 김일성 저작물의 담론구조와 그 체제 규정적 함의

이상에서 우리는 김일성 저작물의 경전화 양상과 거기에 내재하는 언어적 상징체계의 구조적 메커니즘을 살펴보았거니와, 이제 이와 같은 언어적 및 제도적 기제를 매개로 하여 그것이 어떠한 논리로 북한체제를 규정하고 있는지 총체적인 담론구조를 살필 필요가 있다.

『김일성저작집』으로 대표되는 김일성 저작물이 기본적으로 체계화된 주체사상의 틀에 맞추어 편찬된 것임은 주지의 사실이거니와, 따라서 김일성 저작물의 담론구조는 기본적으로 주체사상의 이론체계와 축을 공유한다고 할 수 있다. 그리고 주체사상의 기본체계는 1982년에 김정일이 발표한 "주체사상에 대하여"라는 논문에 가장 일목요연하게 정리되어 있다.[36] 따라서 여

---

36) 『철학사전』(1985)에 의하면, 이 논문은 "주체사상의 원리들과 내용들을 과학적 토대 위에서 전면적으로 체계화하고 집대성한 불멸의 총서이며 새로운 사상리론적 재부들로 주체사상을 더욱 발전·풍부화시킨 불후의 고전적 문헌"으로 평가되고 있다. 『철학사전』(1985), 449쪽.

기서는 이 논문에 기초해서 주체사상과 『김일성저작집』에 내재하는 담론의 기본체계를 살펴보기로 한다.

우선 주체사상은 '철학적 원리'·'사회역사 원리'·'지도적 원칙'으로 구성되어 있다. 이 중에서 '철학적 원리'는 "사람이 모든 것의 주인이며 모든 것을 결정한다"는 것과 "사람은 자주성과 창조성, 의식성을 가진 사회적 존재"라는 주체사상의 전 체계를 규정하는 두 개의 테제를 중심으로 해서 이루어진다. 여기서 '자주성'은 세계와 자기 운명의 주인으로서 자주적으로 살며 발전하려는 사회적 인간의 속성이며 사회적 존재인 사람에게 있어서 그것은 생명이라는 것이다. 그리고 '창조성'은 자주성과 마찬가지로 사회적 존재인 사람의 본질적 특성을 이루는 것으로 자주성이 주로 세계의 주인으로서의 사람의 지위로 표현된다면 창조성은 주로 세계의 개조자로서의 사람의 역할로 표현된다는 것이다. 또한 '의식성'은 세계와 자기 자신을 파악하고 개변하기 위한 모든 활동을 규제하는 사회적 인간의 속성이라는 것이다. 결국 자주성·창조성·의식성으로 하여 사람은 세계에서 가장 우월하고 힘있는 존재로 되며 세계에 숙명으로서가 아니라 혁명적으로, 수동적으로서가 아니라 능동적으로 개조하게 된다는 것이다. 따라서 주체사상은 사람의 본질적 특성과 세계에서 사람이 차지하는 지위와 역할을 새롭게 밝힘으로써 사람을 중심으로 하는 세계관을 확립하게 되었다는 논리이다.

'사회역사원리'는 '철학적 원리'에 기초해서 사회역사의 운동법칙을 밝힌 것으로 '철학적 원리'의 두 테제에 기초해서 그것들을 각 원리의 수준에 맞게 사회역사적 운동의 주체·본질·성격·추동력 등 네 가지 부문에서 자기의 원리를 밝히고 있다. 먼저 사회역사 운동의 주체의 경우 '사회역사원리'는 "인민대중은 사회역사의 주체이다"는 테제를 내세운다. '철학적 원리'의 '세계에서 사람이 차지하는 지위와 역할'로부터 연역된 이 원리는 '철학적 원리'에서 세계의 주인인 사람이 '사회역사원리'에 와서 사회역사적 집단인 인민대중으로 더 구체화되어 나타난 것이라는 논리이다. 그리하여 '사회역사원리'는 역사의 주체인 근로인민대중을 중심에 놓고 역사발전과 사회혁명의 합법칙성을 밝힌 것으로 주장되고 있는 것이다.

'지도적 원칙'은 모든 정치생활 단위가 주체사상의 '철학적 원리'와 '사회역사원리'를 실제 생활에서 견지하기 위해서 필요한 원칙들을 구체적으로 밝힌 것으로서 이것은 북한사회 운용의 총노선적 성격을 지닌 명제들로 구성되어 있다. '지도적 원칙'은 '자주적 입장의 견지', '창조적 방법의 구현', '사상을 기본으로 틀어쥐어야 한다'는 3개의 명제로 구성되거니와, 이 중에서 '자주적 입장의 견지'는 이를 위해서 사상에서 주체, 경제에서 자립, 국방에서의 자위원칙을 실현해야 한다고 규정하고 있다. 주체사상의 '지도적 원칙'은 요컨대 세계의 주인으로서의 사람, 근로인민대중의 지위와 역할을 담보하는 자주성과 창조성, 의식성을 전면적으로 구현하고 적극 발양시키기 위한 방도들을 제시해 주는 것으로 선전되고 있는 것이다.

1985년에는 『주체사상총서』와 『철학사전』이 간행되었거니와, 여기서 주체사상은 기존의 '사회역사원리'에서 도출된 '지도와 대중의 결합' 테제를 통해 이른바 '혁명적 수령관'으로 귀결되었다. 그리고 이러한 '수령관'을 통하여 수령이 인민대중의 최고뇌수, 통일단결의 중심으로서 역사발전과 혁명투쟁에서 절대적인 위치를 차지하며 결정적 역할을 하는 것으로 규정되었다. 그럼으로써 주체사상은 다음 5가지 명제로 구성되는 독특한 담론구조를 갖게 되었던 것이다.

① 주체사상은 사람 중심의 사상이다.
② 사람은 자주성·창조성·의식성을 가진 사회적 존재이다.
③ 역사의 주체는 인민대중이다.
④ 인민대중은 당과 수령의 영도를 받아야 한다.
⑤ 인민대중의 자주성을 위한 투쟁은 수령의 영도 밑에서만 완수될 수 있다.

이상에서 주체사상과 김일성 저작물에 내재하는 담론의 기본 체계에 대해서 살펴보았거니와, 이제 북한에서 주체사상은 마르크스·레닌주의를 훨씬 능가하는 경전으로 숭앙되기에 이른 것이다. 주체사상만을 유일한 공식 이데올로기로 설정하고 그것을 장기간 주민들에게 반복적으로 학습시켜 온 결과, 북한주민들은 주체사상 이외의 다른 사상이나 이론을 접할 수 없으며 그것을 비판하기 위한 객관적 판단기준을 갖지 못하고 있다. 주체사상 또는 수령의 사상·이론의 유일한 근거가 바로 유일사상인 주체사상인 것이다. 따라서 주체사상의 유일사상체계는 그 자체가 종교화되어 이성적으로는 상상도 할 수 없는 주술적 방식으로 북한사회의 모든 분야를 철저히 규정하여 '주체의 왕국'을 만들어 가는 설계도로서의 기능을 갖게 된 것이다.

4. 맺음말

오늘날 북한에서 주체사상은 정치·경제·사회문화·교육 등 모든 부문에 걸쳐 주민생활의 활동지침을 결정해 주는 최고의 이념이며, 일상적 행위준칙을 결정해 주는 도덕규범으로서 선악을 가려 주는 종교와 같은 기능을 수행하고 있다. 그리고 『김일성저작집』은 그 서문에서 밝히고 있듯이 "주체사상으로 일관되어 있으며 정치, 경제, 사회문화, 군사 등 각 분야의 기본적인 사상과 논리를 담고" 있는 '주체사상의 총서'이자 '사회주의혁명과 건설의 학습 교과서'로서 통용되고 있다. 그러나 이러한 의미의 『김일성저작집』이 만들어지기까지 실로 여러 차례에 걸친 수정·증보과정과 더불어 조직적인 경전화 노력이 있었음을 주목할 필요가 있다. 따라서 이를 기초자료로 하는 북한연구에서는 반드시 유의해야 할 사항이 있다. 그 하나는 학술자료로서의 신빙성을 확인하는 일이며, 다른 하나는 자료 외적인 과제로서 그 저작물 전체에 내재하는 특징적 담론구조를 식별하는 일종의 讀解法을 익히는 일이다.

김일성 저작물은 위에서 살펴보았듯이 한국전쟁 직후에 간행된 『김일성선집』(1판) 이후 『김일성선집』(2판), 『김일성저작선집』, 『김일성저작집』으로 이어지는 4차례의 편찬작업을 통해 체계화되었다. 따라서 김일성 저작물은 그 동안의 편찬과정에서 이른바 '주체사상'의 요구대로 삭제·보충된 곳이 많기 때문에 1970

년 이전의 문헌, 특히 1967년 이전의 문헌은 수정되기 이전의 원전을 참고해야 한다. 그렇지 않으면 일단 문헌의 신빙성 문제가 제기되기 때문이다. 요컨대 김일성 저작물 중 특히 주체사상이 대두하기 이전에 발표된 초기 문헌들의 경우에는 당시 발행된 <로동신문>이나 『조선중앙년감』 등에 실려 있는 원문과의 대조를 통해서 확인이 가능한 경우에 한해서만 학술자료로서의 신빙성이 인정될 수 있는 것이다.

  1970년대에 접어들어서는 주체사상의 이론적 기초가 이미 형성됐기 때문에 김일성 저작물에 대한 이후의 편찬과정에서 수정 사실은 발견되지 않는다. 이러한 사실은 김일성 저작물에 대한 변조작업의 무게중심이 다른 쪽으로 옮겨지고 있었음을 뜻한다. 위에서 살펴보았듯이 여기서는 체계적으로 심화된 주체사상체계의 틀에 맞추어 필요시되는 문헌을 '만들어내는' 한편으로 김일성 저작물 자체를 총체적으로 규범화하여 '주체사상의 총서' 또는 '혁명의 교과서'로서 경전화하는 것과 같은 문헌자료 외적인 작업에 훨씬 부심하는 양상을 보여주었기 때문이다. 요컨대 김일성 저작물의 변조양상이 종래와는 달리 문헌자료를 단순히 첨삭·수정하는 데 그치지 않고 그것을 총체적으로 규범화하고 경전화하는 방향으로 그 중심축을 전환하는 전혀 새로운 변조 양상을 보여주었던 것이다. 따라서 『김일성저작집』에 수록되어 있는 문헌자료를 통해 북한을 연구하는 데 있어서는 위에서 언급한 개별 문건의 자료적 신빙성을 확인하는 일 이외에, 예컨대 '수령의 문풍'으로 지칭되는 특징적인 언어 구사법 등 문헌자료 외적인 담론구조를 식별해 내는 '독해법'이 요구되는 것이다. 그리고 이러한 맥락에서 특별히 주목될 필요가 있는 것은, 『김일성저작집』으로 대표되는 북한의 '공간문헌'을 통하여 우리가 알 수 있는 것이란 어디까지나 북한사회를 이끌어 가고 있는 '주체사상의 지도원리'라는 점이다. 다시 말해서 그것은 '수령'이 의도하는 사회주의혁명과 건설의 청사진으로서 그것을 북한의 객관적 현실을 구성하는 경험적인 사실과 혼동해서는 안 된다는 점이다. 그것은 이른바 '주체사상'이나 또는 '수령'의 관점에서 조만간 현실화되어야 할 '당위적 현실'에 지나지 않는 것이기 때문이다. 그리고 여기에서 특별히 주목될 필요가 있는 것은, 이러한 사실이 북한의 '공간문헌'을 통한 '내재적 접근'에서 방법론상으로 극복해야 될 과제가 무엇인지를 극명하게 보여준다는 점이다. 북한연구의 일차적 과제에 해당하는 예의 학문적 실증성은 어디까지나 '객관적 현실'의 체계적 조명을 통해서만 확보되는 것이기 때문이다. 북한연구에서 '당위적 현실'을 조명하는 일이 중요하지 않은 것은 물론 아니지만, 그것은 '객관적 현실' 파악의 전제가 충족되는 바탕 위에서 비로소 그 실천적 목적이 유효하게 충족되는 것이기 때문이다.

참고문헌

1. 단행본

국토통일원,『김일성 주체사상관계 자료집』(서울: 국토통일원, 1976).
국토통일원 조사연구실,『김일성선집 수정과정 분석』(서울: 국토통일원, 1975).
김갑철·고성준 저,『주체사상과 북한사회주의』(서울: 문우사, 1988).
김병로,『김일성저작 해제』(서울: 민족통일연구원, 1993).
김성철,『주체사상의 이론적 변화』(서울: 민족통일연구원, 1993).
김일성,『세기와 더불어(1)·(2)』(평양: 조선로동당출판사, 1992).
김정일,『주체사상에 대하여』(평양: 조선로동당출판사, 1982).
김정휘·정순기,『주체의 언어리론연구』(평양: 과학백과사전출판사, 1982).
김태서,『김일성선집 수정내용 분석』(서울: 국토통일원, 1979).
북로당출판사,『민주주의인민공화국 수립을 위하여』(평양: 북로당출판사, 1948).
사회과학원 어학연구소 편,『혁명의 위대한 수령 김일성동지의 주체적 언어사상』(평양: 사회과학출판사, 1971).
_____ 편,『우리 당의 언어정책』(평양: 사회과학출판사, 1974).
사회과학출판사,『김일성동지의 로작색인』(평양: 사회과학출판사, 1970).
신일철,『북한 주체철학 연구』(서울: 나남, 1993).
이종석,『현대북한의 이해: 사상·체제·지도자』(서울: 역사비평사,

1995).
이창하, 『김일성저작집 수정내용 분석』(서울: 국토통일원, 1982).
정순기・리기원, 『사전편찬 리론연구』(평양: 사회과학출판사, 1984).
조선로동당출판사, 『김일성동지의 로작해설문고』(평양: 조선로동당출판사, 1972).
조선로동당출판사, 『출판보도사업에 대한 당의 방침해설』(평양: 조선로동당출판사, 1985).
조재관, 『김일성선집 수정과정 분석』(서울: 국토통일원, 1975).
중앙정보부, 『김일성노작해설 강좌: 김일성방송대학 강의록(Ⅰ)・(Ⅱ)』(서울: 중앙정보부, 1974).
중앙정보부, 『김일성선집의 내용변조에 관한 분석(Ⅰ): 1949년도판과 1954년판의 비교연구』(서울: 중앙정보부, 1978).
중앙정부부, 『김일성선집의 내용변조에 관한 연구(Ⅱ): 1954년판과 1960년판, 1963년판의 비교분석을 중심으로』(서울: 중앙정보부, 1978).
최완규, 『북한은 어디로: 전환기 '북한적' 정치현상의 재인식』(서울: 경남대학교출판부, 1996).
태백 편집부, 『북한의 사상: 주체의 사상・이론・방법』(서울: 태백, 1988).
한국정신문화연구원, 『북한 통치이데올로기 연구: 그 현황과 방향』(성남: 한국정신문화연구원, 1984).

Foreign Languages Publishing House(FLPH), *The Index to Kim Il Sung's Works* (Volumes 1 to 35) (Pyongyang: FLOH, 1991).
Scalapino, Robert A. and Chong-Sik Lee, *Communism in Korea*, 2 vols (Berkeley: University of California Press, 1972).
Suh, Dae-Sook, *Kim Il Sung; The North Korean Leader* (New York: Columbia University Press, 1988).

2. 논 문

강정인, "북한연구 방법론: 내재적 접근법에 대한 비판적 성찰,"『동아연구』, 제26집(1993).

김갑철, "북한 통치이데올로기(주체사상)의 형성과 그 기능에 관한 연구,"『북한 통치이데올로기 연구』(성남: 한국정신문화연구원, 1984), 47-100쪽.

김남식, "북한연구 방법론의 현황과 문제점,"『이대학보』(서울: 이화여자대학교, 1986. 10. 3).

송두율, "북한사회를 어떻게 볼 것인가," 송두율,『현대의 사상: 사회주의 · 현대 · 민족』(서울: 한길사, 1990).

이종석, "김일성연구의 쟁점(상): 자료해제와 김일성의 정체규명,"『사회와 사상』, 제16호(1989. 12), 348-375쪽.

_____, "북한연구의 진전을 위한 일 제언: 연구방법과 문헌분석을 중심으로,"『반시대』, 창간호(서울: 서울대학교 대학원자치회, 1994).

한홍구, "북한관계 문헌해제," 김남식 외,『북한사회의 올바른 이해를 위하여』(서울: 현장문학사, 1989), 289-326쪽.

Samuel S. Kim, "Research on Korean Communism: Promises versus Performance," *World Politics*, Vol. XXXII, No.2(Jan. 1980).

Suh, Dae-Sook, "Communist Party Leadership," in Dae-Sook Suh and Chae-Jin Lee(eds.), *Political Leadership in Korea*(Seaattle: University of Washington Press, 1976).

3. 기 타

조선로동당,『김일성선집』, 1~6권(평양: 1953~1964).

_____,『김일성저작선집』, 1~9권(평양: 조선로동당출판사, 1967~1987).

_____,『김일성저작집』, 1~35권(평양: 조선로동당출판사, 1979~1992).

과학백과사전출판사 편,『위대한 수령 김일성동지의 로작용어사전』(평양: 과학백과사전출판사, 1982).

사회과학원 편,『정치사전』(평양: 사회과학출판사, 1973).

_____ 편,『정치용어사전』(평양: 사회과학출판사, 1970).

_____ 편,『위대한 주체사상총서』, 2-10권(평양: 사회과학출판사, 1985).

사회과학원 철학연구소 편,『철학사전』(평양: 사회과학출판사, 1970/1985).

조선중앙통신사,『조선중앙년감』, 1949~1991(평양: 조선중앙통신사, 1950~1991).

북한현대사 문헌연구

초판 제1쇄 찍은날 : 2001. 1. 30
초판 제1쇄 펴낸날 : 2001. 2. 10

엮은이 : 한국정신문화연구원 연구처
펴낸이 : 김 철 미
펴낸곳 : 백 산 서 당

등록 : 제10-42(1979.12.29)
주소 : 서울 중구 을지로3가 334-3 삼진빌딩 302호
전화 : 02)2268-0012(代)
팩스 : 02)2268-0048
이메일 : bshj@chollian.net

※ 저작권자와의 협의 아래 인지는 생략합니다.

값 9,000원

ISBN 89-7327-241-1 03300
ISBN 89-7327-212-8 (세트)